업장
소멸

❷ 업장소멸편

安東民 著

瑞音出版社

저자의 말

〈업장소멸〉이란 정말 거창한 제목이라고 생각한다. 우리네 인간들은 살아가는 가운데 자기도 모르게 여러 가지 업(業)을 짓게 마련이다. 남에게 원한을 사기도 하고 이루지 못할 소망을 갖기도 한다.

극단의 경우는 이해관계로 해서 살인을 하는 경우도 있다. 현대인들은 여간해서 그런 일이 없지만, 고대(古代)에서는 살인은 흔히 있던 일이었다. 일반 서민은 그렇지도 않지만 무인(武人)들에게는 살인은 흔히 있는 일이었다.

이런 여러가지 행동들이 우리가 다시 태어나게 되는 원인을 만들게 된다. 어떤 사람은 소원때문에, 어떤 사람은 전생(前生)에 지은 빚을 갚기 위하여 다시 태어난다. 그리고 또다시 새로운 업(業)을 짓게 마련이다.

업장(業障)이 완전히 소멸이 된다면 그 사람은 고해(苦海)인 이승에 다시 태어날 필요가 없어진다.

피안(彼岸)의 안식(安息)의 세계에 영주(永住)하게 되니 곧 신불(神佛)의 경지에 이름이다.

많은 선각자(先覺者)들과 도인(道人)들이 업장소멸하는 방법을 찾아내기 위하여 피나는 노력들을 했지만, 그 길을 찾기란 진실로 낙타가 바늘 구멍을 통과하는 것만큼 어려운 일이 아니었던가 생각이 된다.

나는 이제 나이 회갑(回甲)을 겨우 지난 상태지만, 어느 의미에서 파란만장한 생애를 보냈다고도 할 수 있다.

불우했던 소년 시절, 20대 초반에 장편소설(長篇小說) 〈聖火〉를 써서 문단에 등단을 하기는 했으나 문단에서 주목을 끄는 존재는 끝내 되어 보지 못한채 작품 하나 제대로 써보지 못하고 60을 맞이했다.

작가(作家)로서 성공을 하지 못한데 대하여 나로서는 한(恨)이 있을 수 밖에 없다. 벌써 출판업을 30년째 하고 있지만, 이 때문에 세번씩이나 파산(破産)을 해야만 했었다. 그래도 아직은 이 직업에 미련을 버리지 못하고 있으니 나도 어지간히 업(業)이 두터운 사람이라는 생각이 든다.

마흔살에 변신(變身)을 하여 심령능력자(心靈能力者)가 된지 20년, 나는 연인원(延人員) 24만명이 넘는 많은 사람들을 만나 본 셈이다.

'옴 진동수'를 비롯하여 심령분야(心靈分野)에서 발견한 새로운 사실도 많았다. 인간이 왜 태어나는가? 어디로 가는가? 윤회하는 데는 어떤 법칙이 있는가? 우주를 지배하는 세가지 법칙을 발견한 것 등은 후세(後世)에 크게 평가 받으리라고 생각이 된다.

나의 생전에는 하나의 기인(奇人)으로서 대부분의 사람들이 보기에는 별 볼 일이 없는 위인으로 취급받고 있는게 오늘의 나의 현실이라고 생각이 된다. 그것은 내가 지난날 지은 업(業)이 너무나 두터웠기 때문이 아닌가 한다.

어쩌면 내가 《업장소멸》이라는 험산준령에 도전하게 된것도 알고 보면 스스로의 업장을 조금이라도 풀어보려는 간절한 소망이 있기 때문인지도 모른다.

나는 그동안 여러 분야에 대한 많은 책을 써왔다.

그러나 이 《업장소멸》처럼 어렵게 느껴진 경우는 일찌기 없었다. 탐험가가 아프리카의 미지(未知)의 신비경(神秘境)을 탐험하는 것과 같은 목숨을 건 모험이 될 것 같은 느낌이 드는 것도 사실이다.

어떤 책이 쓰여지게 될지 정말 막막한 느낌이지만, 더 이상 시작을 늦출 수는 없는 일이라고 생각이 되기에 붓을 든다.

安東民

업장소멸 · ② 차례

제 1 장

남녀의 인연

1. 선악(善惡)으로 판단할 수 없는 남녀의 인연

모든 생물들이 다 그렇지만 이 지구 위에 살고 있는 인간의 약 절반은 남자이고 나머지 절반은 여자이다.

이 남녀 사이에 벌어지는 일들이 행복도 만들고 불행도 낳게 한다. 지나 온 역사를 훑어보면 크게는 남녀 사이에 일어난 사랑으로 해서 나라가 망한 경우도 있다. 트로이와 희랍 연합국가들 사이의 10년에 걸친 트로이 전쟁은 트로이의 왕자(王子)였던 파리스가 스파르타의 왕이었던 메네라우스의 아내인 헬렌 왕비를 납치한데에서 비롯된 전쟁이었다.

이 때문에 10년에 걸친 트로이 전쟁이 일어났고, 수많은 사람들이 죽었으며 마침내는 트로이의 멸망으로서 종말을 고했던 것이었다.

옛날 중국 당(唐)나라의 영주(英主)였던 당의 현종(玄宗)이 양귀비때문에 나라를 잃을 뻔했던 일은 너무나 모르는 사람이 없는 이야기이기도 하다. 가까이는 영국의 에드워드 황태자가 두번씩이나 이혼 경력이 있는 심프슨 부인과 결혼하기 위하여 왕관까지 버리지 않았던가?

외관상으로 또 기능상으로 보아 여자는 비슷하게 마련인데 어째서 한 여자로 해서 왕관을 버릴만한 정열을 불태우게 할 수 있는지, 제3자로서는 도저히 납득이 가지 않는 이야기이다.

그래서 남녀는 인연이 있어야 이루어진다는 이야기가 성립되는 것인지도 모른다. 어떻게 보면 인연이란, 시간을 초월해서 이어지는 것이라는 생각이 들기도 한다. 왜냐하면 몇 대(代)에 걸친 이루지 못한 사랑의 감정이 인연의 줄이 되어 두 남녀를 맺게 해주는 일이 너무나도 허다하기 때문이다.

나는 지난 20년 동안 24만명이 넘는 많은 사람들의 인생상담을 해 주면서 사실은 소설보다도 기구한 체험을 수 없이 한 바가 있었다. 이 일을 시작하기 전에는 나는 지극히 평범한 윤리관(倫理觀)을 가졌었다. 허나 남녀 사이에 일어나는 일들은 상식적인 윤리관만 갖고는 근본적인 해결을 지을 수 없음을 깨닫게 된지 오래이다.

두 사람 사이에 발생한 사랑이 어디서부터 그 인연이 시작되었는지 조사하다가 보니까 대개의 경우 세번의 생애에 걸쳐 있음을 알게 된 것이었다.

두 남녀가 사랑의 보금 자리를 만들기까지 사람에 따라서는 몇백년 아니 몇천년이 걸린다는 사실을 확인했을 때 인간에게 있어서 사랑의 감정처럼 집요하고 끈질긴 것은 다시 없음을 알게 된 터이다.

대부분의 인간들은 성년(成年)이 되면 결혼을 하게 된다. 지금은 동서양을 통해서, 결혼하면 일부일처제(一夫一妻制)로 정착이 되었다. 아직도 나라에 따라서 일부다처제(一夫多妻制)인 회교권도 있고 여자가 귀한 나라에서는 형제들이 한 여자를 공동으로 데리고 사는 일처다부제(一妻多夫制)도 있다.

여기서 생각하게 되는 것은 남녀 사이를 규정짓는 윤리관이란 무엇일까 하는 문제이다. 윤리란 결국 따지고 보면 그 시대의 사회가 정해 놓은 질서의식을 따르라는 생각인 것이다. 이조시대는 일부다처제였으니까 한 남자가 아내말고 첩을 거느리는 것은 결코 불륜에 속하는 일은 아니었다.

그러나 일부일처제가 된 오늘날에 와서는 남자가 아내 말고 다른 여인을 아내 취급을 한다는 것은 불륜으로 취급이 된다. 그래서 쌍벌제(雙罰制)라는 선진국에는 없는 처벌제도가 생겨서 오랫동안 집행이 되다가 최근에는 그 제도가 없어진다는 것이 신문에 보도된 바가 있다.

남녀간에 사랑이 식어지는 것은 양쪽에 똑같이 책임이 있는 어디까지나 개인문제에 속하는 것이고, 싫어진 아내와 또는 남편과 자녀들이라던가 그밖에 문제때문에 헤어질 수 없는 상태에서 다른 이성(異性)과 사랑에 빠진다는 것은 행복을 추구하는게 본능으로 되어 있는 인간에게는 당연한 욕구가 아닌가 생각한다.

아내 또는 남편에게 우선은 성생활말고는 배우자의 의무를 다하면서 배우자 모르게 다른 이성과 사랑을 주고 받는다면 표면상으로는 없는 것이나 마찬가지니까 불륜의 범주에서 빠지는게 아닌가 하는 생각을 해 본 일이 있다.

사회가 정한 혼인제도의 질서를 지키면서 은밀히 행해진 개인의 애정교환 행위는 공개적인 탈선과는 다르지 않나 하는 것이다. 자기의 배우자를 적극적으로 불행하게 만들지 않는다면 불륜으로 규정지을 것 까지는 없지 않나 한다.

기독교에서는 간음하는 마음만 가져도 간통한 것과 같다고 했는데, 인간에게 성인군자(聖人君子)가 되기를 바라는 것은 현실성이 없는 무리한 이야기라고 생각한다. 모두가 그런 성인군자라면 인간으로 태어날 필요조차도 없는 일이라고 생각이 되기 때문이다.

거의 모두가 불완전한 인격을 지닌 마음들이 육체를 갖고 사는게 이승이 아니겠는가? 그러기에 인간은 스스로 저지른 잘못을 속죄하기 위하여 몇번이고 거듭 태어날 수 있는 기회가 주어지는게 아니겠는가?

인간의 혼(魂)은 영생(永生)하는 존재이기에 시간은 얼마던지 있는게 아닌가 하는 것이다. 그러니까 아내 또는 남편 아닌 다른 이성과 사랑을 하게 되어 공개되면 지금의 사회제도 아래에서는 분명히 불륜이지만, 이혼을 하고 재혼을 하게 되면 어제까지의 불륜 관계는 당당한 부부관계로 변하 게 마련이다.

왜냐하면 사회의 질서를 지키게 되었기 때문이다. 그러나 아내 또는 남편이었던 사람을 불행하게 만들고 그 위에 세워진 행복이 과연 진정한 행복이 될수 있을지 나는 의문스럽게 생각한다.

여기서 한 부부가 있다고 하자. 그들은 지난 오랜 세월에 걸쳐서 비교적 행복한 결혼 생활을 해 왔는데 노년(老年)에 접어 들면서 남편이 갑자기 불능이 되었다고 하자. 동시에 아내도 성생활이 더 이상 필요없다고 느끼게 되었다고 하자. 이런 경우 이들 부부는 성생활을 할 수 있는 인연은 다 되었으되, 부부의 인연은 계속되는 경우라고 본다.

이때 남편이 어떤 젊은 여자로 부터 사랑을 받게 되어, 그 여성과는 성행위를 할 수 있게 되었으나, 그렇다고 아내에 대한 정신적인 애정이 식어지지 않아서 표면상으로는 그런 헤프닝이 없었던 것과 같은 생활을 계속할 수 있는 그런 경우에도 남편이 불륜을 저지른 것인지 의문이 생기게 된다.

남편은 젊은 여자와의 헤프닝에서 인생에 자신과 젊음을 되찾게 되고, 부인에게 대해서도 전보다도 더 자상하게 되었다면 이 젊은 여성과의 헤프닝은 하나의 활력소가 된것에 지나지 않는가 생각이 된다.

나를 찾아오는 많은 손님들 가운데에는 실제로 이런 생활들을 하고 있는 이들이 많음을 알고, 현대인들도 반드시 일부일처제도를 지키고 있지 않음을 알게 되었다.

이런 경우, 헤프닝의 상대가 된 젊은 여성들도 남자의 아내의 자리를 탐내고 있지 않다는 것이 공통점이었다. 사회질서를 문란하게 하지 않는 이상, 두 남녀 사이에 일어난 애정문제는 어디까지나 당사자들끼리 해결해야 할 개인문제에 지나지 않는다고 생각한다.

첩, 또는 애인으로 있는 여자와 남자와의 관계를 알아보았더니 전생(前生)에는 본부인으로서 첩실(妾室)을 몹시 학대한 경우였었다. 인과응보라고 나는 판단을 하지 않을 수 없었다.

이 부인의 혼의 진화(進化)를 위해서는 한번 첩의 입장이 되어볼 필요가 있었기에 금생(今生)에서는 이런 인연이 생긴 것이라고 나는 판단하였다.

남녀 사이의 인연은 길면 몇천년에 걸친 수많은 생애와 관련이 있어서 이루어지는 일임을 알게 될때, 불과 백년도 살지 못하는 육체인간으로, 이런 남녀 관계를 선악(善惡)의 개념으로 규정지을 수는 없다. 한마디로 남녀 관계는 선악을 초월한 것이기 때문이다.

2. 어이없는 이야기

1

지금은 옛날과 비교하면 남녀 관계가 많이 자유스러워졌다고는 하나 기본적인 윤리관은 살아 있다고 나는 믿어 왔었다.

남자가 두 아내를 거느린다던가 이와는 반대로 아내가 남편말고도 애인이 있다던가 하는 현상은 우리 주위에서 얼마든지 찾아볼 수 있는 일이기는 하나 이런 사실은 의례이 베일 속에 가려져 있게 마련이고, 당사자들 조차도 떳떳한 일이라고는 생각하고 있지 않다는 이야기이다.

꼬리가 길면 밟힌다는 옛 속담이 있듯이 불륜의 관계가 오래 계속되다가 보면 당사자들은 대개가 얼굴을 들지 못하게 된다. 타협을 하거나 이혼으로 치닫게 마련이다. 그런데 만일 여기에 어떤 유부녀가 있어서 남편 외의 남자와 10년에 걸쳐서 간통을 했고, 그 사실이 탄로나자 이번에는 당당하게 그런 관계를 유지하겠다고 주장하고 나선다면 건전한 상식을 가진 사람이라면 누구나 아연실색할 것이다. 그것은 왜냐하면 아직도 우리들 사회에는 남녀간에 대한 기본적인 윤리관(倫理觀)이 살아 있기 때문이다.

그런데 세상에는 그렇지 않은 유부녀가 존재한다는 사실을 나는 최근에 경험한 바가 있다.

오늘은 그 이야기를 하여 볼까 한다.

2

지금으로 부터 몇달 전 한참 무더위가 기승을 부리던 때였다. 얼른 보기에 40대 초반인 몹시 야하게 차린 중년부인이 나를 찾아온 일이 있었다.

내가 쓴 《인과응보》라는 책을 최근에 읽은 일이 있노라면서 두 남자의 사진을 내 앞에 불쑥 내어 밀었다. 첫인상이 쌍둥이 같이 닮은 남자였다. 같은 영들이 둘로 갈라져서 태어난 경우라는 생각이 들었다.

지금은 비록 남이라도 전생(前生)에서는 쌍둥이로서 한 여인을 가운데 놓고 다툰 사이라는 느낌이 들었다. 나는 내가 느껴진 그대로 이야기하는 수 밖에 없었다.

그녀는 말없이 고개를 끄덕였다.

한참만에 입을 열었다.

"선생님 보시기에 이 두 사람이 닮은 꼴로 보이십니까?"

"그렇군요. 지금은 아니기 쉽지만 적어도 전생(前生)에는 쌍둥이로 태어나서 한 여인을 똑같이 사모한 사이가 아닌가 생각이 드는군요."

"어떻게요."

"즉 한 사람은 한 여인, 아마도 전생의 부인과 부부사이였고, 또 한 사람은 시동생으로서 남몰래 형수를 사랑했기에 일생을 독신으로 산것 같군요."

"맞습니다. 이들 가운데 한 사람은 현재 저의 남편이고, 또 한 사람은 저와는 10년 동안 서로 사랑해온 애인이랍니다."

하고 그녀는 얼굴을 똑바로 쳐들어 나를 보았다. 죄의식이 전혀 없는 너무나도 당당한 태도였다.

두 남자를 다같이 사랑할 수 있는 권리가 자기에게는 있다는 듯한 태도였다. 그러니까 나에게도 그 사실을 인정해 달라는 태도였다.

나는 너무나 어이가 없어 잠시 입이 떨어지지 않았다.

"그럼 남편도 이 사실을 알고 계신가요?"

한참만에 내가 물은 말이었다.

"전에는 몰랐지만 지금은 알고 있지요. 남편만이 아니라 시집 식구들이 모두 알고 있습니다."

"그럼 이혼 이야기가 나왔겠군요."

"아닙니다. 저에게는 중학교 다니는 남매가 있습니다. 저는 남편과 이혼할 생각은 없습니다."

"그렇다면 애인과는 헤어지셨나요."

"물론 탄로가 난 이상, 더 이상 교제를 할 수는 없다고 애인은 헤어지자고 하더군요. 하지만 저는 그를 놓아줄 수는 없습니다."

"두 남자를 다 데리고 살겠다는 말씀인가요."

"그렇습니다. 저에게는 두 남자와 함께 사는게 당연한 일이라고 생각이 됩니다. 지난 10년 동안도 그렇게 살아 왔는데 이제 와서 헤어질 수는 없는 일이죠."

그녀는 다시 한번 내 얼굴을 똑바로 쳐다 보았다. 아주 당당한 태도였다.

나는 한동안 말문이 막혀 아무런 말도 하지를 못했다. 이런 경우는 처음 당해보는 일이었기 때문이었다.

"그렇다면 어째서 저를 찾으신 거죠?"

"글쎄 이 녀석이 나를 버리려고 하지를 않겠습니까? 자기 가정도 깨어지게 생겼으니 이번 기회에 두 사람 관계를 청산하자는 겁니다. 그럴 수가 있습니까?

하고 그녀는 입에 거품을 물며 그 기세가 자못 당당했다.
"혹시 남편이 사내 구실을 못하는게 아닙니까"
그렇지는 않습니다. 오히려 남편이 저의 애인보다는 나을 정도입니다."
"알겠어요."
"선생님, 저를 도와주십시오. 여지껏 그랬던 것처럼 이 두 사람과 함께 살 수 있도록 도와주십시오."
하고 이번에는 사뭇 애원조였다. 나는 정말 어이가 없었다.
나의 신통력(神通力)이 그녀의 부정(不貞)한 생활이 계속되도록 도울 수는 없는 일이었기 때문이었다.
나는 고요히 두 눈을 감고 방심상태(放心狀態)로 들어갔다.

3

이조(李朝) 중종시대(中宗時代)가 아니었던가 싶다.
보은 고을에 한 부인이 있었다. 그녀의 남편은 쌍둥이로 태어난 사람이었다. 두 사람 가운데 형에 속하는 처지였다. 쌍둥이 동생인 시동생은 첫눈에 형수에게 반하여, 영 다른 여자와 결혼할 생각이 없었다. 형수는 처음에는 몰랐으나, 10여년 동안, 한 집에서 사는 동안 시동생이 결혼하지 않는 이유가 자기 때문이라는 사실을 알게 되었다.
형수의 마음은 괴로웠다. 얼굴은 똑같이 생겼으나 남편보다는 훨씬 곰살궂게 자기를 아껴주는 시동생을 어느덧 사랑하고 있는 자기 자신을 발견하여 형수는 그저 괴롭기만 했다.
'사람이 다시 태어날 수만 있다면 다음 세상에는 서방님의 아낙이 되어 드리죠' 하고 그녀는 생각을 했다.

한편 장사치 따라 한양으로 돈 벌려고 떠난 남편은 끝내 돌아오지 않았다. 시동생은 이렇게 자기를 사랑하는데 정작 남편은 자기를 버리고 떠났다는게 그녀는 도저히 용서할 수가 없었다. 다음 세상에 라도 다시 만나기만 하면 반드시 자기를 버린데 대한 앙갚음을 하고야 말리라, 속으로 벼르고 또 별렀다.

4

이 세상에서 일어나는 일은 무엇이나 원인이 있고서 결과가 생기는 법이다. 더욱이 남녀관계란 전생(前生)에서 부터 얽히고 얽힌 인연으로 하여 빚어지는 일이라고 나는 믿는다.

이 경우, 이 여인의 현재 남편은 전생에서의 시동생이 다시 태어난 경우라고 생각이 된다. 한편 애인은 전생의 남편의 변한 모습이라고 생각이 된다. 만일 전생에서 그가 아내를 버리지 않고 그녀하고의 인연을 다했더라면 이번 생(生)에 다시 만나는 일은 없었을 것으로 생각이 된다. 내심 그녀는 애인을 사랑하고 있는게 아니라, 그를 파멸로 몰아가고 있는 것이라고 생각이 된다.

전생에서 10년 더 함께 살았어야 했던 세월을 그녀는 은밀한 가운데 지냈지만, 백일하에 이 사실이 드러났는데도 이 부정(不貞)한 관계를 계속한다면 애인의 집안은 깨지고 말것이 분명한 일이기 때문이다.

"어떠한 경우에도 나를 버리지 않겠다고 했는데 비밀이 탄로나자 도망치려고만 하니, 만일 그이가 정말 나를 버린다면 내 손으로 죽이고 말겠어요."

라고 벼르는 모습은 사랑과는 거리가 먼 모습이었다.

얼마 뒤, 이 여인은 남편을 대동하고 다시 나타났다. 남편은 아내를 일종의 정신병자라고 생각하노라고 했다. 그래서 모든 허물을 알지만 그녀와 이혼할 생각을 하지 않노라고 했다. 그것이 겉으로 꾸며서 하는 이야기가 아니라 진심인 것이 분명했다.

"당신은 왜 그 사람을 못만나게 하죠. 만나서 꼭 해야 할 이야기가 있어요."

"당신이 정 그런다면 나하고 이혼한 뒤에 만나시오."

"이혼은 할 수 없어요. 어디 가서 당신과 같은 착한 사람을 만나겠어요."

"그러면 그 친구와 헤어져요!"

"그럴 수는 없어요!"

"안선생님, 부끄럽습니다. 자기가 부정(不貞)을 저질러 놓고도 이렇게 당당하기만 한 아내의 태도가 저는 영 이해가 되지 않습니다. 세상에 이렇게 뻔뻔스러운 여자가 어디 있습니까?"

하고 남편은 한숨을 쉬었다.

나도 수많은 어려운 문제를 많이 해결했지만, 이 경우 만큼은 어쩔 수 없이 손을 들고 말았다. 이뒤, 이들 부부는 다시는 나를 찾지 않았다. 세상에 보기 드문 어이없는 이야기가 아닌가 생각한다.

남녀 사이에서 일어나는 일은 그 모두가 하나도 예외없이 시간을 넘어선 깊은 인연에서 빚어지는 일이기 때문에 단순한 선악관(善惡觀)으로만 다스릴 수는 없는게 아닌가 생각한다. 이 부인도 자기의 심정을 이성(理性)으로서는 납득하기 어렵다고 했으니 말이다.

3. 남이장군 이야기

중년이 넘은 부부가 나를 찾아온 일이 있었다. 남편이 먼저 들어와서 이런 이야기를 했다. 아내에게 신이 내렸는데 그 신의 이야기가 남편과 헤어지라고 했다며 완강하게 이혼해 줄 것을 요구하는데 어떻게 했으면 좋을지 도와 달라는 이야기였다.

그래서 나는 부인을 데리고 들어오라고 했다. 남편은 키가 작으마하고 곱살하게 생긴데 비하여 부인은 체격이 거대하고 선머슴 같은 인상을 주는 중년 부인이었다. 남편은 마흔 다섯, 부인은 설흔 아홉살이라고 했다.

부인은 잔뜩 찌프린 얼굴로 내 앞에 앉았다. 나는 마음을 텅 비우고 이들을 바라다 보았다.

"남이 장군의 영이 들어와 있군요."

"네."

하고 부인은 대답했다.

그 순간, 이 부인은 전생(前生)에서 남이장군을 낳아 준 생모(生母)라는 생각이 들었다.

남이 장군은 남아가 나이 20에 천하(天下)를 평정하지 못하면 어찌 대장부라고 할 것이냐 하는 시(詩)를 썼다가 평(平)자를 득(得)자로 바꾸어 참소하는 바람에 역적으로 몰려서 젊은 나이에 한을 품고 죽은 사람이다. 그런데 남편되는 사람은 전생에서 남이장군을 모함한 바로 그 당사자라는 생각이 들었다.

남이 장군의 생모로서는 죽었던 살아 있었던 간에 원통하기 그지 없는 일이 아닐 수 없었다. 다음 세상에라도 반드시 원수를 갚으리라고 맹서를 했다. 죄없는 사람을 모함한다는 것은 마땅히 남자로서 할 수 없는 일이기에, 남이 장군을 모함했던 사나이는 다음 세상에는 여자가 되어서 태어났다.

귀한 집에 시집을 가서 아들 하나를 얻은 뒤, 일찍 남편은 세상을 떠났다. 그 시대의 여인들이 다 그러했듯이 그녀는 수절을 해야만 했고, 아들이 장성하자 며느리를 맞이했다. 그런데 이 며느리가 바로 남이 장군의 생모가 다시 태어난 여인이었다.

젊은 부부는 남달리 금술이 좋았다. 부인은 너무나도 색(色)을 밝히는 여인이었다. 게다가 남편은 허약한 체질이었다.

결국 남편은 결핵을 앓게 되어 일찍 세상을 떠났다. 부인은 몰랐지만 전생의 복수는 이루어진 셈이었다. 자기의 아들을 모함한 사람이 여인으로 거듭 태어난 집의 며느리로 돌아가서 절손을 시켰으니 복수는 이루어진 셈이었다.

젊은 시댁은 남편이 죽었어도 그다지 슬프지도 않았다. 왜그런지 홀가분해진 느낌이었다. 일찍 과수댁이 되어서 홀로 늙어가는 며느리를 시어머니는 불쌍하게 여겼고, 이들은 어느덧 동성애를 즐기는 사이가 되었다.

"다음 세상에는 내가 남자로 태어나서 너의 지아비가 되어 주리라."
고 시어머니는 입버릇처럼 이야기를 하곤 했다. 이것이 원인이 되어서 이들은 다시 태어났고, 이번에는 남편과 아내가 된 것이었다.

한편, 그동안 남이 장군은 구천(九天)을 헤매는 고혼(孤魂)이 되어서 많은 무당들에게 부림을 받는 신장(神將) 노릇을 해야만 했었다.

오랜 세월이 흐른 뒤, 남이 장군의 혼은 마침내 자기를 낳아준 어머니가 다시 태어난 여인을 만났다. 그는 이 여인에게 빙의가 되었다.

여인은 이미 불임수술을 받은 몸이라, 남이 장군의 넋을 다시 태어나게 해 줄 수는 없었다. 여기까지 이야기를 했을 때였다.

부인은 흐느껴 울면서 이야기를 시작했다.

"저는 처음부터 이 사람을 좋아하지 않았습니다. 신방을 치루던 날 밤, 몸이 갈기갈기 찢겨지는 듯한 고통을 당했지요. 그 뒤로는 이 사람과 관계할 때는 항상 고통이 따랐습니다. 그러나 남의 집에 시집 왔으니 자손을 남겨 주어야겠다고 생각을 해서 자식을 셋이나 남겨 주었습니다. 하지만 이제는 더 이상 살 수가 없습니다."

하고 부인은 흐느껴 울었다. 한이 맺힌 울음이었다. 나는 한동안 그녀를 말없이 지켜보는 수 밖에 없었다.

"남이 장군의 영혼이 들어왔기 때문입니까?"

부인은 고개를 끄덕였다.

자기를 모함한 사람이니 더 이상 그와 살아서는 안된다는 이야기였다.

"아내에게는 애인도 있습니다. 하지만 애들을 생각해서 저는 용서를 했습니다."

하고 남편은 침통한 어조로 이야기를 했다.

"당신은 나를 용서해 줄 필요도 없습니다. 나를 이대로 보내주기만 하면 되는 것입니다."

하고 부인은 또다시 흐느껴 울었다. 부인의 울음은 거의 한시간이나 계속되었다.

한참만에 내가 입을 열었다.

"부인의 애인은 어떤 사람인가요? 독신인가요?"

"아닙니다. 운전수인데 유부남입니다."

하고 남편은 침통하게 이야기를 했다.

"그렇다면 두 집이 깨어지는 것이로군요. 그 사람도 부인과 맺어지려면 이혼을 해야 할게 아닙니까?"

부인은 고개를 저었다.

"제가 그 사람과 결혼하고 안하고는 중요하지가 않아요. 보내주기만 하면 되는 거예요."

남편은 난감한 표정이었다.

"두분은 이제 전생의 사연을 알았습니다. 어쨌든 복수는 끝난 것입니다. 남은 문제는 남이 장군의 넋을 어떻게 하느냐 하는 것만 남은 것이죠. 두 분이 진동수 가족이 되어서 백일동안 진동수를 복용한 뒤, 남이 장군의 넋을 부인의 몸에서 이탈시켜서 저승으로 보내면 부인의 손자로서 거듭 태어날 인연이 있습니다. 그 일만은 해야 될것으로 생각합니다. 그 뒤 이혼하고 안하고는 두 분이 결정할 문제죠."

하고 나는 설명을 했다.

"저는 지금 당장 헤어지고 싶습니다."

하고 부인은 또다시 울음을 터뜨렸다. 나는 부인의 얼굴을 물끄러미 지켜 보았다.

"부인이 남이 장군의 넋을 갈 곳으로 보내지 않고 이혼을 하면 앞으로 3년을 살기가 어렵습니다."

"3년 밖에 살지 못하더라도 저는 이이 곁을 떠나고 싶습니다."

남편은 어두운 표정으로 지켜볼 뿐 아무런 말이 없다.

"부인은 전생(前生)에서 남이 장군의 어머니였습니다. 남이 장군을 모함한 사람에 대한 복수는 이미 끝났습니다. 이제는 용서할 때가 온 것입니다. 그리고 무엇보다도 중요한 것은 남이 장군의 넋을 댁의 집안의 자손으로 태어나게 해서 21세기에 큰 일을 할 수 있게 해주는 것이죠. 그러니까 백일동안 진동수를 마시고 정식으로 남이 장군의 넋을 천도시켜 주어야 합니다."

하고 나는 간곡하게 타이르는 수 밖에 없었다.

"돈을 가져온게 없어서 당장 회원이 되기는 어렵군요."

하고 남편은 이야기했다.

"아니예요. 내가 돈이 있어요. 온 김에 회원이 돼요. 우리는 별거중이니까 테잎을 두개 구하면 되지 않아요."

하고 부인은 차분히 갈아앉은 목소리로 이야기를 했다.

이날, 부인은 자기가 회비를 치루고 '옴 진동' 테잎을 두개 구해가지고 돌아가셨다. 남편은 회비를 지불하는 부인 곁에 선채 나에게 씽끗 윙크를 해보였다.

이들은 이로써 업장소멸이 재출발(再出發)을 할 수 있게 되는게 아닌가 하는 생각이 든다. 나로서는 그렇게 되어 이들이 몇백년에 걸친 한을 풀고 즐거운 여생을 보내기를 바랄 따름이다.

4. 사내아닌 사내 이야기

요즘 젊은이들은 한참 사춘기에 너무 공부에 쫓기다 보니 남자라면 누구나 겪는 춘기발동기(春機發動期)를 겪지 않고 그대로 어른이 되는 경우가 꽤 많은듯 하다.

신혼여행을 갔는데 신방을 치루지 못한 신부가 항의를 하여 똑바로 이혼을 하는 경우도 꽤 많은게 요즘의 현실인 것이다.

결혼하기 전에 꽤 오랫동안 교제를 했지만 남자가 너무 점잖아서 존경을 했었는데 알고보니 성불구자(性不具者)였었노라고 색시의 기세는 너무나 당당했다.

신랑 쪽에서는 이런 망신이 어디 있느냐고, 아들을 어떻게 정상적인 사내 구실을 할 수 있게 해 달라고 나를 찾아온 것이었다. 그러나 이것은 어려운 일이다.

소년에서 청년이 될 때, 남자는 성적으로 성숙해지게 마련이고, 이때는 비정상적으로 성욕이 강해지는게 보통의 경우이다. 한참 나이에는 사전에서 성교라는 글씨만 눈에 띄어도 발기가 되기 마련이다. 아무리 노력을 해도 자위행위를 그만둘 수가 없었다는게 대부분의 내 나이 또래 사람들의 회고담이다. 그러나 요즘 젊은이들은 반드시 그렇지만도 않은 것 같다.

성(性)에 대한 지식의 홍수로 오히려 여성들은 옛날 사람들처럼 수치심을 느끼지 않게 된 반면에 남자들은 전혀 성욕이 없는 나약한 남성들이 기하급수적으로 늘어가고 있다.

나도 이런 고민을 가진 남성들을 여러 명 상담을 한 일이 있는데, 최근에 아주 특이한 경우를 경험했다.

여기서 그 이야기를 해볼까 한다.

어느 날, 설흔 두어서넛 되어 보이는 키도 크고 건장한 체구를 가진 남자가 나를 찾아온 일이 있었다. 아내하고 문제가 있어서 의논하러 왔노라고 말하면서 부인의 사진을 꺼내 놓았다.

"신혼여행 갔을 때 딱 한번 동침을 했을 뿐, 아내하고 동침하고 싶은 생각이 전혀 들지 않았습니다."

"전혀 발기가 되지 않습니까?"

"네."

"병원에는 가보셨습니까?"

"병원에는 가보지 않았습니다. 왜냐하면 다른 젊은 여자들하고는 얼마든지 의욕도 느끼고 가능한데 아내하고만 불가능하니, 이것은 의학적인 문제는 아니라고 생각합니다."

"부인도 그런 사실을 알고 계신가요?"

"내색을 안하니까 알 수가 없지요."

겉으로 보기에는 저하고의 결혼생활에 별 불만은 없는 것 같습니다."

"알겠어요, 그래 뭘 알고 싶은 것이죠?"

"저와 아내가 전생(前生)에서 어떤 관계였었는지, 정말 전생이라는게 있는 것인지 문득 알고 싶어서 찾아 왔습니다."

하고 젊은이는 깊은 한숨을 쉬었다.

"그런데 아내하고 함께 있으면 다음은 끝없이 편안합니다. 마치 친구와 같은 사이라고나 할까요. 아니 남동생과 같이 있는 것 같은 느낌이 듭니다. 하지만 이대로 가면 저도 외아들인데 절손하게 될것이 너무도 뻔하니까, 이혼을 할까 생각을 하고 있습니다."

하는 그의 표정은 진지하기 그지 없었다. 나는 다시 한번 젊은이와 그의 부인의 사진을 눈여겨 보았다. 눈 앞에 짙은 안개가 끼는듯하더니 이들에게 있었던 전생의 일들이 소상하게 눈 앞에 떠올라왔다.

이조시대(李朝時代) 명종(明宗) 때가 아니었던가 생각이 된다.

제천 고을에 한 명문대가 집이 있었다. 이댁 도령님은 어려서부터 남달리 인물이 뛰어난 사람이었다. 이 집안에 부리는 종의 딸인 언년이는 어려서는 함께 놀기도 했던 도령님이 이제는 함부로 말도 걸 수 없는 존재가 된게 못내 서러웠다.

언년이로서는 주인댁 도령님의 부인이 된다든가 칠십이 된다든가 하는 것은 꿈에도 생각할 수 없는 소망이었다. (다음 세상이 있다면 남동생으로라도 태어나서 함께 살고 싶다!) 고 언년이는 늘 남몰래 생각을 했다.

이것이 원인이 되어서 이들은 다음 세상에서는 형제로 태어났다. 동생은 유난히 형을 따랐다. 장성한 뒤에도 동생이 형에 대한 사랑은 조금도 변하지 않았다.

본시 언년이었던 동성애(同性愛)와 같은 것이었다. 형의 근처에만 있어도 몸이 짜릿했고 마음은 행복했다. 이때문에 그는 장가 갈 생각도 하지 않은채 지냈고, 형이 병으로 죽자, 시름시름 앓다가 1년도 지나지 않아서 세상을 떠났다. 그래서 이번에는 다시 여자가 되어서 결혼을 했고, 남편과 한 집안에서 사는 것만이 행복했다.

무슨 사정인지, 남편은 성불구자가 되었거니 생각을 하고, 아무에게도 그 사실을 이야기하지 않았다. 남편의 시중을 들고, 돌보고 할 수 있는 것만으로 그녀는 행복했다.

나는 이런 이야기를 젊은이에게 들려 주고,

"무슨 일이 있어도 이혼을 해서는 안됩니다. 만일 이혼하겠다는 이야기를 하면 부인은 자살을 하고 말것이니까요."

이렇게 당부를 했다.

옴 진동수 가족이 되면 이들의 이런 문제는 해결이 되리라고 했다.

"인간은 육체를 지닌채 거듭 태어나는 것입니다."

하고 설명을 했지만 젊은이는 얼른 믿어지지 않는다는 표정이었다. 이들 부부가 이혼을 하지 않게 되기를 바라는 마음 간절하다. 내 이야기가 진실이라는 것을 믿어만 준다면 이 젊은이는 다시 나를 찾을 것으로 생각한다.

역시 사랑은 주고 받는 것, 한쪽에서만 사랑해서 결혼은 했지만, 비극은 면하기 어려운게 아닌가 생각한다.

5. 어느 선장 이야기

13년째 외항선(外航船)을 타고 있는 어떤 중년신사가 나를 찾아온 일이 있었다.

부인이 애인이 생겼노라고 고백을 하면서 헤어지자고 해서 난처해진 그는 배에서 내리기로 했노라고 했다. 무엇 때문에 자기에게 이런 일이 일어나게 된 것인지, 부인하고의 전생 인연을 알고 싶다는 이야기였다.

13년씩이나 오랜 기간 동안 집을 비우고 다녔으니, 젊은 부인에게 애인이 생겼다는 것은 얼마든지 있을 수 있는 일이었지만, 그는 그런 사실을 선뜻 받아드릴 수 없는 눈치였다.

필경 자기네의 전생에 무슨 원인이 있는지 알아보고 싶다고 했다.

가만히 살펴보니 아주 성실한 인상을 주는 중년신사였다. 나는 그를 앞에 앉혀 놓고 공심상태로 들어갔다.

이윽고 다음과 같은 장면이 보였다.

홍수가 나서 큰 개울에 탁류가 흐르는데 한 젊은 처녀가 떠내려가고 있었다. 길 가던 괴나리 봇짐을 진 한 젊은이가 그 자리에 짐을 팽개치고 물 속에 뛰어 들어서 처녀를 들처업고 기슭으로 헤엄처 올라 왔다.

젊은이는 산 언덕 위에 처녀를 내려 놓고 다시 괴나리 봇짐을 지고 총총이 길을 떠났다.

다음 장면은 바다 위에서 짙은 안개로 말미아마 좌초된 배가 침몰하는 장면이 보였다. 선원들을 모두 구명 보오트에 옮겨 타게 하고, 선장은 배와 더불어 침몰하는 장면이 보였다. 괴나리 봇짐을 진 젊은이와 침몰하는 배와 운명을 같이 한 선장은 같은 인물인게 분명했다.

나는 다시 제정신으로 돌아왔다.

"당신은 이대로 계속해서 배를 탄다면 앞으로 석달 안에 큰 해난사고로 바다에서 죽을 운명입니다. 그래서 부인의 보호령이 작용해서 부인에게 사고를 일으킴으로써 당신을 해상근무에서 해방시켜 준 것입니다."

하고 나는 자신있게 이야기를 했다.

"그래요, 그게 사실일까요?"

하고 선장은 몹시 놀라는 눈치였다.

"전생에서 길 가던 한 선비가 홍수에 떠내려 가는 처녀를 물에서 건져 준 일이 있습니다. 선비는 무과(武科)에 응시하기 위해 서울로 가던 나그네였는데 그게 당신의 바로 전생입니다. 전생에서 목숨을 건져 주었기에 이번에 부인이 사고를 일으켜서 당신이 바다에서 죽을 것을 건져 준 것이지요."

하고 나는 설명을 해주었다.

"세월이 약입니다. 당신이 옴 진동수 가족이 된다면 부인과 당신의 마음의 파장이 같아지게 됩니다. 이번 사건은 자연히 없었던 일로 잊혀지게 될 것입니다."

하고 나는 분명하게 이야기를 했다.

"그래 부인의 애인이라는 사람을 만나 보았습니까?"

"네."

"유부남이던가요?"

"그렇습니다."

"그래, 뭐라고 하던가요?"

"내가 미쳤느냐고 유부녀와 결혼할 수는 없다고 하더군요. 한때의 불장난 상대였던게 분명합니다만, 아내는 그를 잊지 못하는 모양입니다."

하고 선장은 깊은 한숨을 몰아쉬었다. 그는 이날, 그대로 돌아갔고, 다음 날 다시 찾아와서 옴 진동수를 복용하는 준회원이 되었다.

"며칠 안가서 부인도 여기 찾아올 인연이 있군요."

하고 나는 이야기했다.

"아내가 안선생님을 찾아올 것 같지는 않군요."

하고 선장은 이야기했다.

이로부터 2주일이 지난 뒤였다. 이 선장이 부인과 함께 나를 찾아왔다. 나는 부인을 앞에 놓고, 지난 번 선장에게 들려 주었던 똑같은 이야기를 되풀이 하여 들려 주었다.

"13년 동안이나 가정을 지켜 온 부인은 정숙한 분입니다. 이번 일은 남편을 배에서 내리게 하기 위하여 부인의 보호령이 시켜서 저지른 사고였던 것이지요."

하고 나는 이야기했다.

"선장은 해난사고로 죽을 운명이었지만 부인이 과부가 될 팔자가 아니었기에 또 애들이 일찍 아버지를 잃을 팔자가 아니었기에 이런 일이 일어난 것입니다."

하고 나는 한 가족들의 운명은 서로 얼켜 있어서 죽고 사는 문제에 큰 영향을 준다는 이야기를 해주었다.

이들 부부는 이날 아주 명랑한 표정으로 돌아갔다. 이들이 파탄을 맞는 일이 없이 행복한 여생을 보내기를 바라는 마음 간절하다.

인과법(因果法)이 천지를 지배하는 우주법칙임을 다시 한번 나에게 일깨워 준 사건이었다고 생각이 된다.

6. 시어머니가 남편이 된 경우

사람은 모두 한번 이 세상에 태어났다가 죽으면 그만인 것 같지만 그렇지가 않다. 인간은 끝없이 되풀이 해서 태어나는 것이고, 남자라고 해서 언제나 남자로 태어나는 것도 아니고, 여자라고 해서 늘 여자였던 것은 아닌게 엄연한 현실이라고 생각한다.

내 경우만 해도 그렇다.

나는 20대의 젊은 시절에는 몹시 여성적인 성격이었고 아주 소심한 사내였었다. 체격도 어깨가 좁고 엉덩이가 이상하리만큼 컸었고, 소변을 볼 때는 대부분의 경우, 서서 보는게 아니었고 여자들처럼 변기에 걸터앉아 보는게 편하곤 했었다.

그러던 것이 40대에 접어 들어서 체질개선이 되면서 어깨가 떡 벌어지게 되었고, 반대로 엉덩이는 작아졌다.

전형적인 남자의 체격으로 변한 것이었다. 그와 동시에 성격에도 큰 변화가 일어나서 겁이 많고 소심하던 기질이 없어지고 모험을 즐기는 대담한 성격으로 변했다. 내 자신이 생각해도 신기할 지경이었다.

몇년전 미국에 갔을 때 일이다. LA에서 친구들과 밤거리를 거닐다가 권총강도를 만났는데 내가 그때 느낀 감정은 (아! 신났다. 고국에 돌아가서 좋은 이야기거리가 생겼구나!) 하는 생각이었다. 하나도 겁이 나지 않았던 것이었다.

나는 이때 권총강도를 맨주먹으로 때려눕힐 생각까지 했으나,

끝내 그 기회를 얻지는 못했었다. 나중에 생각하니 소름이 오싹 끼쳤다. 하마터면 죽을뻔 했다는 느낌이 들었기 때문이었다.

진정 용기가 있는 사람은 위험이 지난 뒤에 겁이 난다는 이야기가 나의 경우에 해당이 되는게 아닌가 생각이 된다. 객담은 이만하고 본론으로 들어가자.

어떤 중년 부인이 나를 찾아와 최근에 갑자기 남편이 싫어져서 아무래도 이혼을 해야겠는데 애들을 생각하니 고민스럽다는 하소연을 한 일이 있었다.

남편이 남들처럼 바람을 피워서 정이 떨어진 것이 이유인줄 알았었으나 그렇지 않다는 이야기였다. 누구보다도 곱살하고 자상하며 몹시 가정적인데, 그것이 남편으로서는 분명 좋은 점일텐데 자기는 반대라는 이야기였다.

남편이 좀 더 말이 없고 대범하다면 그런대로 참고 견디겠는데 요즘 와서 갑자기 남편의 자상한 성격 자체가 못견디게 싫어졌다는 이야기였다.

자기 자신이 생각해도 얼른 납득이 되지 않을 뿐더러 주위에서도 호강이 겨워서 하는 투정이라고 자기 같은 불만때문에 이혼을 한다면 이 세상에 이혼하지 않을 부부가 어디 있겠느냐고 하는게 주위의 친구들이 한결같이 하는 이야기라고 했다.

그래서 고민하던 끝에 아무래도 여기에는 전생에 무슨 깊은 사연이 있을 것 같아서 나를 찾아 왔노라고 했다.

이조 중엽때였다.

충청도 어느 시골에 2대 과부댁이 사는 집이 있었다. 시어머니도 며누리도 모두가 젊은 나이에 과수댁이 된 사람들이었다. 보통 경우는 시어머니와 며누리는 사이가 좋지 않은 경우가 많은데 이 경우는 그렇지가 않았다.

그들은 서로 사랑했고, 급기야는 동성애의 경지에까지 이르게 되었다.

"내가 남자라면 얼마나 좋겠냐? 우리는 정답게 일생을 보낼 수도 있지 않겠냐? 다시 태어날 수만 있다면 나는 남자가 되어서 너를 만나 마음껏 사랑해 주겠다."

하고 시어머니는 늘 이야기를 하곤 했다. 그 말이 씨앗이 되어서 이번 생애에서 전날의 시어머니는 남자가 되어 태어나서 며느리였던 젊은 여성을 아내로 맞은 것이었다.

"댁의 남편은 꼭 까다로운 시어머니와 같은 행세를 하는게 아닙니까? 그래서 남편이 싫어진게 아니던가요?"

하고 나는 물었다.

내 이야기를 듣더니 젊은 새댁은 무릎을 쳤다. 내 이야기가 맞다고 했다. 나는 그녀에게 옴 진동수 복용 가족이 되기를 권했다.

두 사람이 체질이 개선되면, 남편의 성격이 변하여 좁쌀 영감 노릇을 하지 않게 될 것이라고 했다.

잠재의식에서 전생의 기억이 말끔이 지워지기 때문이라고 했다. 그 뒤, 이 부인은 다시 나를 찾아오지 않았기에 그 결과는 알수 없지만, 이런 비슷한 일들이 꽤 많을 것으로 생각이 된다.

7. 남녀가 뒤바뀐 경우

남녀가 뒤바뀌어 태어나서 다시 부부가 되는 경우는 상당히 많다. 여자의 입장을 전혀 생각하지 않고, 아내에게 군림만 하는 남편, 병적으로 바람을 피워서 불고가사(不顧家事)하여 아내를 평생 괴롭힌 남편들은, 이것이 원인이 되어서 다음 번 생애에는 여자가 되고, 부인은 남편이 되어서 똑같은 일을 당하게 마련이다.

이것을 보면 하늘은 정말 공평하다는 생각을 하게 된다. 남편이 바람을 피워서 고민하는 부인의 경우를 보면 대부분의 부인은 남자와 같은 인상인데 비해 남편 쪽은 곱살하게 생긴게 여자와 같이 생긴 사람이 많다는게 공통점이다.

부인이 자기의 전생에서의 잘못된 행위의 결과임을 깨닫게 될 때, 남편의 바람은 이상하게 멎게 되는 것을 나는 여러 번 경험한 바가 있다.

반대로 남편을 원망하는 마음을 버리지 않을 때, 이들 부부의 입장은 더욱 두터워지는 것을 알 수가 있었다.

이 문제에 대해서는 특별한 예를 들지 않기로 하나, 어쨌든 남녀의 인연은 시간을 초월하여 이어지는 것임을 밝혀 둔다.

8. 별나라에서 온 사람들

겉으로 보기에는 똑같은 인간이지만 영혼의 본질을 놓고 보면 모두가 근원적으로 똑같은 인간은 아니라고 생각이 된다. 다시 말하면 동물의 혼이 진화되어서 인간이 되는 경우도 있으니, 개가 주인의 목숨을 건지기 위하여 죽은 경우 같은 예를 들 수가 있다.

인간이 다른 인간의 목숨을 건져도 고귀한 행위인데 하물며 하나의 축생에 지나지 않는 개가 불속에서 타 죽게 된 주인집 아기를 구해내고 자신은 스스로 중화상을 입고 죽는다면 이 개의 혼은 인간으로 환생(還生)할 수 있는 자격이 충분히 있는 것이다.

내가 경험한 바에 의하면 식물계(植物系)를 지배하는 꽃의 정령(精靈)이 인간 여성으로 환생한 경우를 본 일이 있고, 저승사자가 인간세상에 나들이 온다던가 하는 예도 경험한 바가 있다.

우리네 인간들은 지구에만 인간과 같은 지성생명체(知性生命體)가 살고 있는 것이라고 모두가 믿고 있지만, 꼭 그런 것만은 아니다.

저 하늘에 빛나는 수많은 별나라 가운데에는 우주인들이 살고 있는 곳이 많으며 그들은 육체를 가진채 직접 지구에 오는 일도 많겠지만, 그 보다는 혼(魂)만이 일종의 테레포테이션(상념이동)을 하여 지구의 유명계의 입국허가를 받고 인간으로 태어 나는 경우도 꽤 많다.

요즘 나를 찾아 오는 수많은 사람들 가운데 가끔 그런 우주인이 지구인으로 환생된 예를 많이 보아왔기 때문이다. 이들의 공통된 특징은 모두가 실제 나이보다는 훨씬 젊어보인다는 점이었고 거의 모두가 일종의 영능력, 내지는 초능력의 소유자라는 점을 들 수 있다.

또한 그들은 한결같이 심한 고독감을 느끼는 사람들이었고, 자기가 무엇인지 사명감을 갖고 태어났다는 강한 느낌들을 갖고 있었다.

보통 사람들은 죽으면 혼은 육체에서 빠져나와 유명계(幽明界)로 가게 마련이지만 이들의 경우는 그렇지가 않고, 떠나온 별에 마련되어 있는 육체안치소에서 잠을 깨는 형식으로 의식을 되찾게 되는 듯하다.

자기가 지구에서 보고 겪은 일들을 보고하고, 사명이 끝나지 않았을 때는 몇번이고 다시 잠들어서 지구의 유명계로 상념이동(想念移動)을 하여 지구인의 몸을 갖고 태어나곤 하는 것이다.

이 우주에는 불간섭이라는 법칙이 있기 때문에 지구인에 대하여 연구하려면 지구인으로 환생할 수 밖에 없는게 아닌가 생각이 된다.

바로 며칠 전, 안타레스에서 온 두 남녀가 나를 찾아온 일이 있었다. 이들은 얼른 보기에 다같이 나이 보다는 훨씬 젊어보이는 인상을 주는 남녀였다.

그들은 부부였고 결혼생활 10년에 아직 슬하에는 자식이 없노라고 했다. 그리고 이들 부부는 미혼이던 시절, 두 사람이 다같이 자기에게서는 자식이 태어나지 않을 것 같다는 강한 느낌을 가졌었다는 이야기였다.

이들을 영사해 보니 안타레스에서 약혼한 사이였으나, 지구인으로 환생할 때, 다같이 남자로서 태어났고, 남편은 노스트라다무스의 아들 세자르였던 적이 있었으며 부인은 다른 나라에 남자로서 태어났으며, 그뒤 한번 본국으로 돌아갔다가 다시 지구인으로 환생을 했는데 그때는 한국의 범어사 스님이었음이 밝혀졌다.

이들은 남색(男色)에 빠진 동성애자들이었다. 그래서 이번에는 본래의 모습이 남녀가 되어 환생을 해서 부부가 된 것임이 확인이 되었다.

"두 분이 아기를 낳으면 그 인연으로 해서 고향의 별나라로 돌아갈 수가 없고, 아주 지구인이 될 가능성이 많습니다."

하고 나는 설명을 해주었다.

이 말에 이들 부부는 한결같이 자기네는 아기를 가질 필요성을 느끼지 않노라고 했다. 주변의 환경이 항상 낯설게 느껴지고 낯선 타향에 와서 사는 것 같은 느낌을 가졌던 것이 얼른 납득이 된다고 했다.

"이번에 죽으면 고향의 별나라에 돌아가서 지구인의 생태에 대한 논문을 써서 박사님이 되어야지요."

하고 나는 웃었다.

그들도 수긍이 된다는 표정으로 맑은 웃음을 웃어 보였다.

제 2 장

나 자신을 만난다

1. 영혼이 윤회하는 법칙을 밝힌다

우리들은 흔히 영혼이라는 말을 쓰는데 영(靈)과 혼(魂)은 다르다는 사실을 우선 밝혀두고저 한다.

영은 영계(靈界)에 있는 독립된 존재이고 살아있는 인간의 몸에 깃들어 있는 것은 사혼(思魂)·언혼(言魂)·황혼(荒魂·생명력의 원천)의 삼혼(三魂)과 일곱가지 내분비기관을 지배하고 있는 칠백(七魄)이다.

또 다시 영이란, 사진에 있어서의 원판(原版) 필름과 같은 것이고, 삼혼칠백(三魂七魄)이란 필림을 갖고 현상한 사진과 같은 관계라고 생각하면 좋을 것 같다.

여기 영사기에 필름을 넣고 영사를 한다. 벽에는 화면이 비춘다. 그러나 벽에 비친 화면은 하나의 허상(虛像)일 뿐, 영사기가 작동을 멈추면 화면은 사라지게 된다.

한편 원판 필름을 갖고 우리들은 몇장이고 사진을 만들 수가 있고, 원판을 수정해서 복사를 하면 전혀 다른 사진이 만들어질 수도 있다.

이와 마찬가지로 영은 영계에서 복사를 해서 삼혼칠백을 만들어 이승에 보내면 하나의 육체 인간이 탄생한다.

그 뒤 수십년이 지난 뒤 또다시 영을 복사해서 이승으로 보내면 같은 영의 성질을 지닌 또 다른 인간이 태어나게 된다.

그들은 용모도 같고 성격이나 체질도 같지만 서로 만나는 일도 없고 또 설사 만난다고 하더라도 같은 영에서 복사된 존재임을 알 수는 없다.

그들은 서로 다른 체험을 하지만, 죽게 되면 그 혼들은 원래의 원판인 영에게 흡수가 된다. 이때 그들이 경험한 일들의 기억은 영에게 흡수가 되어 다시 혼을 내어보낸다.

이런 모양으로 인간은 거듭 태어나게 되는데 이것을 나는 복합령(複合靈)이라고 이름을 붙였다. 정확하게 말하자면 복합혼(複合魂)이라고 부르는게 타당하리라고 생각이 된다.

나는 여러 번에 걸쳐서 내 자신의 동일한 영에서 복사되어 환생한 사람들을 만난 일이 있는데 그들은 어린이도 있었고 젊은이도 있었고, 또는 나보다 더 나이가 많은 사람의 경우도 있었다. 오늘은 그 이야기를 해 볼까 한다.

2. 꼬마가 되어서 나타난 또 하나의 나 자신

지난 해 일이었다고 생각한다.

여덟살된 꼬마 사내아이가 젊은 어머니와 함께 나를 찾아온 일이 있었다. 너무나 잔병치레가 많아서 그 원인을 알아보기 위하여 나를 찾아 왔노라는 이야기였다.

나는 이 꼬마를 본 순간, 나 자신의 어렸을 때 모습과 너무나도 똑같은데 놀라지 않을 수 없었다.

내가 조사한 바에 의하면 이 아이는 나와 똑같은 O형이었고, 내가 어렸을 때 그러했듯이 편식이 심했고, 항상 병치례를 하고 있었고, 꼬마인 데도 영능력이 존재함을 믿고 있었다.

어머니의 전생을 조사해 보니 원효대사의 생모(生母)였던 적이 있었다는 사실이 밝혀졌다. 나 자신에게도 원효대사의 분령이 있기에 나는 더욱 놀라지 않을 수 없었다. 나 자신의 50여년 전의 모습을 눈 앞에 보는 것과 같은 느낌이었다.

이로써 영은 영계에 존재하면서 여러 복사판 인간을 이 세상에 보내고 있다는 사실을 내 눈으로 직접 확인한 셈이었다. 이 아이의 어머니는 나를 찾아왔을 때는 원인불명의 질병을 앓고 있었고, 병원에서는 아무런 병이 없다고 하는데 본인은 식사도 제대로 하지 못하여 극도로 쇠약한 상태였었는데 '옴 진동수'를 마시고, 나에게서 직접 체질개선 시술을 받고는 건강을 되찾을 수가 있었다. 그리고는 어느 날, 갑자기 내 앞에서 자취를 감추고 말았다.

나에게 혼(魂)이 윤회하는 실상(實相)을 일깨워 주기 위하여 잠시 나타난 것과 같은 느낌이었다. 모자가 건강하기를 비는 마음 간절하다.

3. 나 자신의 젊은날을 본다

며칠 전의 일이었다.

30대 초반의 한 젊은이가 나를 찾아온 일이 있었다. 첫눈에 어디서 많이 본 것과 같은 인상을 주는 젊은이었다. 서로 인사가 끝나자마자 젊은이는 이렇게 이야기했다.

"제가 누군지 모르시겠습니까?"

"누구라니?"

"제가 선생님을 많이 닮았다고 보시지 않습니까?"

하고 그는 진지한 표정으로 뚫어지게 나를 쳐다보았다.

그 순간, 나는 큰 충격을 받았다.

나 자신의 젊은 모습을 눈 앞에 본것과 같은 느낌이 들었기 때문이었다.

"선도(仙道)를 수련하고 있는 친구가 있는데, 그 친구 이야기가 꼭 안선생님을 만나보라는 이야기였습니다. 아무래도 안선생님과는 깊은 인연이 있는 것 같다는 것이었습니다. 그래서 오늘은 선생님을 찾게 된 것입니다."

하고 젊인이는 여러 가지 이야기를 했다. 그날 무슨 이야기를 들었는지 지금 나는 이상하게 기억이 없다. 마치 꿈 속에서 만난 젊은이 같은 느낌이 들뿐, 이상한 일이라고 생각이 든다.

4. 나 자신의 업장을 푼다

내가 어떻게 하여 지금과 같은 심령능력자가 되었는지 전후 사정을 잘 모르는 사람들은 내가 영능력과 초능력을 지닌 특수인간이라고 해서 부러워하는 사람들이 많다. 그러나 알고 보면 세상에 나같이 팔자 사나운 사람도 없다는 생각이 든다.

다른 사람들은 열심히 일해서 처자식을 먹여 살리고 행복하게 살수가 있지만 내 경우는 그렇지가 않기 때문이다.

나는 매일 같이 일반상식으로서는 도저히 해결할 수 없는 어려운 문제를 안고 있는 사람들을 만나서 이를 해결해야 되고, 암과 같은 난치병을 앓고 있는 사람들을 완쾌시켜 주는 그런 일을 맡고 있기 때문이다.

이런 어려운 문제를 해결해 주는 것은 지극히 당연한 일이고, 그렇지 않게 되면 나는 사기꾼이라는 말을 듣게 되니 이 이상 고달픈 일이 더 어디 있겠는가?

며칠 전 나는 갑자기 이런 생각이 든 일이 있다. 내가 지금 하고 있는 일들은 이 나라의 대통령이 맡고 있는 일보다도 더 어렵다는 것, 대통령은 그 자리에 앉을 만한 분이면 누구든 수행할 수 있는 일이지만, 지금 내가 하고 있는 일들은 나아닌 그 누구도 할수없는 일이라는 것을 생각할 때, 나는 새삼스럽게 내 두 어깨가 무거워짐을 느낀다.

지구(地球) 자체의 운명을 등에 지고 있는 것과 같은 중책감마저 느낄때, 나는 이 세상에서 가장 팔자 사나운, 이 세상에서 가장 죄많은 사람이라는 생각이 들곤 한다.

전생에서 얼마나 많은 죄를 지었길래 가도 가도 끝이 없는 수렁길속을 걸어야 하는가 하는 한탄이 절로 나온다. 내 이름 자체가 동쪽나라 백성들을 편안하게 하라는 명령의 뜻을 갖고 있으니 나는 지금의 내 운명을 숙명으로 받아들이는 수 밖에 달리 도리가 없다고 생각한다.

순(舜) 임금은 세상에 보기 드문 효자였고 그의 부모는 천하에 둘도 없는 악인으로 낙인이 찍혔으니, 이들 부자 사이의 업장은 얼마나 두텁겠는가?

유방은 천하를 통일하기 까지 얼마나 많은 사람들을 죽였을까 생각하면 이 역시 살생(殺生)의 업은 대단한 것이라고 생각이 된다.

한편 수양대군은 왕위에 오르기 위하여 친동기간인 안평대군(安平大君)과 금성대군을 죽여야만 했으니 동기간의 악업이 대단했던게 아닌가 생각이 된다. 내 아우에 동방(東邦), 동국(東國)이가 있는데 어렸을 때는 사이가 좋았으나, 이들이 미국으로 유학가고 그곳 사람들이 된 뒤에 상황이 아주 바뀌었다.

선친이 돌아가시게 된 것은 간암때문이었는데 몹시 살고 싶어하셔서 끝까지 눈물겨운 단식치료를 받으셨다.

이것을 잘못 아신 어머니께서 큰 아들인 내가 아버지의 재산을 탐내어서 굶겨 죽이게 하려고 한다고 알려서 이들이 미국에서 한달음에 달려 왔고, 나는 극악무도한 살부자(殺父者)의 누명을 써야만 했었다.

이 때문에 나는 그들에게 큰 원한을 갖게 되었는데 아무리 애를 써도 그 원한이 풀리지가 않았다. 더욱이 선친이 돌아가신 뒤 나는 선불리 출판에 손을 대었다가 파산을 했고, 이 때문에 이들 아우들 몫인 일부 재산을 유용하게 되었다. 뒤에 동생이 미국에서 돌아와서 나의 거의 모든 재산에 가등기를 하고 문서(文書)를 갖고 돌아왔다.

그 뒤 20년이 흐르는 동안, 나는 심령과학자로서 많은 사람들에게 봉사를 했고 어머니를 위시하여 다른 동생들의 생계를 책임을 지고 최선을 다했지만, 그래서 이들 동생들 빚을 갚겠다고 통고를 했으나, 이들은 내가 제공한 원리금에 만족하지 않고 엄청난 액수의 돈을 요구했다. 나의 지금의 재산을 팔아도 도저히 갚기 어려운 액수였다. 복리에다가 또 복리를 더한 액수여서 나는 어이가 없었다. 나는 이들에게 준 약속어음이 있었기에 이 어음의 액수와 이에 대한 연채이자를 지불하면 될줄 알았는데 그렇지가 않았다.

나중에는 동생들은 나에게 온갖 협박을 하고 때릴 것 같이 대들기까지 했다. 나는 정신적으로 엄청난 충격을 받지 않을 수 없었다. 재판을 한다면 내가 이길 수 있는 싸움이었다. 원리금만 갚으면 될 것이었다. 어떻게 할까 망설인 순간이었다. 문득 이런 생각이 떠올랐다. 나의 어머니는 이북 출신이고 선친은 이남 출신으로서 평생을 다투면서 불행한 가정 생활을 한 분들이었다.

바로 밑의 동생은 키가 작고 일본인의 인상이고, 제수씨도 일본인이고, 그 밑의 동생은 중국인의 인상, 현재 서양 여자와 살고 있는 처지였다.

그들의 이름을 보면 동(東)자 밑에 나라 방(邦), 나라 국(國)자가 들어 있다. 나는 백성인데 나라와 다툴 수 있겠는가 하는 생각이 들었다. 어쩌면 나는 영적으로 남북한을 대표하고 있는지 모른다. 내가 아우들에게 저줌으로써 남북이 화해하는 영적인 계기가 되는게 아닌가 하는 생각이 들었다.

남북 문제가 원만하게 해결되기 위하여 내가 그들에게 일부러 져주는게 필요하다면 기꺼이 져주리라, 그런 생각이 들었다. 그래서 나는 동생들의 요구를 전부 수용하여 그들에게 항복을 했다. 그것이 1991년 12월 7일이었는데 이번 12월 13일(13은 나의 숫자, 내 이름의 획수와 같다) 남북 화해의 첫 장(章)이 열렸다.

나는 많은 재산을 잃는 대신 동생을 되찾는데 성공을 했고, 남북한을 영적으로 대표해야 하는 사명을 완수했다고 본다.

마음은 보이지 않는 것이기에 나는 사회에서 눈에 띄지 않는 존재로 살아가고 있는 것이라고 생각한다. 이로써 수양대군의 아우들에 대한 업장은 어느 정도 가벼워진게 아닌가 생각이 된다. 어쨌든 전생(前生)에서 아우들이 나에게 크게 혼난게 아니라면 도저히 그들의 태도는 상식을 초월한 것이 되는 셈이다.

나는 동생들에게 항복함으로써 나의 가장 큰 전생의 업장을 푼 셈이고, 이제는 평범한 인간으로 돌아갈 수 있는 길이 그만큼 가까워졌다는 생각이 든다.

'옴 진동수'를 보급하는 일만 남았을 뿐, 더 이상 나라를 위하여 뒤에서 천지공사(天地公事)를 하는 중책에서 해방이 된것이 아닌가 하는 생각이 드는 것이다.

지금 나는 커다란 강박관념에서 해방된 느낌이다. 다시 말하면 나는 거의 전생의 업장이 소멸된 것 같이 가벼운 느낌을 갖게 되었다는 이야기이다.

5. 카산도라 이야기

흔히 운전수들이 하는 이야기가 아침 개시에 재수없는 손님을 만나면 하루종일 징크스가 있다고 한다. 내 경우도 예외는 아니어서 대충 첫 개시하는 상담자가 부부 갈등이면 그날은 같은 종류의 손님들이 연달아 찾아오게 마련이다.

암과 같은 중환자의 상담이 시작되게 되면 그날은 진종일 중환자들 또는 그 가족들이 찾아오게 된다.

김진호(가명) 선생은 벌써 우리 연구원에 단골이 된 뒤, 5년이 넘는 고등학교 여선생이다. 처음에 찾아왔을 때는 폐를 앓고 있었고, 대학은 졸업했으나 일자리가 없는 입장이었다. '옴 진동수'를 장기 복용하고 결핵도 완치되었고, 시내 어느 고등학교에 영어 선생으로 취직도 되었다. 이만하면 내 임무는 끝났으려니 했는데 그렇지가 않았다.

이번에는 노처녀 신세를 면하게 해달라는 부탁이었고, 아무리 '옴 진동수'를 마셔도 몸이 완전한 건강을 찾지 못한다고 불평이 대단했다.

나는 김진호 선생을 보면 악몽을 꾸는 듯한 기분에 사로잡히곤 했다. 여러 번에 걸친 제령(除靈)도 해 보았고, 조상천도까지도 했는데 그때만 반짝할 뿐, 결정적으로 좋아지지가 않는 것이었다.

그때 그때 체질개선을 해줄 뿐, 나도 이제는 대책이 서지를 않았다. 정말 딱한 일이 아닐 수 없었다.

여지껏 나는 내 책에서 주로 성공한 사례만을 골라서 적어 온게 사실이다. 그러나 오늘은 잘 안되는 경우를 이야기하려는 것이다.

김진호 선생이 최근에 사모하는 노총각 선생이 생겼다. 나이는 김선생 보다 두어 살 아래인데, 각종 상황이 어떤지 또 청혼한 여자가 있는지 없는지 전혀 그녀는 알지 못하고 있었다.

평소에 이 노총각 선생은 자주 김선생에게 농담을 하곤 했던 모양이었다. 김선생이 그가 자기를 좋아한다고 생각을 하게 되었고 그때부터 그녀도 총각선생을 좋아하게 된 모양이었다. 설흔이 넘은 노처녀로서 너무도 구름잡는 이야기였다. 한번 적극적으로 의사 표명을 해 보라고 해도 그녀는 막무가내였다.

나는 이렇게 이야기를 할 수 밖에 없었다. 그 선생과 정 결혼하고 싶거든 그를 잘 아는 제3자에게 부탁을 해보라고 했다. 그래야 망신을 면할 수 있다고 생각을 했기 때문이었다. 그래서 김선생은 교감선생에게 정식으로 중매를 부탁했는데 영 소식이 없노라고 했다.

매번 찾아 올 때마다 나에게 자기 일을 성사되게 해달라고 성화였다. 나는 고문을 당하는 느낌을 갖지 않을 수 없었다. 남녀간의 일이란 전생(前生)에서 부터의 인연이 있어야 맺어진다는 것이 나의 지론인데, 이 남선생과는 전생에서 남매였었다는 것을 알수 있을 뿐, 구체적으로 어떤 사람들이었는지 전혀 알 수가 없었다.

나는 아직 때가 오지 않은 것이려니 했다. 그러다가 며칠 전 일이었다. 그녀를 만난 순간, 갑자기 그녀를 구성하는 복합령 가운데 카산도라가 있음을 알게 되었다.

카산도라란 트로이 성주의 딸로서 눈 먼 소녀 예언자였다. 오빠인 파리스가 스파르타의 왕비였던 헤렌을 데려왔을 때, 그녀를 받아들이면 안된다고 맹렬하게 반대를 했고, 희랍군이 거대한 목마(木馬)를 성 밖에 남겨 놓고 떠났을 때, 그 목마를 성 안으로 끌고 들어오는 것을 반대했던 소녀가 바로 카산도라였다.

그런데 이상한 일이었다. 이때 주변에 있는 손님들을 보니 파리스도 있었고, 헤렌도 있었고, 트로이 성주도 있었고, 아키레스도 있었 다. 그리고 그때 나 자신이 유리씨즈였음도 알 수가 있었고, 우리 사무실에서 일하고 있는 아가씨가 페네로페였음도 한 눈에 알 수가 있었다.

파리스 왕자였던 사람은 목에 이상한 통증을 느끼고 있었는데 여지껏 여러 가지 치료를 받았으나 영 효과가 없었는데 이는 바로 유리씨즈가 등에 맨 장검으로 목을 내려쳤던 것이 유체(幽體)에 상처를 입혔기 때문임을 알 수가 있었다. 나는 그를 제령을 했고, 목을 어루만지며 유체 치료를 했더니 그 자리에서 통증이 사라졌노라고 했다.

김선생이 사모하는 남자 선생은 역시 오빠였던 파리스 왕자의 분령을 갖고 있음이 밝혀졌다. 또한 트로이 사람들은 안타레스 태양계에서 지구에 이민온 사람들이었음도 밝혀졌다.

나는 김선생을 그 자리에서 제령을 시켰다. 트로이 함락때 죽은 많은 영혼들이 빙의되어 있었던 것을 이탈을 시켜서 고향인 안타레스 태양계로 전송을 한 것이었다. 그러자 그녀의 얼굴은 눈부시게 환하게 변했다. 이로써 유리씨즈의 업장도 소멸이 된것이 아닌가 생각이 된다. 그 뒤, 그녀에게서는 아직 아무런 소식이 없지만, 매사가 잘 풀릴 것으로 생각이 된다.

6. 어느 치과의사의 이야기

바로 어저께 (1991년 12월 5일) 일이었다. 얼마 전에 우리 연구원의 준회원이 된 바가 있는 한 치과의사가 나를 찾아온 일이 있었다.

그는 자기도 생일이 9월 19일이며 여러 가지 점에서 너무도 나와 닮은 데가 많아서 그 까닭을 알고 싶어서 찾아 왔노라고 했다.

발에 신경염을 앓고 있는 점이라든가 새와 붕어 기르기를 좋아하고 사진에 취미가 있는 것이라든가 약간의 편식 기운이 있는 것이라든가, 생긴 모습이라든가, 그러고 보니 우연이라고 하기에는 너무나도 흡사한 면이 많은게 분명했다. 그래서 놀라서 나를 찾아왔노라고 했다.

영사를 해보니, 그에게는 순(舜)과 유방의 분령체가 있음이 확인되었다. 나로서는 또 하나의 나 자신의 분신(分身)을 찾은 셈이었다.

이 치과의사는 고등학교가 나하고 같은 학교였고, 그의 바로 위 형이 나와는 한 학급에서 공부한 사이였다. 여러 시간에 걸처서 이야기를 나누면서 나는 근래에 보기 드물게 행복한 기분을 느낄 수가 있어서 좋았다. 영혼이 윤회하는 법칙을 직접 눈으로 보고 확인한 예라고 생각이 된다.

7. 울산에서 온 사나이

몇달 전 일이었다.

울산에서 어떤 부인이 나를 찾아온 일이 있었다. 남편이 간염에 걸려서 서울대학병원에 입원을 했는데 병원에 가서 시술을 해줄 수 없겠느냐고 했다.

나는 의사도 아니고, 또 회원도 아닌 '옴 진동수'도 안마신 환자를 직접 손을 댈 수는 없노라고 이야기를 하는 수 밖에 없었다. 우선 준회원이 되어서 '옴 진동수'를 복용시켜 보라고 했다.

부인은 몹시 서운해 하는 눈치였지만 나로서는 어쩔 수 없는 일이었다.

결국 이들은 옴 진동수 가족이 되었고, 얼마 뒤 남편은 퇴원을 했다. 그리고 나에게 와서 직접 체질개선 시술도 받았고, 또 제령도 했다. 그런데 남편이 이런 이야기를 했다.

자기는 경주에 2500평 정도의 과수원을 갖고 있는데 그곳에서 나오는 지하수(地下水)가 좋으니, 내가 원한다면 '옴 진동수'공장 부지로 희사할 용의가 있노라고 했다. 나는 웃으면서 대답했다.

"모두들 몸이 아플 때는 완쾌하고 싶은 욕심에서 별 이야기를 다하지만 나중에 병이 완쾌되고 보면 그런 말을 하게 된 것을 후회하는 법입니다. 뜻은 고마우나 나는 안 들은 것으로 할테니 나중에 완전히 건강해진 뒤에도 그 마음이 변하지 않거든 다시 이야기하도록 합시다."

나는 전에도 환자로 부터 이와 비슷한 이야기를 몇번 들은 적이 있으나 모두가 불발탄에 그쳤을 뿐더러, 그 중 한사람한테는 돈을 백만원(10여년 전 일이다)까지 강탈당한 일도 있었다.

20여년을 많은 사람들을 위하여 봉사를 해왔지만, 나를 돕겠다는 독지가는 단 한 사람도 만나 본 일이 없었다. 그래서 나는 때로는 한탄을 하곤 했었다.

내가 전생에 얼마나 죄를 많이 졌으면 이다지도 인덕이 없는가 하고, 결국 내가 봉사함은 봉사가 아니고, 나의 지난날의 지은 죄의 업장소멸을 하고 있음이 아니더냐고 한탄을 하곤 했었다.

이 세상에는 돈 많은 사람도 많건만 그 어느 누구도 '옴 진동수' 공장을 세우는 기금을 내겠다는 이는 없으니 어지간이 나는 인덕이 없다고 자탄할 수 밖에 없었다.

그런데 이 환자는 그 뒤도 한결 같았다. 옴 진동수 공장 부지로 필요하다면 기꺼이 내어 놓겠다는 이야기였다. 하지만 나는 그의 말이 실행이 되리라고는 믿어지지 않았다.

그러다가 이번에 기회가 있어서 (1991년 12월 7일) 아내와 처남과 더불어 경주에 내려가서 현지 답사를 하게 되었다. 현지에 가보니 과수원은 넓은 논 밭에 둘러싸인 분지에 위치하고 있었고, 지하에는 15미터 두께의 암반이 있고 그 밑에는 거대한 지하호수(地下湖水)가 있다는 느낌이 들었다. 그리고 그런 지하호수는 전국에 13개가 있는데 서로 연결이 되어 있으며 그 드러난 것이 백두산의 천지(天池)임도 알 수가 있었다.

한국을 사람의 몸에 비한다면 경혈에 해당되는 곳에 13개의 거대한 지하호수가 있다는 것이고, 이 과수원은 봉황새의 둥지에 해당되는 곳이며 13개의 알을 품고 있으니, 이곳이 개발이 되어 물공장이 된다면 새끼 공장이 열두곳이 생기리라는 예감이 들었다.

그러자 이 분은 자기가 보아 둔 집터가 있으니 감정을 해달라고 했다. 가보니까 김알지왕의 별궁이 있던 곳이고, 일연(一然) 스님이 말년을 보낸 절이 있던 곳이기도 했다. 그런데 그 집 주인은 전생에서 알지왕의 신하였던 사람인데 지금은 엄청난 욕심장이여서 이 분에게 터무니 없는 값을 요구하고 있음도 알았다.

나는 이 집터보다는 다른 곳을 알아보라고 했다. 다음 날 저녁 다른 집을 가보았다. 대궐같은 웅장한 기와집이었고 그 앞에는 커다란 연못이 있었다. 김알지왕이 왕으로 등극하기 전에 살던 집터였다.

나는 이 집을 살것을 천거했다. 그는 현재 울산 시내에서 아파트에 살고 있는데 아파트와는 안맞는 체질이었다. 땅을 밟고 살아야 하고 양옥보다는 한옥에서 사는게 건강에 좋다는 이야기를 해 주었다.

또한 과수원 땅은 어디까지나 그의 것이며, 내가 아는 생수공장을 하는 분과 함께 협력을 해서 '옴 진동수' 공장을 만들면 나는 기꺼이 돕겠노라고 했다.

나는 하마터면 허왕된 욕심의 노예가 될뻔 했다가 빠져나온 셈이었다고 생각한다.

사람마다 분수와 복이 있는 법이다. 그는 전생에서 김알지왕과 일연스님이었던 사람이기에 재산복이 있지만 나는 그렇지 못하고 도인(道人)으로서 생애를 끝낼 운명임을 다시 한번 깊이 깨닫게 되었던 것이다.

8.'화성연쇄살인사건'의 수수께끼

1991년이 저물어 가던 어느 날이었다.

그날 오후, 눈매가 유난히 날카로운 중년 남자가 나를 찾아왔다. 그는 나와 마주 앉자마자 대뜸 자기는 공직에 있는 몸이라고 했다. 수사관이구나 하는 생각이 퍼뜩 들었다. 나는 정직하게 세무보고도 하고 있어서, 어느 해인가는 세금을 너무 냈다고 돌려 받은 일도 있어 떳떳지 못한 일을 한 기억은 없지만, 그래도 왜그런지 마음이 섬찟했다.

그는 자기가 화성 연쇄살인사건을 담당하고 있는 사람이라고 하면서 나의 심령 능력으로 범인을 알아낼 수 없느냐고 말했다.

화란 태생의 초능력자인 크로와젯트는 여러 번 경찰의 미궁에 빠진 사건을 해결하는데 큰 도움을 준 적이 있지만, 내 경우는 그렇지가 못했다.

금당사건 때도 종로서 형사가 찾아왔으나 비슷한 이야기를 했을 뿐이었다. 그는 경찰의 수사기록을 보여 주고 연쇄살인사건의 전모를 이야기해 주었다.

죽은 피해자들은 어린 처녀에서 부터 늙은 노파에 이르기까지 나이의 차가 심했으나, 한가지 공통점은 음모가 굉장히 진한 여자라는 점이었다.

나는 범인은 살아 있는 사람이 아니라는 생각이 들었다. 계모에게 원한을 품고 죽은 젊은이의 영혼이 빙의가 되어서 저지른 사건이고, 그중 한 건(件)만은 가출한 아내를 찾던 사람이 아내와 비슷하게 생긴 여자를 잘못 죽인 것이라는 생각이 들었다.

범인은 살인을 한 뒤에 빙의령이 곧 떠나서 기억을 지워버렸기 때문에 기억을 하고 있지 않다는 생각이 들었다. 정신에 이상이 있는 사람의 소행인게 확실하나, 진짜 범인은 빙의령이기 때문에 범인을 잡는다는 것은 힘든다는 생각이 들어서 그렇게 이야기했더니 수사관은 몹시 실망을 하고 돌아갔다.

이미 범인은 용의자로서 경찰에 잡혔다가 증거 불충분으로 풀려난게 아닌가 하는 이야기도 했다. 범인이 범행사실을 기억하고 있다면 발각이 되게 마련인데, 범행한 사실을 기억조차 하지 못하니 알아낼 도리가 없지 않겠는가?

살해당한 사람들 가운데 몇 여성은 전생에 남자로서 여자를 몹시 괴롭혔고 못할짓을 했기 때문에 이번에는 여자로 태어나서 처참한 최후를 맞은게 아닌가 하는 생각이 들기도 했다.

얼마전 SBS-TV에서 「영혼의 목걸이」라는 영화가 방영된 적이 있었다. 한마디로 빙의되어가는 과정을 리얼하게 묘사한 영화였다. 어쩌면 '화성 연쇄살인사건'은 「영혼의 목걸이」의 재판이 아닐런지?

이 세상에 원인 없는 결과는 없기 때문에 그렇게 생각할 수 밖에 다른 도리가 없지 않겠는가? 빙의령의 원한이 풀려서 더 이상의 살인사건이 일어나지 않기를 바랄 따름이다.

여기서 최근에 미국에서 일어난 '미국판 화성 연쇄살인사건'을 소개하고 한국의 화성 연쇄살인사건과 비교해 볼까 한다.

우선 독자들을 의하여 1992년 1월 20일 조선일보에 게재된 기사를 소개한다.

30代娼女「미국판 華城연쇄살인」

고속도로 단독운전 40~50代 남자대상
2년간 5명살해…. 범행후「전리품」챙겨

'미국판 화성 연쇄살인사건'의 범인이 최근 체포돼 관심을 집중시키고 있다.

두 사건은 특정지역의 특정대상 인물이 연쇄적으로 살해 됐다는 공통점을 지니고 있다.

한국의 '화성사건' 피해자가 빨간 옷을 입은 여성이었던데 비해, 미국의 사건에선 한적한 도로를 홀로 운전하고 가던 남성들이 표적이 됐다는 차이점이 있을 뿐이었다.

문제의 인물은 미 플로리다주 4개 지역에서 지난 89년 부터 2년에 걸쳐 5명의 중년남자를 살해한 혐의로 체포돼, 13일 플로리다의 드랑에서 재판에 회부된 35세의 창녀 에이린 워노.

워노에게 살해당한 5명의 남자들은 40~50대의 중년남성들로 범행 장소는 모두 플로리다의 한적한 고속도로변이었다. 워노 자신은 신원이 확인된 5명 외에도 2명을 더 살해했다고 주장하고 있다.

워노의 살인수법에는 공통적인 시나리오가 있다. 고속도로 변에서서 추파를 던지거나, 차가 고장난 것처럼 또는 아기가 아픈 것처럼 가장, 지나가는 차를 세운다.

운전자가 여성인 경우에는 호의를 거절한다. 그러나 남성인 경우에는 살해한 뒤, 기념품을 한가지씩 챙긴다. 은퇴한 경찰서장의 뺏지, 경관의 야경방망이, 면도기, 시계, 낚싯대 등이 워노의 집에서 발견됐다.

살인사건 자체와 '전리품' 취득 부분에 대해서는 워노도 순순히 인정하고 있다.

문제는 살해 동기다. 워노는 '차를 태워준 남자들이 나를 성폭행했거나 희롱했기 때문에 죽였다'며 정당방위론을 펴고 있다. 그러나 유족들은 워노가 살인뿐 아니라 명예훼손까지 했다며 펄펄 뛰고 있다. 실제로 피해자들은 이렇다 할 인격파탄자는 발견되지 않고 있다.

더구나 워노는 젊은 시절을 방탕하게 보낸 30대 여성에게서 흔히 나타나는 조로현상을 보이고 있다. 때문에 운전자들이 그녀에게 달려들었을 가능성은 희박하다는 분석이다. 결국 살인동기를 규명하기 위해서는 워노의 과거를 들춰 보아야 한다.

워노는 시골길을 가던 중, 자신에게 차를 태워 준 남자들로부터 10여 차례나 성폭행을 당한 경험이 있다고 심리학자에게 털어 놓았다. 워노가 갓난아이였을 때 그녀의 어머니는 그녀를 버리고 도망갔고, 아버지는 7살난 어린 소녀를 폭행한 죄로 복역하던 중 자살했다.

워노는 13세 때 임신까지 했으며, 15세 부터는 스스로 매춘을 시작했다. 수사팀은 그녀의 어린 시절이 남성에 대한 피해의식, 나아가 남성 혐오증을 가져 왔으며 여기서 범행이 비롯됐다고 결론짓고 있다.

이 두 사건에서 알 수 있는 것은 남자와 여자에 대한 원한관계가 살인동기라는 것이고, 미국의 사건이 살아있는 여인에 의해 저질러진 것에 비하여, 한국의 사건은 원한령이 정신병자에게 잠시 빙의되어 범행을 일으킨 뒤 곧 떠났기 때문에 기억상실증에 걸리게 함으로써 모처럼 피의자가 수사망에 올랐어도 증거 불충분으로 석방된 것이 아니냐 하는 점이다.

속칭 동대문에서 뺨맞고 서대문에서 분풀이한 꼴이 되겠지만, 심령과학자의 입장에서 본다면 이 세상의 일은 인과응보이고, 죽는 것은 우연은 없다고 보면 살해당한 사람들이 전생에 그럴만한 원인을 만들지 않았느냐 하는 짐작을 할 수 있을 뿐, 색출할 수 있는 범인이 살아 있는 인간이 아니라는 점에서 역시 이 사건은 미궁속에 빠져드는게 아닌가 한다.

9. 저승에서 온 회장님의 메시지

—— 과거를 알려면
현재 받는 것을 보면
알수 있고,
미래를 알려면
현재 짓는 것을 보면
알수 있다 ——.

우리들 인간은 짧게는 몇시간, 길게는 1백년을 이 세상에서 살다가 저 세상으로 가게 된다.

언젠가는 누구나 피할 수 없이 가야만 하는 곳 —— 저승길. 아버지도 어머니도, 그리고 누님도 형도, 주위의 친구들조차도 처음 왔던 곳으로 돌아가고 만다. 그리고 다음에는 오늘인가, 내일인가 내 차례가 기다리고 있는 것이다.

누구나 마음은 한결같이 이승에 더 머물다 가고 싶어 하는 마음들이지만 마음대로 되지 않는것이 바로 죽음인 것이다. 그렇다면 그토록 가기 싫어하는 곳 —— 그곳은 과연 어데인가?

옛날 사람들은 요즘 사람들보다도 죽음이라는 것을 훨씬 더 많이 생각했고, 또한 더 잘 알고 있었다. 그것은 옛 왕릉이 있는 경주나 부여를 가보면 잘 알수 있으며, 이집트의 피라밋과 같은 무덤들에서 이같은 사실을 증명할 수 있다.

옛사람들은 부모가 죽으면 3일장(三日葬)이나 3년초토(三年草

土), 초혼(招魂), 49재(齊)를 정성껏 바치는데 이것은 바로 영계로 가는 수속절차인 것이다.

그러나 요즈음은 이같은 사고방식이 바뀌어 가고 있다. 그저 죽으면 그뿐이라는 식이다. 죽은 뒤의 저세상에 대해서는 알려고도 하지 않으며, 살아 있을 때 어떻게든지 잘 먹고 잘 쓰고, 편히 살아야 되겠다는 위험한 생각들을 갖고 있다.

그러다 보니 온갖 수단과 방법을 가리지 않고 내 이익만 찾기에 급급하게 되는 것이다. 특히 현대 사회에서 일어나고 있는 온갖 범죄, 즉 사기 · 성폭행 · 살인 · 인신매매 · 어린이 유괴 등 차마 정상인으로서는 도저히 범할 수 없는 엄청난 사건들이 속출하고 있는 것이다.

이들 범죄자들이 저 세상에서 자기가 받게 되는 엄청난 형벌을 알게 된다면 과연 그같은 범죄를 저지를 수 있을까?

남에게 죄를 지었거나 피해를 주었을 때, 우리는 교회와 성당, 절에 가서 자기의 죄를 고해하고 용서를 빈다. 그러나 이미 저지른 죄가 용서가 될 수 있겠는가? 한마디로 죄는 영원한 것으로서 이미 쏟아진 물은 되담을 수 없듯이 한번 저지른 죄의 댓가는 꼭 받게 되어 있다.

우리들 인간은 처음에는 죽음이란 것을 아예 모르고 태어나 살아가게 된다. 그러나 점차 살아가면서 주위에서 죽음이란 것을 보고 느끼게 되고, 점차 나이가 들어갈수록 문뜩 생각하게 된다. 처음 왔던 곳으로 돌아가게 되는데 이를 원시반본(原始返本)이라고 한다.

죽음을 앞두고는 누구나 심경에 변화가 온다. 그 첫째 변화로서 마음이 착해지게 된다. 그동안 살아오는 동안의 자기 잘못을 뉘우

치게 되는 것이다. 그야말로 갓 세상에 태어났을 때의 천진스런 어린애의 마음으로 돌아가게 되는 것이다.

그토록 흉악했던 살인범들이 사형집행실에 들어서면 비로소 자신의 운명을 예감하고 참회의 눈물을 흘리는 것처럼 한 인간으로서 마지막 가는 순간에는 누구나 할 것 없이 아름다운 심성을 되찾게 되는 것이다.

죽음이란 바로 영혼과 육체가 각기 분리되는 것이다. 사람이 죽으면 육체라는 빈껍데기만 남게 되고 영혼은 빠져나가버리는 것이다. 그렇다면 영혼이란 무엇이며, 과연 존재하는가?에 대한 물음이 주어진다.

영혼이 존재한다는 것을 증명하는 예는 우리 주위에서 흔히 볼 수 있다. 한 예로서 제사를 지낸 후의 제삿밥은 제사 지내기 전보다 영양가가 현저히 떨어지는데, 그것은 기가 빠져 나갔기 때문이다.

제삿날 밤이면 마을의 개가 짓는 소리를 들을 수 있다. 그것은 제삿밥을 먹으러 오는 귀신을 보았기 때문에 개가 짖어대는 것이다.

일반적으로 다시 오지 못하는 곳을 우리는 구천세계(九泉世界)라고 한다. 전통적으로 종교계, 교회나 성당, 불교에서는 천당이니, 지옥이니, 연옥이라고 하는데 실제로는 인간이 죽어서 가는 곳은 영계인 것이다.

사람이 죽을 때는 4대조의 조상들이 그 자리에서 임종을 지켜본다고 한다. 그리고 저승 사자 3명이 대기하고 있다가 그 영혼을 거둔다고 한다. 죽은 후 3일 동안은 영혼이 육체에 머물다 떠나게 된다. 따라서 3일장이 치루어지는 것이다.

영혼이 육체로부터 완전히 벗어나는 데는 3년이란 기간이 걸린다. 우리가 죽어서 가는 곳, 천당과 지옥, 과연 어디에 천당이 있고, 지옥이 있는 것일까? 그리고 나는 어데로 가게 될 것인가? 이같은 끝없는 의문속에서 하루하루를 잠식해 들어가고 있는 것이다.

오늘인가? 내일인가 —— 각자 가야 할 영생(永生)의 길은 어데서 준비되어 지는가?

죽어서 저세상에 가면 각자 살아온 동안 지은 죄와 쌓은 공덕에 따라 갈곳이 정해지는 것이다. 따라서 지은 죄가 많거나 남을 위해 봉사하지 못하고 악하게만 살아 왔던 사람은 결코 하늘나라에 가지 못하고 땅의 나라로 떨어지게 되는 것이다.

우리는 가끔 집안에 우환이 있거나 사업이 잘 안되면 조상탓으로 돌린다. 그 망령(亡靈)이 갈곳을 잃고 구천(九泉)을 헤매기 때문에, 조상령이 보호를 해주지 않기 때문에 매사에 일이 꼬인다고 생각해 왔다.

왜 죽은 뒤에 갈곳을 잃고 헤매일까? 그것은 바로 저승에 마련된 내 집이 없기 때문인 것이다.

앞에서도 말했듯이 대우주가 한 인간을 세상에 내보냈을 때는 빛과 사랑을 주었다. 한점 부끄러움 없이 착하게 살도록 명명했다. 부모를 공경하고, 형제와 이웃을 사랑하고 부부가 애정을 갖고, 모든 사람에게 은혜를 베풀고, 남에게 죄를 짓지말라고 했다.

그런데 세상을 살다보니 그 아름다운 처음의 심성은 어데로 가버렸고 탐욕에만 눈이 어두워져 버리게 되었다. 또한 시기와 질투심만이 마음속에 꽉 차게 되었고, 자신도 모르는 사이에 마음을 정화하기에 너무나 늦어버리게 되었다.

죽음을 앞두고서야 인간의 본성이 무엇이라는 것을 새삼 깨닫게 되지만 너무 늦어버린 것을 어찌하랴. 따라서 죽은 후 갈곳을 몰라 구천을 헤매이게 되는 것이다.

다음은 영(靈)의 세계를 알아보기로 한다.

영(靈)으로 들어가는 문은 5개로 나누어져 있다. 사람이 죽어 저 세상에 가게 되면 살아 있을 때 지은 죄와 공덕에 따라 갈곳이 정해지게 된다. 살아 있을 때 사회적인 지위나 재산, 명예는 아무런 소용이 없다. 오로지 이승에서의 행적에 따라 갈곳이 정해지는 것이다.

한번 문을 들어서게 되면 다시 나오거나 그곳이 싫다고 다른 거주지를 바꿀 수 없다. 그 이유는 육체가 없기 때문인 것이다. 따라서 한번 갈곳이 정해지면 그곳에서 영생(永生)하게 되는 것이다.

영(靈)의 계층은 5개 계층으로 구분되는데, 첫째로 저급영계(低級靈界)로서, 이는 각종 흉악범죄자나 인륜을 저버린 행위자 등 가장 사악한 영혼의 세계이며 바로 지옥을 뜻한다.

초급영계(初級靈界)는 사회생활에서 자기만을 생각하고, 남에게 피해만 주고 살아온 즉, 좋은 일보다 나쁜 일을 더 많이 한 사람들이 가는 곳이다.

다음은 중급영계(中級靈界)로서 이 세상에서 평범하게 살다가 죽어 간 사람들이 보내지는 곳이다.

고급영계(高級靈界)는, 남을 위해 봉사하고 사회생활에서 모범을 보인 우등생들이 가는 세계이다.

끝으로 대영계(大靈界)라고 하는 곳이 있는데, 사회 발전에 앞장서고 인류를 위해 온 힘을 바친 공덕을 많이 쌓은 분들이 가는 사후세계이다.

그렇다면 우리 조상들은 사후세계에서 어떻게 살아가고 있을까?

영계(靈界)는 이 세상과는 너무나도 다르다. 그곳은 한마디로 춥고 어둡고 고통만이 가득찬 삶을 살아가게 된다.

우리는 옛부터 전통적인 관례에 따라 4대조까지의 조상들만 제사를 올리고 있다. 5대조와 6대조는 왜 제를 올리지 않는가 하고 의심하는 경우가 있는데, 이는 사람이 죽으면 그 기(氣)의 파장이 1백년 동안 변하지 않기 때문인 것이다. 1대를 25년으로 계산했을 때 1백년은 4대조에 해당되는 것이다. 돌아가신 조상들은 1백년 동안 자기의 가족들이나 후손을 돌본다. 즉, 자기의 후손과 더불어 살아간다는 뜻이다.

영(靈)의 기(氣)의 파장은 1백년마다 파장에 변화가 온다. 따라서 죽은날로부터 1백년이 넘으면 후손과 함께 할 수 없게 되고, 그때로부터 갈곳이 없어 어두운 구천을 떠도는 망령이 되어버리게 된다.

이같은 망령들을 위해 1년에 한번씩 지내는 것이 시제(時祭)인 것이다. 요즘 사람들은 이같은 제를 지내는 것을 대수롭지 않게 생각하여 제를 제대로 모시지 않는 사람들이 늘고 있는데 이는 조상님들에게 큰 죄를 짓는 것이다.

지금은 잘 볼 수 없는 광경이지만 옛날에는 산이나 들, 논 같은 데서 점심을 먹기 전에 가져 간 음식이나 술을 조금식 떼어서 '꼬시레'하고 던지거나 뿌리는 것을 볼 수 있다. 이것은 떠돌이 객귀(客鬼)들에게 음식 공양을 하는 것이다.

또한 제삿날이나 명절 때 제사를 모신 후 음식물을 조금씩 떼어서 종이에 담아 대문밖에 내다놓는데 이것도 바로 갈곳없이 헤매는 불쌍한 객귀(客鬼)들을 위한 것이다. 한마디로 객귀는 거지귀신으로서 이곳 저곳을 떠돌며 주는 음식이나 얻어먹고 지내는 것이다. 잡귀(雜鬼)니 잡신(雜神)이니 하는 것은 바로 이같은 떠돌이 영들을 두고 하는 말이다.

다음으로 죽음에 대해 생각해 보기로 하자. 과연 죽음이란 무엇일까? 이같은 질문을 해보지 않은 사람은 별로 없으리라.

의학적인 죽음의 정의(定義)는 매우 간단하다. 심장의 고동이 완전히 멎어서 혈액순환의 기능이 멎어서 뇌사현상(腦死現象)이 일어난 상태를 말한다 라고 되어 있다.

시체가 된 육체에는 이미 영혼이 깃들어 있지 않다. 그래서 어떤 이들은 죽음이란 눈에 보이는 상태에서 안보이는 상태로 변화한 것일뿐, 영혼은 육체가 죽은 뒤에도 계속 존재한다고 주장한다.

그렇다면 죽은 사람의 마음이 산 사람들에게 그들의 생각을 전달할 수도 있는가 하는 의문이 생긴다.

여기에 대한 재미있는 실화(實話) 한 토막을 소개해 보고저 한다.

얼마전《인과응보》의 상권이 막 출간되었을 때의 일이다. 서울의 어느 불교선원에서는 매우 관심을 끄는 일이 벌어지고 있었다. 그것은 바로 여신도중 한명이 자기가 실제로 겪었던 일을 스님을 통해 공개하는 것이었다. 그 이야기인즉, 다음과 같다.

독실한 불교신자였던 한 70세의 노모가 임종하는 자리에서 며느리를 불러 7자리 숫자,즉 765395×을 가르쳐 주었다. 며느님은 이 숫자가 처음에는 무슨 의미인지 어리둥절할 밖에 없었다. 곰곰히 생각해 본 며느리는 전화번호가 아닐까하는 생각을 하게 되었다. 죽은듯이 누워 있는 노모가 다이얼을 돌리는 시늉을 해 보였다. 그리고는 힘이 드는 얼굴로 다음과 같이 말하는 것이었다. 자기가 죽은 뒤에 이 전화번호에 전화를 걸어보고, 그 댁에 몇년 전에 돌아가신 남자 노인네가 있느냐, 그분의 몸에 점이 세개가 있지 않았느냐 물어보고, 그런 사실이 있다고 하거든 그분이 세상을 살아오면서 잘한 일들도 많았지만 경우에 따라서는 잘못된 일들도 있어 그 원한 때문에 저승에 무사히 가지를 못하고 구천을 헤매고 있으니, 부디 이름있는 스님의 손으로 제를 올려달라고 하더라고 부탁해 달라는 이야기를 끝내면서 이 노모는 숨을 거두었다고 한다.

장례식을 무사히 치룬 뒤에 며느님은 이 사실이 생각이 나서 임종하는 자리에서 어머니가 일러준 곳으로 전화를 걸어, 확인을 하니 뜻밖에도 그 전화는 몇년 전에 작고한 S재벌 총수댁이었다고 한다. 돌아가신 분의 몸에 점이 세개가 있었다는 것도 확인이 되었다.

그런데 돌아간 노모는 생전에 S재벌의 총수였던 분과는 생면부지(生面不知)의 사이였다

이것은 분명 작고하신 S재벌 총수의 영계통신(靈界通信)이었음이 분명하다고 생각이 된다.

나도 S재벌 총수와는 약간의 인연이 있었다.

왜냐하면 여러 해 전 S재벌에서 운영하는 모 신문사에서 간행되던 주간지에 반년 이상에 걸쳐서 〈방랑4차원〉이란 글을 연재한 일이 있고, 그 분의 따님되는 분이 나의 체질개선 연구원의 회원이 된 일이 있기 때문이다.

S재벌 총수는 살아 생전에 이 국가와 사회를 위해 엄청난 공덕을 쌓았던 분이다. 그러나 대그룹이 되기까지에는 간혹 가슴 아픈 일들도 많았으리라 생각된다. 내가 알기에 그분은 말년에는 폐암인가 하는 병으로 작고하셨는데, 폐암환자를 여러 명 치유시킨 일이 있는 나는 그분을 도와주고저 했으나 끝내 인연이 닿지 않았었다.

그 분의 사진을 통하여 영사를 해보니 수많은 전생(前生) 가운데 고대 로마제국의 피라도 총독이었던 적이 있다는 것을 알 수가 있었다.

그때 피라도 총독이 예수를 재판하던 자리에 있던 사람들 가운데 한사람의 영혼이 나에게 분령체로서 들어 있음도 알 수가 있었다.

그런 인연이 있어서 나는 세상에는 전혀 알려져 있지 않은 이 이야기를 소개하게 된 것이다.

죽은 사람의 영혼이 계속 존재한다는 하나의 좋은 예가 아닌가 생각이 된다.

제 3 장

죄의식은 무섭다

1. 죄의식이란 어떻게 나타나는가?

사람이 행복하다든가 불행하다든가 하는 것은 어디까지나 당사자가 느끼는 정신상태를 말하는 것이지, 물질적으로 풍요하다든가, 가난하다든가 하는 것과는 별로 상관관계가 큰 것이 아니라고 나는 생각한다.

주위 사람들 모두가 헐벗고 굶주리고 가난할 때는 그다지 사람들은 가난한데 대해 불행을 느끼지 않는다.

어떻게 하면 헐벗고 굶주린 상태에서 벗어날 수 있을 것인가 하는데 관심을 쏟다보면 사람들은 더 적극적이고 긍정적인 생각을 하게 된다.

부당한 방법으로 부자가 된 사람들이 있음을 직접 눈으로 목격하고, 양심적으로 아무리 열심히 일해도 가난을 면하지 못하게 될 때, 사람들은 비로소 주위 환경에 대해 분노를 느끼게 되고 스스로를 불행하다고 생각하게 된다.

그런데 인간이 가장 괴로운 것은 스스로가 죄인이라고 느낄 때가 아닌가 한다. 대부분의 사람들은 자기가 죄를 지었다고 생각할 때, 마음이 편치가 못하다.

아무리 큰 죄를 졌어도 본인이 죄인이라는 것을 느끼지 못하는 사람들은 표면상으로는 불안하지는 않지만, 잠재의식에서는 자기가 죄를 진 인간임을 스스로 느끼게 마련이다.

죄를 지면 그에 알맞는 죄의 댓가를 치루어야 한다는 것이 거의 모든 인간들이 지니고 있는 기본적인 개념이다. 자기도 모르게 벌을 받게끔 행동을 하게 된다.

강도질을 해서 큰 돈을 번 사람이 그 돈을 잘 활용해서 큰 부자가 되었다는 이야기는 들어본 적이 없다.

강도들은 자기가 강탈한 돈을 몸에 지니고 있는게 불안해서 마구 낭비를 하게 되고, 그 결과 머지않아 돈이 떨어지게 된다. 그렇게 되면 또다시 강도 짓을 하게 된다.

이번에 강탈한 돈도 결국 낭비를 하게 되고, 결국은 잡히게 되고 감옥으로 가게 된다.

감옥에 들어가면 벌을 받았다는 생각을 하게 된다. 벌을 받고 사회에 나와도 그들은 생계를 마련할 특별한 기술도 없고, 또 전과자라고 해서 취직도 되지 않는다.

결국 또 강도 행각에 나서게 된다. 이번에는 전과자 기록이 있기 때문에 좀 더 쉽게 경찰에 잡히게 된다.

교도소에 들어가게 되면 또다시 벌을 받았다는 생각을 하게 되어서 죄로부터 해방감을 느끼게 된다. 감옥에서는 가치 기준이 다르다. 더 흉악하고 교활한 범죄자가 존경을 받는 폐쇠된 사회다.

그들은 교도소 안에서 나쁜 친구를 사귀게 되어서 교도소 바깥에 나왔을 때는 또다른 범죄를 저지르게 된다. 이들에게 교도소행은 선도하는 데는 아무런 뜻이 없음을 알아야 한다. 극단적으로 말해서 교도소는 죄인을 훈련하는 곳이라고 할 수도 있다. 일정한 기간 동안, 사회에서 격리시켜 놓은 효과 밖에 없는 것이다.

여기에서 가장 보편적인 죄의식에 대하여 예를 들어볼까 한다. 그것은 기독교에서 말하는 이른바 원죄사상(原罪思想)이다. 아담과 이브가 그들의 창조주의 명령을 어겼기 때문에 벌을 받아야만 했고, 그렇기 때문에 아담과 이브의 자손인 모든 인간들은 태어나기 전부터 죄인의 멍에를 쓰고 있다는 것이다.

기독교에서 말하는 하나의 신화(神話)가 모든 인간들을 죄인으로 만든 것이고, 예수 그리스도를 진심으로 믿지 않고서는 그 죄에서 벗어날 수 없다고 하는 그 사상은 너무나 허황된 생각이라고 느껴진다.

모든 인간들은 죄인이기에 반드시 벌을 받아야 하고 그러기에 20세기를 넘기지 못하고 인류는 멸망하게 되어 있다고 주장한다. 이 사상이 많은 사람들의 마음을 최면을 시키고 있고, 인간은 자기도 모르게 스스로 멸망한 원인을 스스로 만들고 있는 것이라고 생각이 된다.

미래란 무엇일까? 미래란 사람들의 마음속에서 움이 터서 현실이 되는 것이다. 많은 사람들이 인류에게는 밝은 미래가 없다고 믿는다면 그런 미래가 우리의 미래가 되어서 나타나게 마련인 것이다. 그런 점에서 나는 아담과 이브의 원죄설(原罪說)을 믿지 않는다.

원죄설을 믿는 서양인들은 그들의 예상대로 공해문명(公害文明)과 에이즈와 같은 난치병때문에 아마도 멸망의 길을 걷겠지만, 원죄설을 믿지 않는 우리네 동양인들은 '옴 진동수' 보급에 의하여 의식구조의 변화와 체질개선이 되어서 살아남을 것으로 생각을 한다.

인간을 죄인이라고 하는 사상처럼, 인간에게 죄를 짓는 생각은 다시 없다고 나는 믿는다. 모든 인간들은 죄를 지으면 반드시 벌을 받아야 하고, 응분의 벌을 받기 전에는 마음의 평화를 얻을 수 없기 때문이다.

인간은 태초에 태어났을 때 부터 그런 의식구조를 갖고 있었다. 비록 전생에 지은 죄라도 잠재의식과 심층의식은 이를 기억해서 반드시 벌을 받게 만든다는 실례를 이제부터 이야기해 보고저 한다.

2. 에드가 · 케이시 이야기

리이딩이라고 불리우는 이상한 힘으로 많은 난치병자들을 완치시킨 사나이 ——.

그리고 또한 멀고 먼 과거와 아득한 미래를 꿰뚫어 보는 놀라운 능력을 가진 사나이 —— 이 사람이 바로 기적을 일으키는 사나이 에드가 · 케이시다.

미국이 낳은 세기의 초능력자 케이시에 대한 평가는 날이 갈수록 더 높아지고 있다. 최면 투시라고 하는 이상한 능력을 갖게 된 뒤에 그는 실로 많은 사람들의 목숨을 건져 왔다.

그 총수효는 43년 동안 14000명 이상에 이른다고 했다. 더욱이 그의 능력은 의료에만 해당되는게 아니라 심리학(心理學), 고고학(考古學), 지구물리학(地球物理學) 등 온갖 분야에 미치고 있다. 그는 잠만 들면, 모든 일들을 훤하게 투시할 수 있었다고 한다.

게다가 그는 놀라운 힘에 의하여 지구의 끔찍스러운 미래까지 예견했던 것이다. 사람들은 이 에드가 · 케이시가 남긴 지구의 미래에 대한 예언을 들고 지구는 21세기에 이르기 전에 멸망할 것으로 여기는 이들이 많은데 나는 그렇게 생각하지 않는다.

그 당시 5천만명이 넘는 인디언들을 학살하고 세운 것이 바로 미국이라는 나라였다. 미국인들은 겉으로는 그렇지 않지만 마음 속으로는 자기네들이 하나님 앞에 끔찍한 죄를 졌음을 알고 있으며, 미국이 세계 최대 강국이 되어서 번영을 누리고 있는게 무엇인지 떳떳지 못하다는 느낌들을 갖고 있으리라고 생각한다.

큰 죄를 지었는데 어찌 벌을 받지 않겠는가? 이런 미국인들의 양심이 에드가 · 케이시의 심층의식을 움직여서 미국 대륙의 대부분이 바다에 가라앉는다는 예언을 하게 한 것이라고 나는 믿는다.

또한 에드가 · 케이시는 일본 열도의 대부분이 바다에 가라앉는다고 했는데 이 역시 일본인들이 지은 죄의 댓가로 마땅히 그렇게 되어야 한다고 평소에 생각하고 있었기에 이런 예언을 하게 된 것이다.

그럼 여기서 에드가 · 케이시가 어떤 사람이었는지 간단하게 소개해 보고저 한다.

미국인들의 인디언을 학살한데 대한 죄의식이 에드가 · 케이시로 하여금 미국 멸망의 예언을 하게 만들어서, 대부분의 미국인들로 하여금 그 예언을 믿게 함으로써 벌을 받았다는 느낌을 갖게 하고, 실제로는 아무런 일도 일어나지 않으리라는게 나의 예감이다.

사람들은 단순하게 그의 예언을 믿거나 또는 안믿거나 하지만, 나는 그가 그런 예언을 하게 된 심층의식을 분석해 본 것이다. 나는 본시 사람의 사진을 보고 영사를 할 수 있는 능력을 가진 사람이다.

에드가 · 케이시의 사진을 보면 그는 '다아크 · 문'이라는 이름을 가진 인디언 호오크족 추장의 혼이 분령체(分靈體)로 들어 있음을 알 수가 있다. 이 추장의 백인들에 대한 저주가 이런 예언을 하게 만든 것이라고 생각된다.

여기서 기록에 남겨 있는 에드가 · 케이시에 대한 이야기를 소개하고저 한다.

에드가 · 케이시는 1877년 3월 18일, 켄터키주의 남서부에 있는 호프킹스빌 근처의 농가에서 태어났다고 한다. 아버지인 레스리 · 케

생전의 에드가 · 케이시의 모습

이시는 인망(人望)이 있었고, 이 지방의 치안판사에 뽑혔었다고 한다.

케이시는 다른 가족들과는 전혀 다른 기질을 갖고 있었다. 즐겨 성경을 읽었고, 승려 사이에 계급이 없는 장로파(長老派)의 교회에 즐겨 다녔다고 한다. 이런 아이였기 때문에 소년시대에는 다른 아이들과 어울리는 놀이에는 참가하지 않았다고 한다.

그가 7,8세 되었을 무렵, 뒷마당 벌레가 웅웅거리는 것과 같은 소리가 들리더니, 읽고 있던 성경에 강한 빛이 와 닿았다고 한다.

자기도 모르게 얼굴을 드니까, 그곳에는 흰 옷을 입은 사람이 서 있었다고 한다.

"그대의 기도는 받아들여졌노라, 그대는 나에게 무엇을 원하고 있는가. 내가 할 수 있는 일이라면 그대의 소망을 들어주리라."

하고 그 사람은 말했다. 케이시는 대답했다.

"저는 다른 사람들을 도울 수 있는 힘을 갖고 싶습니다. 병으로 앓고 있는 사람들과 제 친구들에게 사랑을 쏟고 싶습니다."

케이시의 말이 끝나자, 흰 옷을 입은 사람은 말없이 사라졌다. 그뒤, 이 사실은 잠시도 그의 머리에서 떠난 일이 없었다.

모든 질병을 투시한 케이시의 리이딩

케이시는 국민학교를 졸업하자 곧 농원(農園)에서 일을 했다. 구두방에서 일한 적도 있는데 나중에는 서점의 점원이 되었다. 허나 이웃집 딸인 가아트루우트 · 에반스 (뒤에 케이시는 그녀와 사랑에 빠져서 결혼을 했다)는 케이시의 본질을 잘 알고 있었기에 그에게 '책방 점원은 그만두고 성경 공부를 하는게 좋겠다'고 말하며 종교인이 될 것을 권유했다고 한다.

케이시도 목사가 되고 싶다고 생각은 했으나, 목사가 되려면 고등교육을 받을 필요가 있는데, 그에게는 그만한 돈이 없었다.

가아트루우트는 케이시의 딱한 사정을 듣자, 우연히 이 마을을 찾아온 순회목사에게 의논을 했다. 목사는 '어디에 가도 하나님께 봉사할 수가 있다. 돈이야 있던 없던 그런 것은 문제가 아니다'라고 말하며 케이시를 격려했다.

케이시에게 있어서 큰 사건이 일어난 것은 스물네살 때였다. 감기에 걸려서 목소리가 나오지 않는 병에 걸린 것이었다. 속삭이는 것과 같은 작은 목소리 밖에 낼 수가 없게 되었다.

케이시의 어머니는, 개업은 하고 있지 않지만, 평판이 좋은 알·레인이라는 치료사에 대한 소문을 듣고, 그에게 아들의 병을 고쳐줄 것을 부탁했다.

그의 전문은 신경, 등뼈, 혈관 등의 이상을 조절하여 병을 고치는 정골요법(整骨療法)과 최면요법이었다. 레인은 자기 자신이 직접 케이시에게 암시를 준 것이 아니고, 케이시 자신이 스스로에게 암시를 주는 그런 방법을 취했다.

우선 먼저 레인이 케이시에게 암시를 했다.

"당신의 무의식의 정신은 당신의 몸을 들여다 보고 있습니다. 당신의 목을 보고 있습니다. 그리고 마음은 당신의 목의 나쁜 곳과 그것을 고치기 위해서는 무엇을 하면 좋을지 이야기해 줄 것입니다."

그러자 케이시의 목소리가 대답을 했다.

"그렇다, 나는 내 몸의 상태를 알수가 있다. 우리들이 직면하고 있는 장해(障害)는, 성대의 부분적 마비이고, 신경이 긴장했기 때문이다. 이 상태를 바로잡기 위해서는 잠시동안 그곳에 피가 많이 돌도록 하게 하면 된다."

그러자 레인은 몸을 굽힌채 최면요법을 계속했다.

"그곳에 혈액이 많이 돌게 하여, 나쁜 상태를 제거하도록 순환기능에 명령을 하시오."

하고 레인이 말하기가 무섭게 케이시의 목은 진홍색으로 변하였다.

케이시 자신의 암시로 혈액이 장해가 있는 부분에 쏟아져 들어간 것이었다. 그리고는 케이시는 아주 또렷한 목소리로 이렇게 이야기 했다.

"이제 좋아졌다. 혈액의 순환을 평상시와 같게 하고, 육체가 잠이 깨도록 암시를 주세요."

레인은 그대로 좇았다.

몇분 뒤, 케이시는 두 눈을 부비면서 일어났다. 그는 무슨 일이 일어났는지 물어보고, 그리고는 자기가 보통 때와 같은 목소리로 이야기하고 있음을 알았다.

레인은 환성을 올렸고, 케이시가 자기 자신의 병에 대해 이야기했을 때의 풍부한 지식에 감동을 했다. 그는 웃고 있는 케이시에게 이렇게 이야기를 했다.

"자네는 최면상태에 놓여 있을 때 마치 의사가 환자의 목을 들여다보고 있는 것과 같은 태도로 이야기를 했다네. 틀림없이 자네는 다른 사람의 몸에 대해서도 똑같이 할 수 있을 것일세. 자네 아버지 말씀에 의하면 자네는 읽어본 적도 없는 교과서를 암송한 일이 있다고 하더군."

케이시는 물었다.

"설사, 제가 다른 사람의 몸의 상태에 대해서 이야기할 수가 있다고 해도, 그것이 무슨 도움이 되죠."

그러자 레인은 말했다.

"그것은 굉장한 일이네. 아마도 자네는 보통 의학검사(醫學檢査)로서는 찾아낼 수 없는 병의 원인이나, 감염원(感染源) 등을 찾아낼 수 있을 것일세."

그리고는 자기 자신이 그 원인을 알 수 없는 병때문에 여러해째 고생을 하고 있노라고 했다.

그래서 두 사람은 다음과 같은 실험을 했다. 우선 레인이 케이시를 잠들게 한 뒤에 암시를 주었다.

"당신 앞에는 레인의 육체가 있다. 당신은 이 육체를 신중하게 검사하여 특히 앓고 있는 부분을 잘 조사해야 한다. 당신의 병의 원인을 밝히고, 어떻게 했으면 좋을지, 처방을 이야기하게 됩니다."

그러자 케이시는 잠든 상태에서 갑자기 이야기하기 시작했다.

"그렇다. 내 앞에는 육체가 있다. 나는 이 육체를 신중하게 검사한다. 내가 보기에는 이 육체는……"

레인의 연필이 흰 종이 위를 달렸다. 이윽고 케이시는 잠에서 깨어나서 물었다.

"내가 무어라고 했습니까?"

레인은 큰소리로 웃었다.

"무슨 말을 했느냐고는 자네는 나 자신 보다도 더 정확하게 병의 상태를 이야기했고, 또 무엇을 먹으면 좋은지, 어떤 약을 들면 좋은지 자세히 이야기해 주었다네."

이렇게 말하고, 그는 방바닥에 흩어져 있는 메모지들을 주어들었다. 메모에는 케이시 자신도 전혀 모르는, 어려운 의학용어로 약과 약초들의 이름이 적혀 있었다.

이런 일이 있은 뒤로, 레인은 케이시에게 이 방법으로 질병에 대해서 여러 가지 질문들을 했다. 그것을 메모하고 나중에 읽어보면 케이시 자신도 깜짝 놀랄만한 어려운 이야기가 적혀 있곤 했었다.

게다가 이 방법은 전혀 다른 사람들에게 대한 진단이나 치료에도 굉장한 효과가 있음을 알게 되었다. 그리고 또한 실제로 많은 사람들이 구조되게 되었던 것이다.

리이딩에 의한 병 치료를 되풀이 하는 동안, 케이시는 사람들의 주목을 끌게 되었다. 의사와 과학자들이 그를 찾아와서 그 이상한 능력을 조사했음으로, 그의 이름은 잡지나 신문에 크게 소개되었고 그는 차츰 카운셀러로서 또한 철학자로서 존경을 받게 된 것이다.

지구의 미래에 대한 케이시의 예언

케이시의 최면 투시는 인간의 몸의 상태에 대해서 뿐만 아니라, 그 사람의 전생(前生)에 대해서 또 미래에 대한 이야기까지 꿰뚫어 보는 것이었다. 이러한 능력을 '라이프 · 리이딩'이라고 한다.

또한 케이시는 미래를 예언하는 한편 아득한 태고(太古)에 일어났던 일들도 투시를 할 수가 있었다.

이와같은 케이시의 놀랄만한 투시력을 믿는다면 '애굽이 세계 최초의 문명이다 라는 정설은 전혀 사실과는 다름을 알 수가 있다. 애굽 문명은 세계 최고의 것이라고 말해지고 있지만, 그 전에도 수많은 문명의 흥망이 있었다고 했다. 더욱이 그 문명은 오늘날의 문명의 진보에 맞설만한 것이었을 뿐더러, 어느 면에서는 더 진보된 문명이었다고 했다.

그 시기는 파라밋이나 카르나크의 신전(神殿)이 세워진 것보다도 훨씬 더 옛날의 일이었다고 했다.

그럼 여기서 케이시가 남긴 말을 들어보기로 하자.

"그럼 어째서 오늘날의 인류들은 그와 같은 초고대문명(超古代文

明)에 대해서 모르고 있는 것일까요? 그 이유는 우선 태평양에 다음에는 대서양에 대륙이 침몰을 해서 문명의 자취는 모두 씻겨지고 바다속 깊이 가라앉았기 때문입니다. 기독교의 성경에서 뿐만 아니라 전세계의 민족들의 전설에 남아 있는 '대홍수'는 역사적 사실이었던 것입니다. 단순한 신화(神話)나 영적인 상징은 아니었다는 것입니다."

아트란티스 대륙도 케이시에 의하면 신화가 아닌 사실이었다고 했다.

"원자력시대에 살고 있는 우리들조차 상상도 할 수 없을만큼 진보된 과학 기술과 힘을 갖고 있었지만, 말기에는 타락과 부패의 점에서도 이루 말할 수 없을 정도였습니다. 이 대륙문명을 파괴한 천지개벽은 세번에 걸쳐서 일어났는데, 그 마지막 대변동은 바로 플라톤이 말한 그대로 기원전 1만년 쯤이었습니다.

성나 날뛰는 바다물 앞에서는, 그 당시의 항공기도 잠수함도 태양에너지 발전소 조차도, 그리고 물론 과학과 예술의 극치를 다해서 만든 거대한 건축물들도, 그곳에 살고 있는 고도의 힘을 지닌 사람들 조차도 단숨에 소멸이 되고 말았던 것입니다. 살아남은 사람들은 사방으로 흩어졌고, 어떤 사람들은 페루로 도망쳤고, 어떤 사람들은 더 북쪽으로 올라가 지금의 미국땅으로 건너갔습니다. 스페인으로 도망간 사람들도 있었습니다. 북아프리카로 옮겨 간 아트란티스 사람들은 그곳 원주민이었던 아프리카 흑인과 혼혈을 했습니다. 이와 같이 아트란티스 사람과 흑인 사이에 태어난 혼혈 민족이 나중에 우리들이 알고 있는 애굽인이 되어서 애굽문명을 꽃피우게 된 것이죠."

에드가 · 케이시의 신봉자(信奉者)들은 '그는 잠재의식(이 세상이 시작할 때 부터 존재한 보편적인 의식으로 세상에 일어난 모든 사실들이

거기에 기록되어 있다고 한다) 속에 젖어 들므로서 예언을 했던 것이다'라고 말하고 있다.

분명히 케이시의 잠재의식은 4차원세계로 부터의 정보를 얻고 있었다고 생각이 된다. 그것을 '4차원의 서고(書庫)'라고 부르는 사람조차 있다.

다음에는 케이시가 말한 미래세계에 대한 예언들을 간추려 소개해 보고저 한다.

일본의 절반 이상이 바다속에 침몰한다

1930~1940년대에 걸처서 케이시가 내어 놓은 예언들 가운데에서 특히 중요시 되고 있는게 3가지가 있다. 그 3가지 예언들은 지구의 대변동(大變動)에 관한 것이었다.

그 하나는, 아트란티스 대륙이 다시 바다 위에 떠오른다는 예언이다. 즉 기원전 2만년 전 쯤에 대변동으로 파괴된 고도의 아트란티스 문명의 유물들이 1968년이나 1969년에 발견되리라는 예언이다.

두번째는 2001년에 지축(地軸)이 이동하게 되리라는 예언이며, 세번째가 여러 곳의 화산(火山)들이 폭발한다는 예언이다. 이를테면 마르치니크 섬의 프레 화산, 이태리의 베스피오스 화산이 위험하다고 했다.

케이시는 지구에 대변동이 일어나는 것은, 대체로 20세기 중엽부터 1998년~2001년 사이의 기간이라고 했다.

그럼, 여기에는 어떤 것이 포함되어 있는 것인지 알아보기로 한다.

우선 일본열도의 절반 이상이 바다 속에 침몰한다고 했다. 그리고 미국의 서해안을 따라서 파괴적인 지진활동이 일어난다고 했다.

또한 동부의 노오스 카로라이나, 싸우스 카로라이나와 죠오지아주의 반이 소멸한다고 했다.

에리 호수와 휴우론 호수 등 5대 호수의 물이 멕시코만으로 흘러 들어가서 호수는 없어진다고 했다. 미국의 동해안을 따라서 새로운 땅이 솟아오르고, 또한 북대서양 기슭에 커다란 변동이 일어나서 뉴욕이 파괴된다고 했다.

북극과 남극에 땅이 솟아오르고, 열대지방에서는 화산이 분화한다. 그 뒤, 기후의 변화와 대응하여 지축이 이동하게 된다고 예언를 했던 것이다.

사실은 일본이 침몰한다던가, 북극과 남극에서 땅이 솟아오른다던가, 5대 호수의 물이 멕시코만으로 쏟아져 들어간다고 한 예언도 근본적으로는 지축의 이동과 관계가 있는 것이라고 할 수 있다.

대변동이 점차 일어나서 극적인 이동이 일어난다는 이야기이다. 케이시는 1939년 1월에 '만일 이태리의 베스비오스 화산이나 마르치니크섬의 본페레산에 왕성한 화산 활동이 일어난다면 그로부터 3개월 안에 캘리포니아의 남쪽 바닷가 솔트레에크 섬, 네바다의 남쪽 부분 사이의 지역에 지진에 의한 홍수가 일어날 것이다'라고 말했다.

케이시는 캘리포니아와 네바다에 일어나는 지진과 홍수가 이태리 및 마르치니크 섬이라는 먼곳에 있는 화산의 분화된 관련이 있다고 지적을 했는데, 동시에 지진과 화산의 유기적인 관련도 예상했던 것이었다.

분명히 세계의 화산 활동은 최근에 와서 굉장히 활발해진게 사실이어서, 가까운 장래에 베스비오스나 본페레산에 화산 활동이 시작될 가능성이 없다고는 할 수가 없다.

특히 베스비오스의 경우는 기원후 79년과 1906년, 그리고 1944

년에 대폭발을 일으키고 있다. 최초의 분화의 결과 봄페이가 파괴된 바 있다.

기원후 79년의 폭발때엔 죽은 사람들의 수효는 16,000명이라고 짐작이 된다. 몬페레산도 폭발한 것이 1902년의 일이었는데 그때 마르치니크 섬에서 제일 큰 도시의 주인은 두명만 살아남고 모두가 죽었던 것이다.

케이시는 캘리포니아가 가장 위험한 곳이며 샌프란시스코는 완전히 결단이 난다고 했다. 왜 케이시는 이런 예언을 했을까? 그것은 앞서도 이야기한 바와 같이, 미국인으로서 그의 마음 속 깊이 도사리고 있는 5천만명의 인디언을 학살한데 대한 죄의식이 이런 참변을 예언한 것이다.

케이시의 예언들은 책으로 나와서 이미 수천만명의 사람들의 상식이 된지 오래이다.

미래란, 보다 많은 사람들이 믿는 일들이 현실이 되어서 일어난다는 사실을 우리는 알아야 된다.

케이시는 일본의 절반 이상이 바다에 가라앉는다고 했는데, 이 역시 일본인들은 이웃 나라들을 침범하고 수많은 사람들을 죽였기 때문에 어떤 형태로든 벌을 받는게 마땅하다는 생각이 바탕에 깔려서 이런 예언을 하게 된 것이다.

우리 인류는 아담과 이브의 후손이라고 그는 믿고 있고, 아담과 이브가 하나님 앞에 죄를 지었으니까, 그 자손인 우리네 인간들은 마땅히 지구 파멸이라는 벌을 받아야 한다고 그의 잠재의식은 이야기했던 것이다.

이런 나쁜 예언이 현실이 되지 않도록 하는 방법은 우리 모두가 동포들을 사랑하는 마음들을 갖고, 세계는 결코 파멸되지 않으며, 우리의 착한 마음과 행동으로 얼마든지 나쁜 예언은 물리칠 수 있다는 사실을 믿는 일이다.

미래로 가는 길은 여러 갈래가 있다는 것, 미래는 변동이 될 가능성이 얼마든지 있다는 것, 우리 모두의 노력으로 파괴적인 미래를 밝은 미래로 바꾸어 놓을 수도 있다는 것을 믿어주기 바란다.

3. 아트란티스 이야기

플라톤은 크리티아스라는 인물의 입을 통해서 아트란티스의 정치 정세(政治情勢)를 자세히 소개했다. 그리고 동시에 해신(海神) 포세이돈을 언조(元祖)로 하는 아트란티스의 기원(起源), 풍토(風土), 군사(軍事), 그리고 1만 몇천년 전에 바다 속으로 가라앉은 이 섬의 최후에 대하여, 고대 아테나이의 정치가였던 소론(BC 646~BC 560)이 애굽의 신관(神官)에서 들은 이야기로서 크리티아스로 하여금 이야기를 시키고 있다.

아트란티스는 헤라크레스의 기둥, 즉 지브랄탈 해협의 서쪽에 있는 대서양 위에 있는 거대한 섬이었다고 한다.

또한 아트란티스는 거대한 왕국이 있을 뿐만 아니라, 다른 여러 섬들과 배후의 대륙의 일부까지도 영토로 삼고 있었다. 그리고 그 세력은 아프리카에서는 애굽까지, 구라파에서는 이태리에까지 미쳤으며, 고대(古代) 아테네와 세력을 다투었다고 한다.

아트란티스의 서울이었던 포세이도니아는 직경 2킬로의 환상도시로서 아크로포리스가 있었다.

신전(神殿)이나 왕궁(王宮)이 있는 도시의 중심부는 10킬로의 운하(運河)로 바다와 연결이 되어 있었다고 한다.

도시의 중심부는 원형(円形)이어서 동심원(同心円)의 운하가 여러 개 주위를 들러싸고 있었다. 당시에는 배가 중요한 교통기관이었기 때문에 이러한 운하망(運河網)이 필요했던 것이다. 그리고 이런 운하를 이용하면 내륙부(內陸部)에서 배로 바다에 나갈 수가 있었다는 이야기이다.

시내의 명소로서는 포세이돈의 신전(神殿) 왕궁이 서 있는 언덕, 정원, 체육관, 경마장 등이 있었다. 아트란티스는 아이스랜드와 같은 화산섬이어서 온천, 냉천(冷泉)이 풍부했으므로 귀인용(貴人用), 대중용, 남성용, 여성용으로 구분한 욕장(浴場)이 여기 저기 있었다고 한다.

아트란티스는 아열대성의 기후여서, 산악지대에는 울창하게 수목이 우거지고, 전원지대는 하와이와 같이 땅이 비옥했으므로 농작물과 과실이 풍부했다고 한다. 코끼리, 악어, 하마와 같은 동물을 비롯하여 여러 종류의 동물들이 살고 있었다.

아트란티스는 신(神)의 직계 자손인 대왕(大王)이 통치하고 있었으며, 그 밑에는 10명의 왕후(王候)가 있었다고 한다. 10명의 왕후들은 서로 원조할 의무를 갖고 있었는데 자기가 다스리는 나라 안에서는 백성들에 대한 생살여탈(生殺與奪)의 권리를 갖고 있었고, 전제적 지배자(專制的支配者)였다.

또한 왕국은 장교만도 6만명이나 되는 군대를 갖고 있었고, 전차(戰車)가 1만대, 군함이 1200척이나 되는 강대한 군사력을 자랑하고 있었다.

아트란티스의 주민들은 무용(武勇)이 뛰어나고 문화적으로도 훌륭한 소질을 갖고 있었다. 공업적으로도 뛰어난 재능을 갖고 있었고, 특히 조선(造船)기술은 아주 대단했다고 한다.

여성들은 모두가 미인들이었고 남성들은 키가 크고 우람스러웠다.

또한 해신(海神)인 포세이돈을 깊게 믿고 있어서 그 제사가 자주 열리곤 했다. 그러나 융성했던 아트란티스도 자연 재해(自然災害)

아트란티스 도시의 상상도

에 의해 바다속에 가라앉고 말았다. 말기에는 인민들이 몹시 타락하였고 서로 세력다툼을 하여 원자력(原子力)을 잘못 이용하였기 때문에 신(神)의 저주를 받아서 아트란티스는 바다 속으로 그 자취를 감추었다고 한다.

인간이 죄를 지으면 자연 재해(自然災害)의 형태로 반드시 벌을 받는다는 사상을 우리는 아트란티스 대륙 침몰의 이야기속에서도 찾아 볼 수가 있다.

놀라운 초고도 문명(超高度文明)

앞서 이야기한 에드가 · 케이시는 그의 영사에서 아트란티스에는 항공기나 모타보오트는 말할것도 없고, 현대의 에너지 개발보다 더 발달된 태양열(太陽熱)을 이용한 거대한 발전소가 있었다고 했다.

케이시는 다음과 같이 이야기하고 있다.

수백년에 걸친 개발연구 끝에 태양 에너지는 나라 안 여러 곳에 공급이 되게 되었다.

수도인 포세이도니아에 있던 태양신전(太陽神殿)의 중앙에는 화석(火石)이 매어달려져 있었다.

이것은 원통형의 물체로서 그 주위에는 베에크라이트와 비슷한 성질을 가진 비전도물질(非傳導物質)이 둘러싸고 있었다.

화석(火石)위에는 태양광선을 끌어들이기 위해 열어 놓을 수 있는 둥근 천정이 있었다. 그리고 태양광선은 많은 프리즘을 통해 집중, 강화, 변형되었다.

그것은 레디오의 전원(電源)과 같이 에너지 중앙발송소에서 불가시(不可視)의 광성으로서 아트란티스 전국에 보내져서 도시의 에너지원이 되었고, 선박, 항공기, 자동차의 기관에도 직접 공급되었다.

태양 에너지를 무선으로 무한으로 공급하는 기술은 정말 기발한 구상이어서 이것과 비교하면 석유 에너지가 원자력 개발 등은 어린애의 장난같은 것이라고 할 수 있지 않나 한다.

그 중에서도 레저 광선이 되는 에너지 광선을 묶어서 보내는 기술은 대단했다고 한다.

레저 광선은 잘 알다시피 루우비에다가 태양광선을 통과시킴으로써 에너지를 발생시키는 방법인데, 아트란티스에서는 루비대신에 특수한 화석(火石)을 썼다.

그리하여 에너지 광선의 다발이 단숨에 항공기나 자동차의 기관에 도달하여 엔진을 움직였다고 한다.

소련의 과학자인 우라지밀・A・코치니콤은 1978년, 고주파(高周波)의 레저광선 다발을 지상국(地上局)에서 항공기에 송신해서 엔진을 추진시키는 안을 발표한 일이 있다.

이 광선 다발이 보내진 항공기는 많은 승객들과 화물을 싣고 모스크바에서 우라디보스톡크까지 단숨에 비행할 수 있다는 이야기였다. 이것이야말로 이에드가·케이시가 아트란티스 대륙 이야기에서 말한 것과 똑같은 원리인 것이다.

아트란티스의 국민은 획기적인 에너지 사용법을 만들어 냈다. 그런데 이 에너지는 땅속에 천연개스와 그밖의 여러 가지 힘들과 작용하여 오랫동안 냉각되어 있었던 지저(地底)의 물질을 가열시켜서 대륙이 폭발하는 원인을 만들었다고 한다. 그리하여 지상 최대의 폭발이 일어나서 아트란티스는 바다 속으로 침몰하고 말았던 것이다.

따지고 보면 태양열 이용에 의해 만들어진 에너지가 원자핵(原子核)의 분열을 일으키는 원인이 되었기 때문이다.

태양열 이용이나 원자력 이용이 전진되어서 환경 파괴가 일어나서 마침내는 화산의 폭발을 일으켜서 바다 속으로 가라앉은 아트란티스의 예는, 현대사회에 대한 커다란 경종을 울리는 이야기인 것이다.

4. 에로힘 이야기

1

불과 몇년 전에 내가 실제로 겪은 사건이건만 지금 생각해 보아도 그것이 정말 있었던 일인지 아니면 꿈을 꾼 것인지 아리송하기만 하다.

그것은 '에로힘'이라는 우주인들에 의하여 일본의 후지산(富士山)을 5차원 진동폭탄으로 폭파하여 지각변동을 일으켜서 일본 열도를 침몰시키고, 그 연쇄반응으로 인하여 일어나는 대 지각변동으로 말미암아 지구 위의 거의 모든 생명체를 말살시키려는 대음모를 나와 몇 사람의 노력으로 쳐부순 이야기이다.

후지산 폭발을 신문의 한낱 토픽 기사로 읽은 여러분들은 아마도 무슨 잠꼬대같은 소리를 하느냐고 웃기가 쉬우리라고 생각한다.

우주인들에 의한 조직적인 인류 멸망작전이 실제로 수행되었다면 당신과 같은 단순한 인간의 힘으로 막을 수 있을 까닭이 없지 않느냐 하는 것이 상식적인 생각이기 때문이다.

일본의 기상학(氣象學)의 대가라는 사가라 마사도시(相薬正俊)가 쓴 《후지산 대폭발》이라는 책을 우연히 손에 넣어 읽었을 때, 나는 그런 색다른 의견도 있을 수 있나보다 정도로 밖에 생각지 않았었다.

그 책을 읽으면서도 기상학을 연구한 한 학자의 너무나도 독단적인 의견이라는 생각만 들었으며 실제로 후지산이 폭발할지도 모른다는 생각은 전혀 들지 않았었다.

그 당시, 그 책은 일본에서는 베스트셀러였다고 한다. 많은 사람들이 이 때문에 큰 충격을 받았고 후지산 근처의 토지와 건물들은 전혀 매매가 되지 않았으며 충격을 받은 나머지 자살한 사람도 있다는 이야기였다. 하지만 나는 실감이 나지 않았다.

한 학자의 망상에 춤추는 일반 대중들이 불쌍하다기보다는 이런 책도 자유스럽게 출판할 수 있는 그들의 언론 자유가 부럽다는 생각이 들었을 뿐이었다.

또 설사 후지산이 폭발한다는 그 학자의 학설이 사실이라고 해도 그것은 어디까지나 일본 사람들이 걱정해야 할 일일뿐 우리하고는 아무런 상관도 없지 않느냐 하는 생각을 했다.

그런데 이 책을 읽은 지 몇 달이 지난 뒤였다.

나로서는 전혀 면식이 없는, 자칭 우주 고고학을 연구하고 있다는 고오사까 가쓰미씨로부터 소포를 받았다.

소포 안에는 프랑스의 언론인인 쿠로드 보리론이 쓴《성서와 우주인》이라는 책의 일어판 한 권과 편지가 들어 있었다.

그 편지에는 자기는 고오사까 가쓰미라는 사람으로 나름대로 우주고고학을 연구하고 있는 학도이며, 몇해 전 프랑스에 여행 갔다가 우연한 기회에 고서점에서 쿠로오드 보리론의 책을 발견하여 일본으로 반입을 했고, 친구인 프랑스 문학자로 하여금 이 책을 일본에서 출판되도록 주선을 했노라고 했다.

또한 지금 자기는 쿠로오드 보리론이 주관하는 라 에리안 무브멘트의 일본 책임자 노릇을 하고 있다는 이야기였다.

〈일본신학〉지에 실린 나의 글을 읽고 느낀 바가 많았노라며 안선생과는 입장이 다르지만 출판사를 하신다니 《성서와 우주인》의 한국어판을 출판해 줄 수 없겠느냐는 내용의 편지였다.

나로서는 외국의 저명인사로부터 이런 편지를 받아보기는 처음 겪는 일이었기 때문에 나는 즉시 이 책을 읽었다.

내용은 아주 재미있었다.

성경에 나오는 여호와 하나님은 '에로힘'이 원어이며, 이 말의 뜻은 고대 히브리어로 천공(天空)에서 날아온 사람이라는 말의 복수형이라고 했다.

인간은 여호와 하나님에 의해 창조된 것이 아니고 에로힘이라고 불리는 우주인들의 손에 의해 실험실에서 만들어졌다는 이야기였다.

기독교 신자들이 들으면 기절초풍할 이야기가 아닐 수 없었다. 그런데 이야기는 이것만이 아니었다.

1973년 12월 어느날, 쿠로오드 보리론은 정체 불명의 텔레파시에 유도되어 오베르뉴라는 화산의 화구를 찾아가 그곳에서 난장이 우주인인 여호와를 직접 만나서 인류의 창조 역사에 대한 놀라운 이야기를 들었다고 한다.

자칭 여호와라고 하는 우주인은 자기는 쿠롬 인간으로서 인류를 창조한 것은 바로 자기네들이라는 것이었다.

자기네는 지구에서 멀리 떨어진 다른 별나라의 과학자로서 2만여 년 전에 생명의 비밀을 발견하여 실험실 안에서 생명을 창조하는데 성공을 했다는 것이었다. 그러니까 그들은 DNA를 완전히 컨트롤 할 수 있는 자연의 비밀을 알아냈고, 실험실에서 수많은 생명체를 창조해 냈다는 이야기였다.

그러나 이 소문이 널리 알려지자 하나님을 모독하는 행위라고 해서 그들 사회에서 큰 문제가 일어났기 때문에 그들 일단(一團)은 안심하고 실험을 계속할 수 있는 곳을 찾다가 우연히 지구를 발견하게 되어 이곳으로 이주를 해 왔다는 이야기였다.

그것이 지금으로부터 2만 년 전 일이었다고 했다. 그래서 그들은 그때 아담과 이브를 창조했다고 한다.

인간은 우주인의 손에 의해 창조된 존재이며, 영혼 따위는 없다는 것이 보리론의 생각이었다.

얼른 듣기에 아주 그럴듯한 이론이기는 했지만, 나로서는 납득이 가지 않는 이야기였다.

지구 위에 생명이 발생한 것은 적어도 몇억 년 전 일이며, 공룡이 존재했던 백악기는 1억 년 이상 계속된 것이 사실이다.

또한 화석 고고학에 의하면 지금의 인류와 비슷한 형태를 가진 아인류(亞人類)가 존재하기 시작한 것도 수십만 년에서 2백만 년 이전이라고 말해지고 있다.

에로힘이 2만 년 전에 지구에 와서 모든 생명체를 창조했다 함은 우선 시간이 맞지 않는다.

그들이 지금의 인류를 창조한 것이 아니라, 태고시대의 인류의 유전자를 컨트롤해서 개조했다고 한다면 이해를 할 수 있는 이야기이기는 하다.

그러나 내가 알고 있는 한, 지금 인류의 역사는 42,000년 전까지 거슬러 올라갈 수가 있고, 그 무렵 태평양 위에는 무우 또는 레무리아라는 대륙이 존재했으며 이곳에는 북두칠성계에서 온 영체인(靈體人)들에 의하여 굉장히 진보된 문명사회가 존재하고 있었다.

한편 대서양에는 아틀란티스 대륙이 있어서 화려한 기계문명이 번영하고 있었다.

지금의 인류가 2만년 전에 우주인인 에로힘에 의해 창조되었다는 것은 인류학에 다소의 지식이 있는 사람이라면 누구나 믿기 어려운 터무니 없는 이야기가 아닐 수 없다.

더우기 인간에게 영혼이 없다는 그들의 학설을 받아들인다면, 심령과학자로서 지금까지 영혼불멸설을 주장해 온 나의 입장은 무엇이 되겠는가?

내가 해온 수많은 영사(靈査)의 결과며, 제령(除靈)도 모두 거짓말이 되는 셈이다.

나름대로 확고한 신념을 가진 심령과학자인 나에게 이런 책을 보내고 출판까지 해달라는 고오사까씨의 정신을 나는 의심할 수 밖에 없었다.

나의 출판사에서 이 책을 낸다면 그것은 곧, 여지껏 내가 믿고 해온 일들이 거짓이었다는 것을 자백하는 것이나 다름없는 일이 아닐 수 없다.

며칠 동안 나는 망설이지 않을 수 없었다. 뭐라고 답변을 해야 좋을지 갈피를 잡을 수 없었기 때문이었다.

그러다가 갑자기 떠오른 생각이 있었다.

어쩌면 보리론의 책이 이미 한국어판으로 출판이 된 게 아닌가 하는 생각이 들었던 것이다.

서점에 들른 나는 내 추측이 맞았음을 알 수가 있었다. 《성서와 우주인》의 한국어판을 발견했기 때문이다.

나는 이 책과 내가 쓴 프랑스어로 된 《심령문답》을 함께 보내면서 책과 편지를 보내주어서 고맙다는 이야기와 보리론에게 《심령문답》을 보내달라는 이야기를 첨부해 적어 넣었던 것이다. 그리고 다음에 일본에 갈 때는 꼭 한번 만나 보았으면 좋겠다는 사연도 적어 넣었다.

고오사까가 어떤 인물인지 나는 알고 싶었다. 나와 정반대되는 이런 인물이 연락을 하게 된 데는 무엇인가 알 수 없는 어떤 심령적인 원인이 있으리라는 생각이 들었기 때문이었다.

나에게는 상대편의 영파(靈波)에 동조할 수 있는 특수능력이 있으니 본인을 만나보면 그의 정체를 알 수 있으리라는 자신이 있었다.

그러나 이때만 해도 나는 후지산 폭발의 예언과 에로힘의 이야기를 서로 연결해서 생각했던 것은 결코 아니었다. 우선 그럴만한 이유가 없었다.

기상학자가 책으로 발표한 《후지산 폭발》 이야기는 어디까지나 하나의 추측일 뿐, 생각하기에 따라서 지독한 독단이라는 것이 나의 결론이었다.

후지산이 대폭발을 일으키려면 기상학적인 이유만으로는 부족하고 그보다도 그럴만한 심령적인 원인이 있어야만 한다는 것이 내 생각이었다. 더구나 그 폭발이 지구의 지각변동과 연동(連動)이 되는 게 사실이라면 그것은 바로 인류 멸망과 직결되는 일이 아니겠는가!

한편 보리론의 학설은 세가지로 요약할 수 있다.

인류가 우주인에게서 창조되었다는 것, 인간에는 영혼이 없으며 자기네들의 기술을 빌리면 인간은 육체를 지닌 채 영생을 누릴 수 있다는 이야기, 그리고 마지막으로 지구는 곧 멸망하게 되고 소수의 인간들만을 종자 인간으로 구제해서 다른 별로 이주시킬 계획이라는 것들이다.

결국 공포 분위기를 조성해서 자기네 쪽의 신자들을 확보하자는 속셈이 분명했다.

보리론의 이야기는 나름대로 하나의 신흥종교의 그럴듯한 이론은 될지언정 앞서 든 후지산 폭발과는 아무런 관계가 없는 게 사실이었다.

또 보리론도 후지산이 폭발한다는 이야기는 전혀 그 책 속에 언급을 하지 않았었기에 내가 이 두 이야기를 서로 연결시켜서 생각지 못한 것은 너무나도 당연한 일이 아닐 수 없었다.

2

그 뒤, 나는 몇 번인가에 걸쳐서 고오사까 씨와 편지를 주고 받았지만, 그와 직접 만나는 데는 왜그런지 까닭모를 저항을 느꼈기에 구체적으로 만날 약속은 하지 않았다.

그런데 우라와(浦和)에서 만난 에자끼(江崎)라는 회원이 어느날 자기 친구 가운데 고사까(小坂)라는 사람이 있는데 나를 몹시 만나보고 싶어한다기에 별 생각없이 승낙을 한 일이 있었다.

그런데 만나보니 그가 뜻밖에도 고오사까였다. 처음부터 고오사까라는 것을 알았더라면 나는 무엇인가 핑계를 대고 안 만났을지도 모른다.

정말로 이상한 일이 아닐 수 없었다. 또한 더욱 놀라운 일은 고오사까 씨와 만난 순간에 그의 뇌파에 자동적으로 동조함으로써 알아낸 사실이었다.

그것은 에로힘에 대한 정확한 정보가 그의 뇌 속에 기록되어 있다는 사실이었다. 그것을 알고 난 후 나는 다음과 같은 생각을 하게 되었다.

첫째, 에로힘은 하나님의 자녀인 인간의 영혼(어린 상념체)을 가둔 육체인간의 관리자로서 아득한 옛날 하나님에 의하여 만들어진 안드로이드 (인조인간)이며, 사람 한 명에 대하여(이것은 아담과 이브의 자손인 서양사람들에 한한 이야기지만) 세 명의 안드로이드가 책임을 지고 관리하도록 되어 있다.

기독교 신자들이 성령을 받는다는 것은 자기의 관리자인 에로힘과 공식적으로 교신을 할 수 있게 되었음을 뜻한다. 이 교신은 텔레파시로 행해지므로 신자는 성령에 감응했다고 생각하게 되는데 사실은 그렇지가 않은 것이다.

이것은 회교 신자도 마찬가지다. 보리론이 그의 책에서 밝히고 있듯이 아득한 그 옛날 에로힘의 사자에 의해 기독교와 회교는 만들어진 것이다.

그들이 두 개의 다른 종교를 만들어서 오랜 옛날부터 인류 멸망작전을 수행해 온 것이다.

중세에 있어서의 십자군전쟁이 그 좋은 예인데 아직도 그들의 작전은 완전히 성공하지 못하고 있다.

둘째, 인류가 타락해서 스스로 영혼의 존재를 부인하고 하나님까지도 인정하지 않게 되었을 때는 소수의 종자 백성들만을 남겨 놓고 인류 멸망작전을 수행하도록 유전적으로 명령이 내려져 있기 때문에 그들은 이 명령에 충실할 수밖에 없다는 것이다.

보리론을 통하여 '인간에게 영혼은 없다, 하나님은 존재하지 않는다'라는 위험사상을 퍼뜨림과 동시에, 자기네들에게 동조한다면 쾌락만을 추구하면서 평균 수명 700년이나 살 수 있다고 유혹하고 있는 것은 인류를 타락시켜서 그들이 유전적으로 명령받고 있는 인류 멸망작전을 수행할 수 있는 조건을 만들자는 음모인 것이다.

사가라 씨에게 《후지산 대폭발》의 책을 쓰게 한 것도, 에로힘의 텔레파시에 의한 간섭이 있었던 것으로 생각된다.

왜냐하면 수백만 명의 사람들이 사가라 씨의 학설을 믿어 준다면, 그들의 부정적인 상념을 이용하여 방아쇠를 잡아당겨서 화산폭발이 가능하다는 것을 그들은 과거의 경험으로 알고 있기 때문이다.

보리론의 책과 사가라 씨의 책이 일본의 같은 출판사에서 나온 것은 결코 우연은 아니라고 생각된다. 에로힘의 앞잡이가 움직이고 있다는 증거이며, 이 두 책은 서로 연동해서 지구 인류 멸망작전을 수행하고 있음이 분명했다.

셋째, 인류의 대부분이 마침내 '하나님의 자녀'라는 의식에 도달할 때 인간의 영혼은 집단의식 생명체로 진화하게 된다.

이것이 지구 위에 있어서는 지구인의 여섯번째 진화단계이며, 그 다음인 일곱번째 진화단계에서 인간은 전능한 신 자체로의 변신이 가능하게 된다.

따라서 모든 인류가 '우리는 하나님의 자녀이다'라는 의식에 이르게 될때 그들 에로힘의 인류에 대한 후견인 역, 즉 천사로서의 사명은 끝나게 된다.

그때에는 에로힘의 종족은 자동적으로 소멸되고 그들 문명의 에센스를 담은 비행접시는 모든 정보를 고스란히 간직한 채 자동적으로 땅 위에 내려오도록 되어 있다.

그 때문에 에로힘은 인간의 영혼이 '나는 하나님의 자녀이다'라는 자각을 갖는 것을 원하지 않는다. 왜냐하면 인류가 여섯번째 진화단계에 이르게 되면 그들은 그 역할이 끝나므로 자동적으로 소멸되도록 유전적으로 자폭장치를 갖고 있기 때문이다.

그래서 그들은 스스로 하나님과 악마라는 양쪽의 역할을 맡아서 어떻게 해서든지 인류를 타락시키려고 노력해 온 것이라고 할 수 있다. 성서에 나오는 멸망의 기록이 그 사실을 증명하고 있다.

넷째, 성서에 나오는 요한 계시록에 의하면 20세기 이후의 기록은 없는데 그것은 하나님의 에로힘에 대한 계획이 그곳에서 끝나고 있기 때문이다.

에로힘이 만든 기독교와 회교는 아마도 20세기 말로서 종말을 고하는 게 아닌가 생각된다. 왜냐하면 그들의 역할은 20세기에서 끝나고 있기 때문이다.

모든 인간들이 '나는 하나님의 자녀이다'라는 뚜렷한 자각을 갖게 되면 더 이상 종교는 필요없게 되기 때문이다.

내가 자동적으로 고오사까 씨의 뇌파에 동조됨으로써 알게 된 것은 실로 엄청난 사실이 아닐 수 없었다.

지금까지 적은 것을 좀더 간단하게 요약하면 다음과 같다.

첫째, 에로힘은 인류의 후견인으로서 모든 인간들이 '나는 하나님의 자녀이다'라는 자각을 갖게끔 도와야 한다. 모든 인간들이 그와 같은 의식상태에 이르면 에로힘의 구실은 끝나므로 자동 소멸된다.

둘째, 인간이 타락하면 스스로의 영혼과 하나님의 존재를 부인하게 되었을 때는 신앙심이 두터운 소수 사람들의 종자백성들만 남겨 놓고 모두 없애버려라. 그 방법에 대해서는 에로힘에게 맡긴다.

세째, 에로힘이 실수를 해서 모든 지구인들을 빠짐없이 멸망시켰을 때는 그 역할이 실패한 것이므로 자동적으로 자폭 소멸되어라!

이것이 하나님의 에로힘을 만들었을 때 그들의 유전자 속에 기입한 명령이고 이 명령을 없애거나 변경시킬 수 있는 것은 하나님 또는 그 대행자의 자격을 가진 인간 뿐이다.

이것이 사실이라면 최초의 하나님 뜻대로 에로힘이 후견인 역할을 멋지게 해내어서 인간들이 최고 수준에 이르면 에로힘 자신은 멸망하게 되어 있고, 한편 인간을 완전히 멸망시켜도 이 역시 멸망이 되게 되어 있으니, 그들 에로힘이 살아남기 위해서는 인간을 되도록 타락시켜서 소수의 종자백성들만 남겨 놓고 모조리 없애는 일을 되풀이 하는 수밖에 달리 도리가 없는 셈이다.

이런 명령을 유전자 속에 넣은 것은 하나님의 커다란 실수가 아닐 수 없다.

갓 태어난 어린애를 키운다는 것은 여간 성가시고 힘든 일이 아니다. 친어머니가 아니고서는 정말 해내기 어려운 일이다. 하나님도 육체인간을 창조하시고 그 관리를 하시는 게 어지간히 힘이 드셨던 모양이다.

그래서 육체인간의 세포에서 안드로이드인 에로힘을 만들고 그들에게 신의 자녀인 인간의 영혼을 넣는 그릇으로서 육체인간의 관리를 맡기신 것이라고 생각이 된다.

인간의 영혼이 몇만 년에 걸친 윤회전쟁 끝에 마침내 인간의 본질은 육체에 있는 것이 아니고 눈에 보이지 않는 영혼이야말로 인간의 본체임을 깨닫게 되어서 하나님의 자녀로서의 뚜렷한 자각이 생겨서, 개인의식에서 집단의식 생명체로 진화되어 간다면 더 이상 후견인인 에로힘은 필요없게 되는 것이다.

그때가 되면, 오히려 에로힘은 인간에게 방해자가 될지도 모르기 때문에 자동적으로 자폭해서 없어지도록 미리 그들의 유전자 속에 자폭장치를 심어 놓은 것이야말로 바로 하나님 자신이 아니었던가 생각된다. 그리고 인간의 육체와 에로힘을 만드신 하나님은 무엇인가 다른 일을 하시기 위하여 어딘가 별나라로 떠나신 모양이었다.

그 하나님이 다른 별에서 돌아오신 것은 약 42,000년 전 일이었다고 생각이 되는데 돌아와 본즉, 당초의 계획과는 영 틀리는 엉뚱한 일이 벌어지고 있었던 것이다.

인간의 의식이 '하나님의 자녀'라는 자각을 얻게 되었고, 자기네들은 소멸할 수밖에 없는 운명에 놓여 있음을 뒤늦게 알게 된 에로힘에 의해 인류는 소수만 살아남고 나머지는 전부 멸망된 상태였던 것이다.

아무리 전능하신 하나님이라고 해도 당황하신 것은 당연한 이야기이다.

그래서 하나님은 공중에 떠도는 인간들의 영혼들을 수용해서 수행을 시키고 새로운 물질계에 다시 태어날 수 있도록 유계(幽界), 영계(靈界), 상념계(想念界)를 만들어서 에로힘에 의해 멸망당한 인간들의 영혼을 거두어 주셨던 것이 아닌가 한다.

이로부터 또다시 6천년의 세월이 흘렀고 좁은 지구 위는 인간으로 가득차게 되었으며 '하나님의 자녀'라는 의식에 눈뜨는 사람들이 많이 나타나게 되자 또다시 에로힘은 사람들의 마음을 조절해서 세계대전을 일으켜서 다시금 종자백성들만 남겨 놓고 지구인을 원시인으로 되돌아 가게 했던 것이 아닌가 생각된다.

이와 같은 일이 적어도 지금까지의 지구 위에서 여섯 번 되풀이 된 것이며, 이번이 그 일곱번째에 해당되는 것이다.

만일 이번에 인류가 핵전쟁이라도 일으켜서 전멸한다면 에로힘도 전멸하게 될 것은 분명하다.

끝없이 되풀이 하는 지루한 일에 이제는 그들도 어지간히 싫증을 느끼게 되었으리라는 것은 어디까지나 인간의 생각이고 그들에게는 상상력도 감정도 없기 때문에 아무렇지도 않을 것이다.

우리가 살아 남을 수 있는 길은 이런 근원적인 비밀을 되도록 많은 사람들에게 알려서 '나는 하나님의 자녀이다'라는 의식을 갖게 하여 세계평화의 기도를 모두가 올린다면 그 염력에 의하여 에로힘은 무력해진다는 사실을 믿는 길밖에 다른 도리가 없다.

3

나는 고오사까 씨와 만난 순간에 전혀 아무런 생각도 하지 않았는데 이상과 같은 사실을 알게 되었다. 정말 놀라운 일이 아닐 수 없었다.

인류 역사의 가장 커다란 수수께끼가 풀린 셈이었다. 인류 창조의 비밀과 종교발생의 원인과 인간의 본질이 무엇이라는 것을 한꺼번에 알게 되었을 뿐만 아니라, 지금 우리가 아주 위험한 상태에 놓여 있다는 것, 많은 사람들이 종말이 왔다는 것을 믿고 스스로의 영혼의 존재를 부인하여 하나님을 인정하지 않게 되면 에로힘으로 하여금 종자백성만 남겨 놓고 거의 대부분의 인류를 멸망시킬 수 있는 조건이 성립된다는 것을 깨닫는 순간, 나는 어찌할 바를 몰랐다.

큰 재난이 닥쳐오고 있는데 나 외에는 아무도 그 사실을 아는 이가 없었다. 어떻게 해서든 이 사실을 많은 사람들에게 알려야 하는데 그 방법은 글로 써서 책을 펴내는 일밖에 없다는 생각이 들었던 것이다.

한편, 나는 고오사까 씨가 일본 신화에 등장하는 야마또 다께루(日本武尊)의 분령체이며, 아득한 옛날 북두칠성계에서 지구에 이민온 우주인과의 복합령이기도 하다는 것을 알아내었다.

그는 컴퓨터의 기록 뱅크이고, 나는 일종의 단말기와 똑같은 작용을 하게끔 되어 있음도 알았다.

고오사까 씨와 나는 한 세트로 되어 있어서 특수한 사명을 띠고 신계로부터 파견된 존재라는 것. 즉, 두 사람은 한 장의 지도를 반씩 나누어 갖고 있는 것과 같아서 두 사람이 힘을 합하지 않으면 지구의 위기를 막아낼 수 없음도 알게 되었다.

너무나도 놀랍고 믿기 어려운 일이었다. 한순간 나는 내가 미친 것이 아닌가 의심했던 것도 사실이다. 그러나 곰곰이 생각해 보면 논리적으로 옳다는 생각도 들었다.

사가라씨의 〈후지산 대폭발〉의 예언과 에로힘의 지구 파괴의 음모가 하나로 연결이 되어 있음을 안 이상, 어떻게 해서든 이것을 막아야만 한다고 나는 결심을 하지 않을 수 없었다.

방법은, 사람들이 믿든 안믿든 우선 널리 알리는 일이라고 생각했다. 그래서 우선 나는 1982년 12월 24일 고오사까씨를 비롯하여 나까노 유우도씨 등 그밖에 여러 사람들을 신주꾸의 선 루트 호텔에 모이게 해서 내가 이번에 새로 발견한 사실들을 중심으로 대담을 했고 이것을 VTR로 녹화를 했다.

이 녹화 테이프를 가능한 한 많은 사람들에게 보급키로 했고, 다음에는 《후지산 대폭발》이 기상학자의 단순한 경고가 아니고 사실로 될 가능성이 많다는 것, 그리고 에로힘의 정체를 밝히는 새로운 책을 써서 펴내기로 했던 것이다.

그러나 상대는 텔레파시 능력이 있는 에로힘이었다. 나 혼자의 힘으로 그들과 대항해서 싸운다는 것은 생각하기에 따라서는 계란으로 바위를 치는 격이 아닐 수 없다. 그렇다고 이런 엄청난 사실을 안 이상 가만이 있을 수는 없는 일이었다.

예정대로 VTR녹화를 끝내고 호텔 방으로 돌아온 나는 실로 막연했다.

나 혼자의 힘으로 이 막중한 일을 어떻게 해 나가느냐 영 갈피를 잡을 수가 없었기 때문이었다. 그런데 이때 아주 이상한 일이 생겼다. 북해도에 살고 있는 회원의 한 사람인 가다무라 미찌요라는 여자가 나를 느닷없이 찾아온 것이었다.

"무엇인가 끔찍한 일이 앞으로 벌어질 것같은 예감이 들었어요. 이것을 막을 수 있는 것은 안선생님밖에 없는데 안선생님이 일본을 포기하고 떠나면 모든 것이 끝장이 나고 만다는 느낌이 든 거죠. 그래서 용기를 내시라고, 저는 무력한 여자지만 도울 수 있는 일이 있을 것 같아서 찾아온 거예요."

라고 말하는 게 아닌가.

당시 나는 물에 빠진 사람이 지푸라기라도 잡고 싶은 심정이었기에 그녀가 몹시 고마웠고 그녀의 도움을 받기로 하고 헤어졌다.

4

한국으로 돌아온 나는 내가 이번에 알게 된 사실에 대하여 아내에게 이야기를 해주고 그녀의 의견을 물었다.

그랬더니 아내의 생각은 나와는 정반대였다.

"우주인에 의하여 그런 엄청난 일이 꾸며지고 있는데 어떻게 당신 혼자의 힘으로 막는다는 겁니까? 그렇다면 가족들과 함께 조용히 최후의 날을 기다립시다!"

나는 아내의 의견에는 정반대였다.

"나는 그럴 수는 없다고 생각하오. 가만히 있으면 모두가 멸망하는 길밖에 없지만, 내가 글을 써서 출판을 하여 되도록 많은 사람들에게 세계평화를 기원하는 기도를 하게 하고, '하나님의 자녀'라는 의식을 갖게 하면 에로힘은 무력하게 될 가능성도 있는 거요. 나는 내 소신대로 해보겠오!"

하고 나는 급히 서둘러 책을 쓰기 시작했던 것이었다.

《후지산의 대폭발은 막을 수 있다》라는 일본어로 된 책이었다.

불과 한 달도 안 걸려서 나는 이 책을 썼고 종전에 내 책들을 출판해 준 대륙서방에 교섭해 볼 생각을 갖고 일본으로 떠났다.

이때 나리타 공항에는 도쿄에 있는 '옴'회의 책임자인 신도오 와다루가 마중을 나오기로 되어 있었다.

그런데 공항에 내린 순간, 나는 이상한 예감이 들었다.

에로힘 이야기가 사실인지 아닌지 확인해 볼 수 있다는 생각이 들었던 것이다. 내 생각이 사실이라면, 그들은 널리 부정적인 생각을 퍼뜨려서 사람들을 불안감에 떨게 하려는 것이다.

인간에게는 영혼이 없다, 하나님이란 존재하지 않는다는 생각을 널리 퍼뜨리면 인간은 타락한 것이 되고 그렇게 되면 그들이 마음놓고 종자백성만 빼놓고 나머지 인류를 멸망시켜도 좋은 조건이 성립되는 셈이다.

그렇다면 에로힘의 비밀을 폭로하여 사람들에게 '하나님의 자녀'라는 의식을 심어주고 세계평화를 위한 기도를 하는 것이 지구를 파멸에서 구하는 방법이라고 주장한 내 책이 출판되면 그들의 계획은 수포로 돌아갈 가능성이 짙은 셈이다.

그렇다면 그들은 내 책의 출판을 어떻게 해서든 막으려 할 것이고 또한 그들에게 위험 인물인 나를 감쪽같이 없애버릴 필요가 있는 것이다.

한편 그들은 텔레파시로 모든 인간들을 감쪽같이 조절할 수 있는 능력이 있으니 우선 나를 없애려면 먼저 신도오에게 손을 써야 할 것이고 다음에는 대륙서방과 그밖의 내가 찾아가서 부탁할 만한 출판사들은 모조리 방해를 해야만 할 것이었다.

나는 속으로 생각했다. 만일 신도오가 에로힘의 앞잡이가 되었다면 그에게는 내 모습이 보이지 아니하리라.

그런데 이상한 일이었다.

신도오와 그의 일행인 두 여자 회원들은 정면에서 나를 보고 걸어오면서도 전혀 내가 보이지 않는 모양이었다.

자세히 살펴보니 신도오의 눈의 표정이 이상했다. 최면에 걸린 사람과 같이 마치 마네킹의 눈초리 같았다.

살아있는 인간이라고 생각이 되지 않았다. 로보트가 걸어오는 느낌이었다.

내 앞 1미터 까지 걸어 왔건만 그들에게는 내가 보이지 않는 게 분명했다.

"이봐 신도오군, 나야 나.
하고 나는 가까이 다가가서 그의 어깨를 쳤다.

그 순간, 신도오는 깜짝 놀란 표정으로 나를 보았다.

"안선생님, 이번에는 비행기를 타고 오시지 않고 텔레포트(순간이동)하셨나요."

이것이 그가 나에게 던진 첫마디 말이었다.

나머지 두 여인도 느닷없이 내가 눈앞에 나타나서 깜짝 놀란 표정이었다.

"정말 이상하네요. 우리는 안선생님을 찾으면서 걸어 왔는데 아무곳에도 보이지 않았어요. 그런데 갑자기 아무것도 없던 정면 공간에 안선생님이 나타나신 거예요!"

나는 이순간 에로힘의 이야기가 단순한 나의 피해망상이 아님을 알 수가 있었다.

"자네들 혹시 여기까지 오는 동안, 자동차 사고를 낼 뻔한 일은 없었던가?"

"그걸 어떻게 아십니까?"
하고 신도오는 눈이 휘둥그레졌다.

"나리타 공항 바로 근처 인터체인지에서 다나까상이 갑자기 어지럼증을 느껴 나에게 매달리는 바람에 핸들을 잘못 꺾어 전복사고를 낼 뻔했어요."

나는 말없이 상념이동을 했다. 사고가 날 뻔한 지점 상공에 하나의 작은 비행접시가 떠 있는 것이 내 마음의 눈에는 분명히 보였던 것이었다.

나는 이들을 공항 안의 커피숍으로 데리고 들어가서, 이번에 일본에 온 목적과 에로힘에 대한 이야기를 들려 주었다.

허나 그들은 건성으로 대답을 할 뿐 여간해서 내 이야기를 믿으려고 하지 않았다.

"아무래도 신도오 군의 차를 타고 시내에 들어가다가는 사고를 낼 가능성이 있으니까 신도오 군은 혼자서 차를 몰고 들어가고 두 분은 나와 함께 리무진 버스로 들어갑시다."

이래서 우선 나리타 공항에서 시내로 들어가는 문제는 해결이 되었다.

5

그러나 그것은 시작에 불과했다.

나는 대륙서방에 들르기 전에 시험 삼아서 평소에 내 책을 내고 싶어하던 몇 군데 출판사에 들러보았다.

그러나 그들의 태도는 한결같았다.

내 이야기를 잘 들어보려고도 하지 않고 원고를 검토해 보려고도 하지 않았다. 그들의 태도로 미루어 보아 나를 완전히 머리가 돈 사람으로 취급하는게 확실했다.

에로힘에 의하여 후지산이 폭발되면 일본열도는 바다 속에 가라앉을지도 모르는 일이었는 데도 말이다. 그 연쇄반응으로 대대적인 지각변동이 일어나면 인류는 끝장이 나는 일이건만 그들은 전혀 믿으려고 하지를 않았다.

일본 사람도 아닌 한국인인 내가 이처럼 걱정하는데 그들은 전혀 관심이 없는 것이었다.

"9월까지면 앞으로 반 년밖에 남지 않았는데 그동안에 어떻게 책을 팔 수가 있다는 것입니까? 시간 여유가 너무나 없습니다."

"그러니까 앞으로 후지산이 폭파될 가능성이 많고 시간이 없으니까 하루라도 빨리 이 책을 출판해서 많은 사람들에게 알려야 할 게 아닙니까?"

그들은 무슨 잠꼬대같은 소리를 하느냐는 듯한 무표정한 얼굴로 나를 쳐다볼 뿐이었다. 그 표정들이 하나같이 공항에서 내 앞으로 걸어오던 신도오의 표정과 똑같았다.

최면에 걸린 사람들의 표정이었다.

나는 단념하는 수밖에 없었다.

마지막 대륙서방을 찾는 수밖에 없었다. 이 출판사에서는 이미 내 책을 여섯 권이나 출판한 바가 있었다. 그래서 여기서야 거절하지 않겠지 하였더니 역시 반응은 마찬가지였다.

"우리는 출판할 수가 없지만, 다름아닌 안선생님이 하시는 일이니까 자비출판을 하시는 조건으로 200만 엔을 출자하신다면 출판대행은 해드리겠습니다.

하지만 서점에는 한 권도 낼 수가 없습니다. 책을 만들어 드릴테니 안선생님이 회원들에게 나누어 주도록 하시지요."

나는 한동안 아무런 대답도 하지 못했다. 한국에서도 일본어 책을 출판하는 것은 가능한 일이었으며, 그렇게 되면 비용은 4분의 1이면 충분했다.

하지만 역시 이 책은 일본의 출판사에서 내야만 한다는 생각이 들었기에 나는 그 자리에서 갖고 있는 돈 거의 전부를 털어서 백만 엔을 건네 주었다.

나머지 백만 엔을 어떻게 마련해야 할지가 막연했다.

"안선생님을 믿고 그럼 이 책은 저희가 책임지고 출판해 드리겠습니다. 나머지 비용은 회비 들어오는 것으로 공제해도 좋습니다!"

나는 말없이 고개를 끄덕이고 자리에서 일어났다.

우선 안심이라는 생각이 들었다.

2천 명이 넘는 우리 회원들에게라도 에로힘의 음모를 알릴 수 있게 되었으니 우선 어려운 첫번째 관문은 통과한 셈이었다.

나는 호텔로 돌아왔다.

그런데 이날 밤, 이상한 일이 생겼다.

한밤중에 잠이 깨었는데, 환상처럼 비행접시 안이 보였다.

난장이같이 생긴 에로힘 두 명이 나에 대하여 이야기를 하고 있는 것이었다.

"그 녀석이 우리의 계획을 알았으니 큰일이야! 책이 나오게 되면 우리의 정체가 밝혀질 테니 어떻게 하면 좋지."

"걱정할 것 없네. 놈을 우리의 비행접시 안으로 납치해서 본인과 똑같은 복제인간을 만들어 땅 위에 내려보내고 본인은 여기 잡아두면 되지 않겠나."

그 순간이었다.

나는 나도 모르게 그들의 비행접시 안에 상념이동을 했던 것이다.

"에로힘이여 듣거라! 너희들이 나의 육체를 이동시키면 그 에너지를 흡수해서 나는 인간이 아닌 신이 될 것이다. 그렇게 되면 어떻게 되는 줄 아는가. 인간이 완전히 깨닫고 신의 의식을 갖는 순간, 너희들은 자동적으로 소멸되게 되어 있는 것이다."

"……"

"내 말이 믿어지지 않거든, 내 뇌파의 파장을 조사해서 아득한 옛날 너희들을 창조한 뒤에 행방불명이 된, 너희들의 주인이 남긴 그의 뇌파의 기록과 대조해 보게나."

그들은 내 말이 떨어지기 무섭게 분주하게 움직이기 시작했다.

조사 결과, 나의 말이 사실임이 증명이 된 모양이었다.

"죄송합니다. 저희들이 몰라보고 하마터면 큰 실수를 할 뻔했습니다."
하는 순간, 눈앞의 환상은 씻은 듯이 사라졌다.
나는 다시 잠이 들었다.
새벽 2시쯤 되었을 무렵이었다.
머리맡의 전화벨이 요란스럽게 울리는 바람에 잠이 깨었다.
수화기를 들었더니,
"당신이 안동민이란 한국 사람이오."
하는 처음 듣는 거친 사나이의 목소리가 들렸다.
"그렇습니다만……"
"당장 일본에서 철수하시오. 당신이 더 이상 요상한 소리로 우리 국민들을 우롱한다면 내 손에 죽을 줄 아시오."
하고 전화는 끊어졌다.

6

여지껏 이런 일은 없었다.
새벽 2시에 낯선 사람의 방에 전화를 걸고 협박을 한다는 것은 도저히 상식으로서는 있을 수 없는 일이었다.
더우기 내가 선 루트 호텔에 묵고 있는 것을 알고 있는 것도 이상한 일이라고 생각되었다.
나는 새벽이 될때까지 한잠도 이루지 못했다. 심정 같아서는 당장 일본에서 떠나고 싶었다.
대륙서방에 돈을 주어서 원고도 넘겼으니 어쨌든 내 목적은 달성한 셈이었다. 더 이상 어물거리다가 변을 당하고 싶지는 않았다.
그러나 한편 생각하면 한밤중에 걸려온 정체불명 사나이의 협박 전화에 혼비백산하여 물러선다면 너무나 비겁하다는 생각도 들었다.

에로힘과의 싸움은 이미 시작된 셈이었다.

인류의 운명을 건 싸움을 시작한 이 마당에 초장에서 내가 물러선다면 말이 되지 않는 이야기였다. 어차피 목숨을 내건 싸움이었다.

지구를 지키려는 많은 신령들은 분명히 내 편을 들어줄 것이고 또 시간이 지나면 많은 동지들이 생길 것이 분명했다. 이렇게 생각하니 불안해졌던 마음이 많이 안정되었다.

그러자 아침 10시쯤 해서 간밤에 걸려 온 동일한 인물로부터 다시 전화가 왔다. 간밤에는 술이 취해서 대단히 실례를 했노라고 사과부터 하고는 사실 자기도 안선생이 주장하는 체질개선에 관심이 많으나, 막상 회원에 가입하려고 했더니 입회비가 1만엔이라고 해서 놀랐다는 이야기였다.

담당 사무원이 몹시 불친절해서 그때문에 기분이 좋지 않았노라고 했다. 그러니 직접 만나서 이야기를 나누자는 것이었다.

나는 그러마고 대답을 했다. 그러나 그를 나 혼자 있는 호텔방에 불러들일 생각은 없었다.

만일 만나자마자 칼로 찌른다든가 하는 가능성도 있다고 생각되었기 때문이었다.

그래서 나는 오후 1시에 호텔 로비에서 만나기로 약속을 하고 한편으로는 그날 나를 만나기로 했던 많은 회원들과 합석하기로 했다.

이렇게 되면 많은 사람들이 보는 앞에서 큰 사고가 일어날 가능성은 없다고 생각되었기 때문이다.

"안선생도 겁이 많으시군요. 술 취한 사람이 한밤중에 협박전화를 했다고 해서 이렇게 많은 경호원과 함께 만나시긴가요."

"아닙니다. 모두가 우리의 회원입니다. 시간을 절약하기 위해 모두 같은 시간에 여기에서 만나기로 한 것입니다."
하고 나는 설명을 했다.

나는 여러 회원들 앞에서 이 젊은이에게 지금 내가 처해 있는 입장을 설명하고 후지산 폭발을 막기 위해 백만 엔이라는 돈을 들여서 자비출판까지 계획하고 있다는 이야기를 들려 주었다.

전화의 목소리와는 달리 젊은이는 비교적 온순한 성품이었고 마침내 내 이야기를 잘 이해해 주어서 여간 고맙지가 않았다.

7

2백만엔이라는 많은 돈을 들여서라도 우선 《후지산 대폭발은 막을 수 있다》라는 책을 출판하는 것이 옳다는 게 내 생각이었지만 한편으로는 서글픈 마음이 든다.

우선 후지산이 폭발하게 되면 당하는 것은 일본이지 한국은 아닌 터였다.

어쨌든 자기네 나라의 위험을 막자는데 한국인인 나는 큰 돈을 내야 되고 일본인은 전혀 관심이 없다는 것, 이것은 무엇이 잘못되어도 단단이 잘못되었다고 나는 생각했다.

하지만 책은 어떤 형태로든 나와야 했고 나는 내가 할 도리를 다한 셈이었다.

일이 끝나고 집으로 돌아온 지 얼마가 지나서였다.

전혀 알지 못하는 후나이 유끼오라는 저명한 일본의 실업가가 내 책을 읽고 큰 감동을 받아서 만나고 싶다는 전갈이 왔다.

나의 고등학교 시절의 선배인 K무역의 김용호 사장에게서 걸려온 전화였다.

그의 말에 의하면 후나이 씨는 저명한 카운셀러로 13개의 방계회사를 거느리고 있고, 저서만도 30여 권이 넘는 그런 인물이라고 했다.

나를 만나기 위해 일부러 한국에 왔다는 이야기를 듣는 순간, 나는 번개같이 떠오른 생각이 있었다.

그에게 부탁하면 《후지산 대폭발은 막을 수 있다》는 책이 일본의 다른 출판사에서 출판이 가능하지 않겠느냐는 생각이었다.

아무리 생각해도 일본인들의 국난을 막기 위하여 한국인인 내가 그 사실을 알려 주는 것만도 대단한데 없는 돈까지 털어서 책을 내야만 하고 반대로 일본 출판사만 돈벌이를 하게 한 내 처사가 옳지 않다는 생각이 들었던 때였다.

나는 롯데호텔에 묵고 있는 후나이 사장을 찾아가서 이 사정을 자세히 이야기했다.

그는 처음에는 사뭇 어리둥절해 하는 표정이었으나 끝내는 나의 진심을 알아주었고 자기의 단골 출판사에서 출판하도록 주선을 하겠다고 쾌히 승낙을 해 주었다.

나는 이제야 살았구나 하고 안도의 한숨을 쉬었다.

결국 이 책은 후나이씨의 저서를 많이 낸 비지네스사에서 출판이 되었고 초판 1만 부는 출간된 지 사흘만에 매진이 되었다고 했다. 그러나 책이 인쇄되기 직전에 큰 일이 일어날 뻔했었다.

비지네스사의 반바 사장이 갑자기 원인불명으로 대량의 피를 토했으며 멈추지를 않는다는 국제전화가 걸려 왔던 것이다.

어떻게 원인을 알아내어서 도와달라는 이야기였다.

나는 곧 북해도에 살고 있는 투시능력자인 E여사에게 전화를 걸었다.

몇해 전 척추수술을 했을 때, 뼈와 뼈를 잇는 데 쓴 가느다란 철사가 빠져서 동맥에 꽂힌 것 같으니 그 부분을 엑스레이 검사를 해보라는 대답이 왔다. 나는 곧 국제전화를 걸어서 이 이야기를 전해 주었다.

그랬더니 철사가 발견되어 위험한 고비는 넘겼다는 전화가 다시 걸려 왔다.

이렇게 해서 책은 무사히 출판되었고 많은 사람들에게 에로힘의 음모는 밝혀진 셈이었다. 그러나 책 출판만으로는 어쩐지 미흡하다는 생각이 들었다. 그래서 나는 몇 사람의 동지들과 함께 일본의 여러 영장(靈場)을 돌면서 내 나름대로의 조치를 취했다.

우선 북해도의 유우바리 탄광에서 비참한 최후를 맞이한 한국인들의 영혼들을 달래어 그곳에서 해방시켜 후지산으로 보냈고 오끼나와에서도 같은 일을 했다.

일본을 사악한 우주인의 손에서 지키기 위해서 살아 있는 사람들뿐만 아니라 죽은 귀신들까지도 총동원을 시킨 셈이었다.

한편 나의 제자인 초능력자, 다미야 군과 함께 상념 텔레포트(주 : 마음을 육체에서 먼 곳으로 분리해서 이동하는 기술)를 해서 에로힘의 근거지인 우리들의 태양계로 부터 4,5광년 떨어진 블랙스타에 원정을 간 것도 사실이었다.

이런 이야기를 하면 아마 대부분의 독자들은 믿지도 않으려니와 내가 정신이 돈 사람이라고 생각하기가 쉬울 줄 안다.

하지만 이것은 나만이 겪은 일은 아니다. 몇 사람의 증인도 있는게 사실이다.

어쨌든 우리들의 태양계에서 빛의 속도로 4~5년 걸리는 거리에 있는 검은 별이니 오늘날의 지구 문명의 힘으로는 도저히 갈 수 없는 곳이기도 하다.

나와 다미야 군은 육체에서 스스로의 마음의 일부를 분리시켜서 상념 텔레포트를 한 것이지 육신이 직접 그곳에 간 것은 물론 아니었다.

그 별에는 살아 있는 생명체라고는 하나도 존재하지 않았고 에로힘에게 생명력의 원천인 전자파를 보내주는 거대한 발전소가 있을 따름이었다.

입구도 출구도 없는 특수합금으로 만들어진 이상한 건물이었다. 보통의 육체를 가진 몸으로는 들어갈 수 없는 곳이었는데 우리는 에너지체인 상념체로 변해 있었기에 무사히 잠입할 수가 있었다.

보니까 중앙의 배전반에 거대한 스위치가 위로 제껴져 있고, 바로 그 아래에는 작은 스위치가 내려져 있는 게 눈에 띄었다.

거대한 스위치도 작은 스위치도 아주 오랜 세월에 걸쳐서 그 누구도 손을 댄 흔적이 없었으며, 이것은 특수한 사이클을 가진 강력한 텔레파시파만이 작동시킬 수 있다는 것을 순간적으로 깨달았다.

나는 다미야 군과 힘을 합해 우선 위로 향한 레버(스위치)를 아래로 힘껏 내렸다.

그 순간, 그 거대한 발전소는 갑자기 죽어버렸다. 그 다음, 우리는 밑의 작은 스위치를 위로 올림과 동시에 급히 서둘러 그곳에서 빠져나와 지구로 돌아왔다.

나중에 다미야 군에게 확인시켰던 바, 밑의 레버는 그 거대한 발전소 바깥에 백만 볼트 이상의 강한 전류로 된 울타리를 치는 장치였다고 했다.

이로 말미암아 전우주에 퍼져 있던 약 70억이 넘는 에로힘들은 실질적으로 그 기능이 정지되었다.

나중에 남은 것은 자가발전 장치를 지닌 소수의 에로힘뿐이었다.

안드로이드인 에로힘은 육신을 지닌 인간과 달라서 죽는 일이 없다. 몸의 일부가 망가지면 그 부분만 수리하거나 부품을 갈면 되는 것이다.

그러나 그들에게 생명을 주고 있는 전자파의 송신이 중단되는 순간, 그들은 한꺼번에 못쓰게 되었다.

나는 70억 명이 넘는 에로힘들을 전멸시킬 생각은 전혀 없었다.

며칠 동안, 기능을 정지시켜 혼을 낸 뒤에 다시 살아나게 해서 인류멸망 작전을 취소시키는 홍정의 대상으로 삼으려고 가볍게 생각했던 것인데 정밀한 기계인간, 즉 안드로이드인 그들은 나중에 다시 발전소를 가동시킨 순간, 모두 불타버리고 말았던 것이다. 그들은 애당초부터 나를 너무나 과소평가했던 게 분명했다.

인간으로서는 꿈도 꾸지 못하는 별과 별 사이를 왕래하는 우주선을 가지고 있는 그들이었다. 단순한 인간인 나 따위는 버러지만큼도 여겨지지 않았던 것은 어떻게 보면 지극히 당연한 일이 아닐 수 없었다.

설마 내가 4~5광년이나 걸리는 먼 별나라까지 상념 텔레포트를 할 수 있는 무서운 초능력자인 줄은 알 까닭이 없는 일이었기에 그들은 어이없이 당한 것이라고 생각된다. 그러나 그렇게 되었다고 해서 그들이 내 앞에 나타나 항복을 한다는 것은 있을 수 없는 일이다.

그들은 어디까지나 안드로이드이고 그들의 유전자에 기록된 명령대로 움직일 수밖에 없는 터이며, 창의성이 전혀 없는 존재이기에 그들의 발전소가 파괴된 원인도 모르고 있었던 것이라고 생각된다.

육신을 가진 인간이 우리의 태양계에서 그렇게 멀리 떨어진 곳까지 우주선도 없이 마음만으로 갈 수 있다는 것은 그들로서는 상상도 할 수 없는 일이기 때문이다.

살아 남은 약 3천 명의 에로힘들과의 전쟁은 처참하게 계속되었다.

도쿄 책임자와 북해도 책임자가 거의 때를 같이 하여 교통사고를 당했고, 한국의 내 책을 출판해 주는 인쇄소의 중요한 인물도 교통사고로 사망했다.

이렇게 말하는 나 자신도 여러 번 죽을 고비를 넘겨야만 했었다.

내가 조사한 바에 의하면 이번에 후지산이 폭발한 원인도 이 밖에 여럿이 있음을 알아냈기에 그 원인을 찾아내어서 하나하나 해결을 해 나가야만 했었다.

이 때문에 나는 몇 명의 동지들과 함께 북해도의 유우바리, 오다루, 남쪽은 오끼나와, 이세신궁, 데와산산, 히에이산, 그 밖의 거의 일본 전국을 분주히 돌아다녔다.

그 고장에 깊은 인연을 갖고 있는 수많은 지박령들의 집단을 그 고장에서 해방시켜 유계의 사자와 토지신을 불러서 이승에 다시 복합령으로 재생되도록 했고 그러기 위해서 그해 9월 13일까지 후지산 산꼭대기에 보내서 강력한 장벽을 치게 했다.

나는 왜 이런 일을 해야만 했던 것일까?

그들의 공통된 점은 그들의 괴로움을 전혀 알아주려고 하지 않고 자기네들만 즐겁게 살고 있는 현상계의 인간들을 몹시 저주하고 미워하고 있다는 점이다.

이런 커다란 원한이 현실세계의 많은 사람들의 부정적인 상념과 연결이 될 때, 에로힘이 후지산을 대폭발 시킬 수 있는 일종의 기폭장치 구실을 할 수 있다는 것을 알아냈기 때문에 나는 그들의 악념을 없앨 필요가 있었다.

일본의 후지산이 자연히 폭발을 한다고 많은 사람들이 믿게 한 뒤에, 강력한 5차원 진동을 일으키는 우주무기를 쓴다면 그야말로 일본열도가 침몰할 것은 너무나도 당연한 일이었고, 그렇게 되면 급격 스러운 지각변동에 의하여 인류는 멸망하게 되었을 것이다.

예정된 시간에 후지산은 폭발하지 않았다. 정말로 다행한 일이었다.

그 뒤, 몇 년이 지나는 동안 나는 어느덧 이때에 있었던 일들을 잊게 되었다. 그때는 목숨을 걸고 뛰었던 일들이 어쩐지 꿈 속에서 겪은 일처럼 실감이 나지 않는다.

내가 공연한 망상에 사로잡혀서 헛수고를 한 것이 아닌가 하는 생각이 들기도 했다. 그러나 여러분이 믿든 안 믿든 이상 이야기한 것은 모두가 실제로 내 주변에서 일어났던 일들이다.

더 이상 세월이 지나면 나의 기억 속에서도 완전히 사라져 버릴 것 같은 생각이 들었기에 후일을 위하여 대강 기록을 해본 것이다.

에로힘과의 싸움은 실로 처절했고 나는 수많은 모험을 겪었지만 이에 관련된 분들에게 누가 미칠까 두려워 자세한 이야기는 하지 않기로 한다.

좀더 세월이 지난 뒤에 밝힐 수 있는 문제라고 생각한다.

지금은 절판이 되었지만, 《후지산 대폭발은 막을 수 있다》는 실제로 일본에서 출판된 책임을 밝히면서 이 글을 끝맺고자 한다.

에로힘과의 여러 가지 후일담도 있지만 그것도 오늘은 밝히지 않기로 한다.

8

지금 생각하면 에로힘은 전세계 공산주의자들의 마음을 뒤에서 최면 암시로 조절하던 보이지 않는 커다란 세력이 아니었던가 하는 생각이 든다.

왜냐하면 그들 에로힘이 인간에 대한 영향력을 행사하지 못하게 된지 불과 몇년이 지나지 않아서, 공산주의자들은 마치 꿈에서 깨어난 것과 같이 최면상태에서 빠져 나와서 동구권의 공산주의 국가들이 무너져 내리기 시작했기 때문이다.

내가 에로힘을 물리쳤을 때는, 그와 같은 일이 일어나리라고는 전혀 상상도 하지 못했기에 놀라움은 더 클 수 밖에 없었다.

이글을 읽는 대부분의 독자들은 도대체 믿을 수 없는 일이겠지만 내 생각을 잠시 소개한 것 뿐임을 밝혀 둔다.

5. 시리우스별에서 온 생명체

-길모와 AIDS의 출현

1

그것은 달걀 모양을 한 커다란 우주선이었다.

태양계에서 멀리 떨어진 샛별, 시리우스 별에서 날아온 우주선이었다.

시리우스 별을 떠난 것은 언제였을까? 그것은 보통 시간으로서는 헤아릴 수 없는 아득한 옛날의 일이었다고 생각된다.

그 우주선에는 생명유지 장치가 없었다. 우주선 안에는 특수합금으로 만들어진 커다란 케이스 속에 개스가 가득차 있을 따름이었다. 노오란 개스 속에 존재하고 있는 것은 결정체 모습을 한 아주 작은 생명체였다.

그들은 주변 환경이 극도로 나빠져도 또한 좋아져도 곧 결정체로 변하는 것이었다. 그대로의 상태로서 진공 속에서는 몇만 년이라도 가사상태로 살 수 있는 생명체였다.

고향의 별에서는 그들을 길모라고 불렀다. '생명의 등불을 켜는 자' '속에 있는 위대한 생명'이라는 뜻이었다.

그들은 본질적으로 일종의 기생 생명체였다. 그 하나 하나의 세포에는 의식은 없지만, 어느 정도 지성이 있는 생물의 몸 속에 들어가면 무서운 속도로 늘어나며, 1억 5천만 단위가 되면 이 우주 최고의 지성체로서의 기능을 발휘하게 되는 것이다.

길모는 기생한 생물의 육체를 내부에서 완전히 합리적으로 관리

할 수가 있었다.

오랜 세월에 걸쳐 기생한 생물의 뇌의 기능을 진화시켜서 지성을 주는 것도 가능했다. 대부분의 경우 기생된 생명체는 자기의 몸속에 길모가 존재하고 있는 것조차 몰랐다.

기생당한 생물이 우주의 법칙 그대로 살아가는 한, 길모는 그들을 내부에서 지켜 주는 천사의 구실을 하게 마련이지만, 우주법칙을 지키지 않고 잘못된 생활을 하게 되면 그 순간부터 길모는 사악한 병원균으로 변신을 하는 것이었다.

기생한 생물의 정신 변화에 따라서 길모는 천사로도 또는 악마의 화신으로도 변화가 가능한 터였다.

길모의 덕분에 지성있는 생명체로 진화를 해서 이른바 지구인 비슷하게 진화된 생물이 서로 무섭게 싸우게 되자 덩달아 악성의 병원균으로 변신한 길모 덕분에 멸종하게 된 예도 꽤 많았다.

병원균으로 변신한 길모는 기생한 생물이 가진 면역체를 파괴하기 때문에 손을 쓸 여지가 없는 것이었다. 하나님이 길모를 이 세상에 태어나게 한 것은 지성체가 될 가능성이 있는 생명체에 기생하여 공존공영하면서 우주의 지혜로운 생명체로 진화시키는 것이 목적이었다.

길모의 발생지는 우리들의 은하계는 아니었던 것 같다. 안드로메타가 그들의 본래의 고향이 아니었을까.

2

우주에는 태양도 많고 떠돌이 별도 많았건만, 고등 지성생명체가 살고 있는 떠돌이 별은 아주 드물었다.

아득한 옛날의 시리우스 별을 떠난 우주선은 지성생명체가 살고 있는 떠돌이 별을 찾아서 얼마나 많은 노력을 했는지 모른다.

정교하기 이를데 없는 컴퓨터에 의하여 움직이는 우주선은 그것 자체가 하나의 생명체라고 해도 좋았다.

간신히 은하계의 변두리에서 푸른 지구를 발견했을 때의 그들의 기쁨은 컸다.

이제 겨우, 오랫동안 찾아 헤맸던 기생생명체를 찾아 냈다고 생각했다. 빛의 속도를 넘어서서 빠른 속도로 우주 속을 달려 온 우주선은 지구의 궤도에 들어가기 위하여 감속을 하기 시작했다.

그런데 이때 불행하게도, 컴퓨터의 잘못된 계산으로 해서 우주선의 대기권 진입속도가 너무 빨랐기 때문에 대기권 진입과 동시에 우주선은 타 버리고 말았다.

개스 생명체인 길모를 수용하고 있는 몇 개의 케이스만이 간신이 구명정에 실려서 무사히 대기권을 통과하기는 했지만 땅과 격돌하는 것을 면할 수는 없었다.

케이스가 망가짐과 동시에 그 안에 수용되어 있던 길모는 바람에 실려서 대기 속에 흩어지고 말았다. 그 가운데 이미 잠에서 깨어나 있던 오직 하나의 1억 5천만 유니트만이 간신이 살아 남았다.

때마침 근처를 지나가던 원시인의 머리 속으로 재빨리 숨어 들어갈 수가 있었기 때문이었다.

길모의 본체의 포로가 된 원시인은 급속하게 돌연변이를 일으켰다.

불을 쓰는 것을 발견했고, 지금까지 잠들어 있던 그의 마음에 처음으로 지성이 싹트기 시작했다. 자기의 패거리와 서로 뜻을 통하기 위한 언어도 발명이 되었다.

무엇보다도 놀라운 것은 단명족이었던 다른 인간들과 비교하여 그만이 수십 배 오래 살게 된 사실이었다. 그는 동포들로부터 신으로 추앙되었다.

그는 자기 스스로를 하늘에서 선택된 인간이라고 선언하고 원시 종교를 만들어 냈던 것이다.

그는 언제나 난처한 일이 생기면 자기의 마음 속에서 들려오는 소리에 귀를 기울이곤 했다. 그는 자기의 몸 안에 길모라는 다른 별에서 온 지성체가 숨어 있음을 평생 알지 못했다.

길모의 지도에 의하여 그는 많은 것들을 동포들에게 알려 주었다. 그때까지의 오랜 동굴생활에서 벗어나 집을 지어 살게 된 것도, 사냥에만 의지하던 생활에서 곡식의 종자를 발견하여 농사를 짓는 방법을 가르쳐 준 것도 모두 그의 덕이었다.

몇십만 년 동안이나 똑같은 원시생활을 해오던 인류의 조상이 어느날 갑자기 문명종족으로 변신하게 된 것은 길모의 협조가 있고서 가능했던 기적이었다.

한편 대기 속에 흩어진 다른 길모는 오늘날 지구 위에 존재하는 바이러스의 시조가 되었다. 그들은 하나 하나의 세포로 분리되어 버려서 지성의 흔적도 찾아볼 수 없는 미생물에 지나지 않았다.

한 명의 원시인의 머리 속에 기생하여 그 원시인을 신과 같은 존재로 변신시킨 길모의 본체는 그 뒤 수많은 다른 인간들의 머리 속에 기생하여 인류의 문명과 문화를 발전시켜 왔다.

인류가 이 땅위에 문명국가를 건설하자, 길모는 이 떠돌이 별에서의 자기의 사명은 이미 끝났다고 생각했고 고향인 시리우스 별로 돌아가고 싶다고 생각하게 되었다.

허나 지구인들은 아직 별과 별 사이의 아득히 먼 공간을 뛰어넘는 우주선을 만들 수 있는 과학 기술을 갖고 있지 않았다.

길모는 오직 기다릴 수밖에 없었다. 헌데 이때 이변이 일어난 것이었다. 그때까지 마냥 온순하기만 했던 길모의 도움으로 지성에 눈뜨게 됨과 더불어 인간은 자유스러운 생각을 하게 된 것이었다. 그리고 권력욕에 서서히 눈뜨게 되었다.

길모는 더 이상 인간의 마음을 지배할 수가 없게 되었다. 인간들끼리 서로 미워하기 시작하고 다투고 전쟁을 하기 시작하자 길모는 몹시 실망하지 않을 수 없었다.

본질적으로 조화를 잃은 지성체의 육체 속에서는 살 수 없는 것이 길모의 특성이었다.

그때에는 길모가 그 숙주의 영향을 받아 흉악한 병원균으로 변신을 하게 되어 있었다. 길모의 본체는 인간의 육체에서 탈출하는 수밖에 다른 도리가 없었다. 그리하여 선택된 것이 원숭이였다.

길모의 본체는 원숭이의 육체 속에 스스로를 가두고 결정체가 되어서 잠들게 되었다.

어느날엔가, 인간이 그들의 문명을 극도로 발전시켜서 별들의 세계로 진출하게 되는 날을 기다리는 수밖에 다른 도리가 없다고 생각되었기 때문이다.

3

그로부터 몇만 년이라는 길고 긴 세월이 흘렀다. 길모는 원숭이들의 몸 안에서 결정체 상태로 세월을 보냈다. 그동안 지구에는 큰 변동이 일어나고 있었다.

하나로 연결되어 있었던 대륙이 서로 떨어졌고, 침몰했고, 또한 솟아올랐다.

레무리아와 무우 대륙의 문명이 전성기를 이루었고 또한 아틀란티스의 과학문명이 융성했고, 멸망해 갔다. 정신을 차려보니, 무우도 아틀란티스 대륙도 이미 바다 밑에 가라앉아 있었다.

무우와 아틀란티스에서 도망쳐 간 사람들에 의하여 또다시 새로운 문명이 흥망을 거듭했다.

고대의 중국문명, 희랍, 로마에서 비롯되는 백인들의 문명이 흥망을 거듭했다.

그동안 시리우스에서 날아온 길모의 본체도 윤회전생을 거듭하면서 즉, 숙주의 몸을 차례로 바꿔가면서 오직 지구인들이 성간문명(星間文明)을 이룩할 날을 기다리고 있었다.

지구의 역사상에 나타난 위대한 사상가 · 정치가 · 학자 · 군인 · 음악가 등 적어도 세계적으로 명성을 떨친 사람들은 모두가 길모의 숙주였다.

물론, 숙주가 된 사람들은 자기의 몸 안에 다른 별에서 온 생명체가 숨어 있음을 알 까닭은 없었다.

오직 인스피레이션이라는 형태로 때로 찾아드는 길모는 그들을 안전한 입장에서 지배해 온 것이었다.

마치 오랜 시간에 걸쳐서 바둑을 두듯이 길모는 긴 세월에 걸쳐서 눈에 보이지 않는 형태로 지구인들을 계속하여 지배해 온 것이었다.

한편, 우주선이 땅 위에 심하게 충돌했을 때, 대기 속에 흩어져 버린 개스 형태였던 길모는 바이러스로서 여러 가지로 돌연변이를 일으키면서 자유스럽게 살아갔다.

그들에게는 오직 살아남아야겠다는 생존본능이 있을뿐, 지성의 흔적은 찾아볼 수가 없었다.

이른바 위대한 인간의 몸 속에 숨어서 그들의 마음을 계속 지배해 온 길모의 본체와 원숭이의 몸 안에서 결정체 모양으로 잠들어 있었던 길모, 대기 속에 흩어져서 아주 작은 생명체로서 존재를 계속해 온 길모, 그들이 사실은 근원을 따지고 보면 똑같은 생명체라는 사실을 아는 이는 아무도 없었던 셈이었다.

그러나 길모의 목적은 비록 형태는 다르다고 하나 똑같은 것이었다. 지구인에게 자극을 주어서 욕망대로 살아가는 생활을 중지시키고 우주의 법칙대로 살아가는 지성있는 우주생명체로 성장시키는 것이 그들의 목적이었다.

그리하여 지구가 평화스러운 별이 되어 더 이상 전쟁을 하지 않게 되었을 때, 필요한 발명가를 통하여 성간문명을 일으켜서 고향인 시리우스 별로 돌아가는 것이 그들의 소원이었던 것이다.

그러기 위하여 불사의 생명체인 길모는 몇만 년이라고 하는, 인간으로서는 상상도 할 수 없는 길고 긴 세월에 걸쳐 눈에 띄지 않는 곳에서 그들 나름대로의 활동을 해왔다.

4

1960년대에 들어선 무렵이 아니었던가 생각된다.

장차 인류가 체험하게 될지도 모르는 제3차 세계대전에서 원폭이라든가 수폭이 쓰여질 경우, 아마도 우리네 인간들 뿐만 아니라 온 지구의 생태계가 파괴되고 이 푸른 지구는 죽음의 별로 변하게 되리라는 지식이 널리 퍼져서 사람들의 상식이 된 무렵이 아니었던가 한다.

세계를 움직이는 초강국의 군부에서는 원·수폭이 아닌 다른 방법에 의한 세계 제패를 생각해 내었다. 그 결과 연구의 대상이 된 것이 이른바 악성의 병원균을 생물학적인 병기로써 쓰는 문제였다.

적국의 국민만 죽이고 공장이나 그밖의 자원은 하나도 손상을 입히지 않고 점유하자는 작전이었다.

병리학연구실에서 병원균을 여러 가지 방법으로 괴롭혀서 돌연변이를 일으켜 최종적으로 맹독을 가진 병원균을 인공적으로 만든다. 그리하여 그 바이러스에 대한 효과있는 항독제 또는 왁찐을 발견해서 자기 나라 국민만은 질병에 걸리지 않게 하고 적국에 병원균을 퍼뜨리려는 실로 비열하기 그지 없는 작전이었다.

이와 같은 병원균의 하나로써 선택된 것이 아프리카산(産)인 푸른빛 원숭이의 몸 속에 살고 있는, 오래 전에 지성을 잃어 버린 길모의 변형인 바이러스였던 것이었다.

A국의 유력한 생물병기연구소에서는 이 바이러스를 원숭이의 몸에서 분리시켜 온갖 방법으로 괴롭혔다.

유독제라든가 방사선 에너지라든가 그밖에 생각해낼 수 있는 온갖 방법으로 시달림을 받은 이 병원균은 그때마다 대부분은 죽어갔지만 아주 소수의 바이러스만은 돌연변이를 일으켜서 살아 남았다.

그리하여 맨 마지막으로 살아 남은 병원균은 자기네 종족이 전멸되게 될 위기를 맞이하여 오래 전에 잃어버렸던 지성을 되찾게 되었다.

자기네들을 멸종시키려는 이 사악한 종족인 인류를 전멸시키지 않는 한 자기네들은 멸망하는 수밖에 다른 도리가 없다고 생각했다.

살아 남기 위해서는 인간이 갖고 있는 면역체를 파괴해야만 한다는 것, 또한 그들을 가두고 있는 유리관인 시험관에서 빠져나가기 위해 바이러스 자체의 몸체가 원자 수준으로 작아질 필요가 있음을 마침내 깨닫게 되었던 것이다.

곧 이 목적이 이루어졌다. 연구실에서 눈치채었을 때는 악성의 병원균이 유리관 속에서 연기처럼 사라진 뒤였다.

그리고 그 뒤 얼마 지나지 않아서 에이즈라는 이름의 이상스러운 성병이 유행하기 시작했다.

5

에이즈의 특징은 잠복기간이 길고 비록 보균상태라고 해도 일생 발병하지 않는 경우도 많다는 것이다.

특히 조화된 올바른 생활을 하고 있는 사람들이라든가 여성의 경우에는 발병하지 않는 비율이 굉장히 높지만, 다른 사람들에게 전염을 시킨다는 것이다.

그리고 9개월마다 대체로 보균자들의 수효는 열 배로 늘어난다고 한다. 어느 잡지의 기사에 의하면, 지금 미국의 보균자 총수효는 1억 명에 가깝다고 한다.

공식집계에 의하면 뉴욕에서만도 1만 명 이상이 감염되었다고 하지만, 실제로는 전인구의 십분의 1인 100만 명 이상이 보균상태라고 한다.

지금부터 3년에서 6년 사이에 전지구인들이 감염될 것은 거의 확실하다는 전망이다.

에이즈의 병원균은 이미 분리가 되었다고 발표하고 있지만, 그것은 진짜 에이즈는 아니기 쉬우리라는 것이 나의 의견이다. 원자 수준으로 작아진 에이즈의 병원균은 발견될 까닭이 없기 때문이다.

원자 수준으로 작아진 바이러스에게 종전의 약품을 쓴다는 것은 거의 무의미한 일이다.

전문의 병리학자도 아닌 내가 어떻게 이런 단언을 할 수 있느냐고 여러분이 의문을 느끼는 것은 지극히 당연한 일이라고 생각한다.

사실은 최근에 에이즈의 본체인 길모로부터 직접 나에게 텔레파시 통신이 들어온 것이 있다.

6

이조말기에 한국에 태어난 위대한 예언자인 강증산(姜甑山)은 '세상 사람들의 그릇된 마음을 바로잡기 위하여 20세기 말에 무서운 병이 유행하게 될 것인데, 그때 재생된 당신은 서양인이 발명한 문명의 이기를 본래의 목적과는 다른 용도로 써서 이 질병을 퇴치하여 동양과 서양을 의술에 의하여 통일하겠노라'고 밝힌 바가 있다.

나는 우연히 어떤 기회에 나 자신과 강증산의 공통점이 열 다섯 가지나 있음을 발견하고, 내가 알아낸 '옴 진동수(振動水)'야말로 장차 유행하게 될 무서운 질병을 물리칠 수 있는 하늘이 주신 무기라고 믿어온 터이다.

서양인이 발명한 문명의 이기를 그 본래의 목적과는 다른 의학용의 기구로써 사용하리라는 예언은 녹음기를 두고 한 말이 아닌가 생각된다.

녹음기는 소리를 녹음 재생시키는 장치이며, 결코 '옴 진동음'을 재생해서 물의 성질을 바꾸기 위하여 발명된 기계는 아니기 때문이다.

나는 에이즈 이야기를 들었을 때, 혹시 어쩌면 이 병이야말로 강증산이 예언한 업병(業病)이 아닌가 하는 생각을 했다.

하지만 나의 입장으로서는 에이즈 환자는 단 한 명도 만난 일도 없고, 임상 실험을 해본 일도 없는 터였기에 분명한 이야기를 할 수 없는 입장이었다.

또한 사람들을 설득시키기 위해서는 어떤 원리로 '옴 진동수'가

에이즈를 치유시킬 수 있는지에 대해, 이론적으로 납득시킬 수 있는 가설이 필요한 것도 또한 사실이었다.

단순한 직감만으로 사람들을 설득시키는 것은 불가능한 일이었다. 그것이 현실의 세상 실정인 터였다. 도대체 어떻게 되는 것일까 걱정하고 있는 동안에 에이즈는 점점 세상에 퍼져 나가고 나로서는 여간 걱정이 되었던 게 아니었다.

작년 정초의 일이었다고 생각된다.

S대학의 대학원까지 졸업하고 물리학 연구를 해서 박사가 되기 위하여 미국에 유학을 하고 있는 한 젊은 여인이 나를 찾아온 일이 있었다.

그녀는 미국의 대학에서는 박사 논문을 제출하기 전에 박사 논문을 집필할 자격이 있는지 없는지를 판단하는 시험을 받아야만 한다고 했다.

그런데 이 시험에서 그녀는 정말 어처구니없는 실수를 했다는 이야기였다. 답안에 0 하나를 잘못 기입하는 실수를 두 번이나 거듭해서 그 때문에 박사 논문을 집필할 수 있는 자격을 잃었다는 것이다.

정신이 올바른 수험생이라면 한 번의 실수는 있을 수 있겠지만, 두번씩이나 계속해서 같은 실수를 한다는 것은 도저히 생각할 수도 없는 일이었다.

아무리 생각해 보아도 자기가 어째서 이런 실수를 했는지 납득이 되지 않았던 그녀는, 아무래도 여기에는 무엇인가 상식으로서는 알수 없는 심령적인 요인이 있다고 판단했고 겨울 방학을 이용해 그 수수께끼를 풀기 위하여 나를 만나러 일부러 귀국했다는 이야기였다.

평소부터 필자가 쓴 심령학에 대한 책들을 몇 권 읽은 바 있었기에 필자와 만나면 반드시 수수께끼가 풀릴 것으로 굳게 믿었다는 이야기였다.

그런데 이상하게도 그녀와 만난 순간, 스스로를 에이즈라고 부르는 정체불명의 존재로부터 일종의 텔레파시 송신을 나는 받았다.

에이즈의 바이러스가 텔레파시 송신을 할 정도로 지성을 지닌 생명체라고는 믿어지지 않는 이야기이다.

나도 처음에는 일종의 환청이 아닌가 생각했던 게 사실이었다. 그러나 그녀를 매체로 해서 송신해 온 내용이 너무나도 이치가 정연한 데는 놀라지 않을 수가 없었다.

7

우리들은 당신네들이 에이즈라고 부르는 바이러스의 본체이다.

사실상, 우리들은 기체상태인 개스 생명체이며 지금부터 4만 2천년 전에 우주선을 타고 지구에 원정 온 시리우스 별의 우주인인 것이다.

당신네들은 지구 바깥에 나간 일이 없기에 모르고 있을 뿐이지, 실제로 이 우주에는 당신네들과 같은 육체를 가진 탄소형 생명체보다는 우리들과 같은 개스 생명체가 더 많이 존재하고 있다.

우리들은 개스 상태인 생명체이기 때문에 이 물질우주에서 활동하려면 당연히 육체를 가진 숙주(宿主)가 필요하게 된다.

당신네들이 말하는 이른바 에너지의 세계, 사념의 세계인 심령계에선 우리들은 숙주를 필요로 하지 않고 단독으로 존재할 수 있는 게 사실이다. 그러나 물질우주에서는 그럴 수가 없기 때문에 필연적으로 육체를 가진 숙주가 필요한 셈이다.

우리들은 특수합금으로 만들어진 케이스 속에 수용된 채 시리우스 별에서 발진한 우주선을 타고 이 태양계로 찾아왔던 것인데, 우리들의 우주선은 컴퓨터에 의하여 작동되고 있었고, 다만 떠돌이 별의 세계에 진입할 때만 수동장치로 작동하도록 설계된 것이었다.

지구의 궤도에 진입할 때에 수동장치로 우주선을 조종한 것은 안티노우스라고 불리우는 시리우스산의 원숭이에 속하는 생명체였다.

그런데 오랜 시간 우주여행을 하는 동안, 안티노우스는 계속해서 동면상태였었으며 동면에서 깨어났을 때, 그의 지성은 완전히 작동치를 못했다.

조그만 실수에 의하여 우리들이 타고온 우주선은 대기권을 돌입할 때 큰 화재를 일으키고 말았다.

안티노우스가 불타 죽은 것은 말할 것도 없고 우리들의 생명체를 수용했던 캡슐의 거의 대부분이 못쓰게 되었다. 겨우 몇 개만이 구명정에 실려서 땅 위에 착륙할 수가 있었다.

하지만, 그 구명정조차도 지상에 격돌하면서 우리들을 수용했던 캡슐이 대파하였고 정신을 차렸을 때 이미 우리들은 대기 속에 흩어진 뒤였다.

우리들은 1억 5천만 단위의 세포가 모이게 되면, 이 우주에서 최고의 초지성생명체 자체로 변신을 하게 되지만 개스 상태로 대기 속에 존재할 때는 오늘날 지구상에서 발견되는 흔히 보는 보통 바이러스와 같은 형태가 된다.

우리들이 어릴 때에는 이와 같은 바이러스 모양을 하고 있으며 지성의 흔적도 찾아볼 수 없는 게 사실이다.

우리들은 숙주를 찾아서 그들의 뇌 속에 기생하지 않으면 안된다.

우리들은 평상시에는 숙주의 육체 속에서 결정체의 모양을 하고 있고 비활동성이지만, 숙주의 몸 속에 병원균이 들어오게 되면 이들을 없애버린다.

암(癌)이 발생하게 되면 DNA를 조절해서 암의 성장을 막을 수도 있는 것이다. 우리들은 이와 같은 생활을 통하여 증식을 하면서 숙주의 체험을 그대로 우리들 자신의 체험으로서 받아들일 수가 있는 것이다.

우리들이 독립된 지성생명체로 성장하기 위해서는 몇 번이나 숙주의 몸을 빌리지 않으면 안되고, 또한 몇 백 년이 걸리는 것도 사실이다.

우리들이 4만 2천 년 전에 지구에 파견된 것은 이 지구 위에 장차 우주생명체로서 진화할 가능성을 지닌 고등생명체를 발견해서 그들의 육체 속에 기생하고 우리의 지능을 개발시키기 위해서였다.

그러나 불행하게도 앞서 이야기한 것과 같은 생각지도 않았던 사고로 해서 대부분의 시리우스인들은 지구의 대기 속에 흩어졌고 본래의 사명과는 아주 거리가 먼 단순한 바이러스로서 지금까지 지내온 것이다.

다행히도 충돌에 견디어서 중상을 입은 채 얼마동안 목숨을 유지한 안티노우스의 몸에서 나만이 탈출해서 때마침 근처를 지나가던 원시인의 뇌 속으로 무사히 이동을 할 수가 있었다.

그 원시인이 죽으면 나는 또다시 다른 원시인의 몸 속으로 이동을 하지 않으면 안되곤 했었다. 당신네들 인간과 달라서 불사의 생명체인 나에게 있어서도 4만 2천 년이란 세월은 아주 길게 느껴졌었던 게 사실이었다.

단명족인 당신네들 인간의 육체를 숙주로 삼고 있는 동안, 어느덧 당신네들의 시간 감각에 적응한 때문인지도 모른다.

지구의 역사상, 위대한 업적을 남긴 수많은 위인들은 사실 나의 숙주였음을 밝혀 둔다.

나는 지난 오랜 세월에 걸쳐, 사람들의 눈에 띄지 않는 곳에서 인류의 역사를 지배해 온 터이다. 알렉산더 대왕도, 시이저도, 징기스칸도, 나폴레옹도 사실은 모두 나의 숙주였던 것이었다. 그들의 뇌를 천재로 만들어서 그들의 운명을 지배한 것은 모두 내가 한 일임을 밝혀 둔다.

4만 2천 년이라는 오랜 세월에 걸쳐서 기다린 보람이 있어서 마침내 당신네 인류는 우주로 진출할 직전에 이르렀다. 한걸음만 더 나가면 당신네들은 성간문명기에 들어서게 된 것이라고 할 수 있다.

지구상에서의 우리들의 사명은 성공했기 때문에 우리들은 고향인 시리우스 별로 돌아가는 게 가능해진 것이다.

허나 그러기 위해서는 항성 사이를 비행할 수 있는 우주선을 개발하지 않으면 안된다. 그런데 여기에 바로 큰 문제가 생긴 것이었다.

시리우스인들은, 고대인의 몸 속에서 남몰래 공존하면서 그들의 수명을 연장시켜 줄 수가 있었던 것이거니와, 그들 인간들이 차차 우주의 법칙을 지키지 않게 되고, 조화가 깨진 생활을 하기 시작하고, 서로 전쟁을 하게 된 뒤에 대부분의 시리우스인들은 인간의 몸에서 탈출하여 원숭이로 이동을 했었다.

그때부터 고대의 장명속에서 인간은 단명족으로 변하게 된 것임을 알아야 한다. 당신네들의 성전에 의하여 아담의 시대에는 1천년 가까운 장수를 누렸던 인간들이 차차 시대가 지남에 따라 오늘날과 같은 단명족이 된 것으로 기록되어 있지 않은가?

그 까닭을 당신네들은 모르리라고 생각한다.

허나, 그와 같이 된 원인은 당신네들이 우주의 법칙을 지키지 않게 되어, 우리들과 공존공영할 수 없는 생각을 갖게 된 때문인 것이다.

그런데 최근, 바이러스 연구소에서는 우리들을 유용한 생물학적 무기로 개발하기 위하여 원숭이의 몸 속에서 우리들을 검출해서 괴롭히고 또 괴롭혔던 까닭에 우리들의 동포는 살아남기 위하여 하는 수없이 돌연변이를 일으켜 에이즈의 병원체로 변신하지 않을 수 없었다.

정말 큰 일이 아닐 수 없다.

이제 분명히 밝혀두거니와 우리들 길모는 당당한 우주생명체이며 어느 의미에서는 당신네들 인간들보다 훨씬 역사가 오랜 족속인 게 사실이다.

우리들에게도 살아남을 수 있는 권리는 있는 것이다. 우리들을 괴롭히는 존재를 전멸시킬 수 있는 권리도 있는 것이다.

당신네들로해서 에이즈는 두가지 면에서 돌연변이를 일으킨 것이었다. 살아남기 위해서는 인간이면 누구나 갖고 있는 면역성을 파괴하여 인간이 지니고 있는 자연 치유력을 파괴하면 된다는 것, 그리고 유리로 만든 시험관 안에서 탈출하기 위해서는 우리들의 몸의 크기를 작게 해서 원자의 수준으로 변신하면 된다는 것을 우리들은 발견한 것이다.

그리하여 이 두가지를 성공시킨 것이었다. 이때부터 이 땅위에는 에이즈라는 무서운 병이 유행하기 시작한 것임을 알아야 한다.

우리들에게 돌연변이를 일으키게 해서 적국의 국민을 권멸시킬 수 있는 생물무기로 만들려고 한 당신네들의 사악한 의도가 우주의 평화스러운 생명체인 우리들을 에이즈로 변신시켰음을 깊이 깨달아야만 한다고 생각한다.

그러나 에이즈가 대유행을 해서 인간이 멸망된다면, 우리들은 영원히 시리우스 별로 돌아갈 수 없게 됨도 또한 사실이다. 이 때문에 몹시 난처해진 것은 지성을 지닌 에이즈의 본체인 길모인 것이다.

지금, 우리들은 두 개의 전혀 성질이 다른 생명체로 분리가 된 게 사실이다. 하나는 전혀 지성이 없는 바이러스의 모양을 한 어린 시리우스 생명체이며, 다른 또 하나는 1억 5천만 개의 세포로써 이루어진 본래의 길모이다.

우리들은 별개의 우리들인 에이즈에 의하여 인류를 멸망시키고 싶지 않기 때문에 당신이 발견한 '옴 진동수'를 에이즈 환자들에게 마시게 해서 그들의 체액을 극도의 산성상태에서 약한 알키리성으로 변화시킨다면 에이즈는 결정체로 변하여 보균상태일 뿐, 표면상으로는 병이 완치되리라는 것을 알려주는 바이다.

'옴 진동수'는 자기(磁氣)를 띤 물이며, 6가우스 이상의 물이다.

전기가 잘 통하는 물이다.

석 달 이상, '옴 진동수'를 마신 에이즈 환자들에게 1만 5천 볼트에 0.025암페어의 정전기 충격을 1초에서 4초 동안 주어 보도록 하라. 그러면 에이즈 바이러스는 결정체로 변하게 되리라.

처음부터 인간의 몸에 실험하는 게 위험하다고 생각되거든 모르모트라든가 토끼를 써서 시험해 보는 게 좋으리라고 생각한다.

한편, 베에토벤의 전원 교향악이라든가 브라암스의 자장가를 초음파로 변조시켜서 24시간 동안 환자들에게 들려주는 것도 좋은 효과가 있으리라고 생각한다.

지금, 에이즈 바이러스는 원자 수준으로 개체가 축소되어 있기 때문에 일반적인 화학약품으로써는 전혀 다룰 수 없음을 알아야 한다.

초음파를 쪼이면 그들은 비활동성이 되고 결정체로 변하게 된다. 그와 동시에 그와 같은 결정체로 변한 에이즈 바이러스는 4만 2천년 이전의 본래의 모습으로 돌아가게 된다.

인간의 몸 안에서 살면서 나쁜 병원균을 없애고, 암의 발생을 막아준다면, 당신네들은 또다시 장명족으로 변하게 될 게 아니겠는가?

바이러스와 같은 아주 작은 생명체도 엄연한 생명체임을 깨닫고 그들과 공존공영할 것을 원하게 된다면 이제부터의 인류의 문화는 새로운 국면에 접어들어 크게 발전하게 되리라고 생각한다. 따라서 우리들 길모의 도움을 받아서 대우주로 진출할 수 있는 길도 열리게 되리라.

그러나 그전에 당신네들은 인간들만이 살아 남아야겠다는 좁은 소견을 버리고 다른 생명체도 사랑하고 그들과 공존공영하여야겠다는 생각을 지닌, 성숙한 마음을 가진 지성체로 변신하여야만 할 줄로 안다.

그와 같이 변신할 노력을 게을리하거나 또는 변신할 수 없을 경우에는 아마도 인류는 에이즈에 의해 멸망하게 될 것이다.

8

이것이 사실이라면 정말 굉장한 이야기가 아닐 수 없다.

이것이 사실인지, 단순한 환청이었는지를 밝히는 것은 지금은 아마도 불가능한 일이라고 생각된다.

나는 최근에는 이와 같은 글을 써본 일이 없기에 사실은 다른 작가에게 부탁을 했던 터였다. 누구라고 이름을 밝히면 여러분들도 잘 알고 있는 유명한 중견작가이다. 그러나 길모는 그에게 맡겨서는 안된다고 했다. 시간이 없다는 것이다.

그에게 쓰게 하면 정확하게 자기네들의 의도를 전하는 것도 의문이고 아마도 6개월 이상 지난 뒤가 되리라고 했다. 그래서 하는 수 없이 나 자신이 붓을 들게 된 것이다.

지난 날, 나는 분명히 많은 소설을 써온 게 사실이지만 이와 같은 종류의 글을 써보기는 처음이다.

나 자신이 생각해도 마치 작가지망의 초년생이 쓴 것같이 느껴지지만, 지금은 이와같이 쓰는 수밖에 다른 도리가 없는 셈이다.

내가 이 글을 쓰고난 뒤 일본에 갈 기회가 있어서 우연히도 두 명의 에이즈 환자에게 직접 시술을 할 기회가 있었다. 그 중 한 사람은 한때 좋아졌지만 결국 죽었고, 또 한 명의 아프리카인 소녀는 완쾌되었다.

길모의 전언이 단순한 환청은 아니었던 것으로 생각된다.

또한 필자는 인터페론의 85%를 생산하고 있다는 일본 오까야마에 있는 세계 제일의 미생물학연구소인 하야시바라연구소의 총책임자인 하야시바라 씨에게도 이 글의 일본어판을 전한 바 있음을 밝혀둔다.

9

나는 길모의 지시에 의하여 특수한 용도의 고주파 발생장치를 만든바 있고 이 기계와 '옴진동' 테이프를 갖고 또 영문판(英文版) 《경이의 심령수》 책을 만들어서 실제로 두번이나 미국에 간 일이 있고, 로스앤젤레스에 있는 어떤 여의사에게 '옴 진동'테잎과 고주파 발생 장치를 전해준 일이 있으나, 그뒤 3년이 지나도록 그들에게서는 아무런 대답이 없다.

두번째 도미했을 때는 로스앤젤레스에서 노상 강도를 만나서 하마터면 목숨을 잃을뻔한 모험도 겪어야만 했었다.

내가 받은 길모의 통신이 한낱 환청에 지나지 않는지, 사실인지는 지금의 나로서는 단정키 어렵다고 생각이 되는게 사실이지만, 만일 사실이라면 더 늦기 전에 나의 연구가 당국에 의해 받아지기를 바라는 마음 간절하다.

제 4 장

공존공영(共存共榮)의 법칙

1. 선천시대(先天時代)와 후천시대(後天時代)

불교에서는 흔히 부처님이 지배하던 선천시대가 끝나고, 미륵불이 지배하는 후천시대가 시작될 것이라는 이야기들을 한다.

어떤 이들은 아직은 선천시대가 끝나지 않았다는 사람도 있고, 어떤 이들은 이미 선천시대는 끝나고 후천시대의 입구에 들어섰다고 주장하는 이들도 있다.

선천시대가 끝나려면 천지개벽이 일어나야만 하는데 그 개벽이 없었으니, 아직 선천시대는 끝나지 않았다고 이야기하는 사람들도 많다. 그러나 나는 그렇게는 보지 않는다.

나는 몇년전 에로힘과의 싸움을 무사히 승리로 이끌었기에 후지산 폭발로 이어지는 일본열도 침몰과 극점이동(極点移動)에 따르는 천지개벽을 겪지 않고 후천시대로 넘어 왔고, 공산주의자들을 뒤에서 조절하던 에로힘의 영향력이 없어짐에 따라서 공산주의자들이 갑자기 그들이 빠져있던 잘못된 관념에서 해방이 되어서 동구라파 사태가 일어나서 동서독이 통일을 했고, 급기야는 그 거대했던 소련제국이 와해되는 현상까지 일어난 것이라고 생각이 된다.

소련에서 쿠테타가 일어났던 날 밤의 일이었다. 나는 난데없이 불광동에 살고있는 내 제자의 한 사람인 성백능(成百能)군에게 전화를 건 일이 있었다.

"여보게, 자네는 소련 사태가 어떻게 된다고 보나?"

"제가 그런 것을 어떻게 압니까?"

"이는 분명 삼일천하(三日天下)로 끝나고 마네. 무극신(無極神)께서 나를 통하여 130만명의 사람들을 지켜주는 보호령들을 움직이게 해서 삼일천하로 끝나게 하리라고 하시네. 이는 내가 하되, 내가 하는 이야기가 아니네. 무극신께서 내 입을 빌려서 하시는 말씀임을 명심해 주게. 무극신이 직접 인간사(人間事)에 관여하심은 우주법칙 제3조인 불간섭의 법칙을 어기는 일이기 때문에 나라는 인간을 통하여 역사를 하신다고 하셨네. 만일 이 말이 이루어지지 않거든 다시는 내 말에 귀를 기울이지 말게. 나는 더 이상 무극신의 대변자가 아니기 때문일세. 이 일은 후일을 위해 자네 부인에게만 이야기해 두게나. 분명히 말해두지만 삼일천하로 끝나네."

하고 나는 세번 되풀이 해서 이야기를 했다.

이 일로해서 나는 몸에 커다란 충격을 받아서 골수염이 재발하여 한국병원에 입원까지 해야만 했었다.

오른쪽 발가락 두번째에서 뼈 두 마디가 상해서 도려내는 수술을 받아야만 했고, 이때문에 나의 생일인 9월 9일(1991년) 아내와 더불어 회갑기념으로 하와이 여행을 하려던 것도 부득이 취소할 수 밖에 없었다.

한국병원 입원실에서 회갑을 외롭게 맞은 것이었고, 추석 다음날에야 간신히 퇴원할 수가 있었다.

그리고 이번에 아우들과의 업장을 풀어서 남북한의 영적인 화해를 이루는 순간, 이번에는 오른쪽 엄지 발가락에 이상이 생겨서 병원 신세를 다시 지게 된 것이었다.

내 목숨 하나를 바쳐서 남북한이 통일이 될수만 있다면 얼마던지 그럴 용의가 있지만 하늘은 아직도 나를 살려두고 쓸 필요가 있어서 이만한 고통으로 대신을 해준게 아닌가 생각된다.

지난 20년 동안, 심령능력자로 일하는 동안, 나는 여러 번에 걸처서 생사(生死)의 고비를 넘고 실제로 숨을 거두어서 거의 일곱시간 동안 가사상태를 경험한 일도 있었다.

죽음이란, 나에게 있어서 옆방으로 옮겨가는 것과 같은 지극히 일상적(日常的)인 일이었다. 하지만 죽고 싶어도 죽을 수 없는 신세가 되었다는 것은 어쩌면 죽을 자유를 상실했다는 뜻도 되는 것이기에 남들이 생각하는 것처럼 보람찬 것만은 아니라고 생각한다.

소련사태를 영적으로 해결했을 때는 둘째 발가락의 뼈가 두 마디나 썩어서 도려냈지만 이번 아우들과의 지난 날의 업장을 풀므로서 남북한의 문제가 잘 풀리도록 애쓴데 대해서는 엄지발가락이 크게 당했으니 그 업장이 얼마나 컸던가 짐작이 간다.

다행히 이번에는 일찍 손을 써서 병원에 입원까지는 하지 않았지만 12월 27일로 연기된 하와이 여행이 과연 이루어질지는 두고 볼 일이라고 생각한다.

선천시대(先天時代)는 한마디로 말해서 강육약식(強肉弱食)의 시대였고, 상극(相剋)의 시대였었다고 생각이 된다.

국회의원 한 사람이 당선되기 위해서 나머지 여러 명의 입후보자들과 싸워서 이겨야만 했었고, 강대국이 약소국을 지배하던 시대였다.

그러나 이제 우리는 후천시대로 들어왔기에 서로 돕고 사는 상부(相扶)의 시대로 들어왔고 강육약식이 아닌 공존공영(共存共榮)의 시대로 들어왔다고 생각이 된다. 서로 다투어서는 다같이 망하게 되어 있음을 깨닫게 되었기에 서로 돕는 시대로 접어든게 아닌가 생각이 된다.

이 세계에서 가장 극단적으로 대립되어 있던 남북한이 서로 돕는 시대가 열렸다는 것이 그 좋은 증거가 아닌가 한다. 여기서 사람들은 누구나 한가지 의문을 느끼게 될 것으로 생각이 된다.

여전히 국회의원 선거에서는 상극(相剋)의 원리가 지배하고 있고, 입학시험에서는 치열한 경쟁이 벌어지고 있으니 하나도 달라진 게 없지 않느냐 하는 당연한 의문이다.

나는 여기에 대하여 이렇게 대답하고저 한다. 머지않아 우리나라에서는 상극의 원리를 초월한 획기적인 국회의원 선거법이 제정되어서 더 이상은 금권(金權)과 권력이 난무하는 부정선거가 없어지게 될 것이라고 생각이 된다.

그 선거법(미래에 정해질)을 대강 소개하면 다음과 같다.

부정선거가 이루어지는 것은 유권자와 입후보자가 직접 접촉하는 과정에서 금품이 오고가는 데서 비롯되게 마련인데, 만일 유권자에게 입후보자의 정견(政見)과 사람됨은 분명히 알려주나, 그들의 접촉을 완전히 차단한다면, 부정선거는 절대 불가능해 질것이 아니겠는가?

그것이 바로 비디오를 활용한 철저한 공영제 선거제도(公營制選擧制度)이다. 입후보자는 2,000만원 정도의 공탁금을 걸고 1,500명 정도의 추천인만 얻으면 누구나 입후보를 할 수 있고 대선거구제가 되나 그들의 정견발표는 비디오 영화로 제작해서 반상회와 극장에서 무료 상연을 해서 유권자의 심판을 받게 한다.

그밖의 선거운동은 일체 금해지는 그런 선거제도가 멀지않아 제정 될 것으로 생각이 된다.

한편 학생들은 만 열세살이 되면 국가에서 철저하게 과학적인 적성검사(適性檢査)를 받게 되어 각자 진학할 방향이 정해지게 되어 모두가 헛된 소망을 갖지 않게 되고, 입학은 원하는대로 되고 졸업정원제가 되면 공부 못하는 학생들은 자연히 탈락을 하게 될 것이고, 대학졸업과 전문대 졸업, 기술 고등학교 졸업생들의 취업률의 폭이 좁아지고, 임금의 격차가 줄면 지금과 같은 대학입시 현상은 자연히 없어질 것으로 생각된다.

선천시대에서 후천시대로 옮겨 간 뚜렷한 증거는 각종 선거제도의 근본적인 개선(改善)과 교육제도의 대변화에서 그 면모를 찾아보게 될 것으로 생각이 된다.

나는 결국 지구는 하나라는 사상(思想)이 하나의 당연한 상식으로 받아들여지는 날이 멀지 않아 찾아 올 것으로 생각이 된다.

이 세계에 하나의 단위국가인 세계연방(世界聯邦)이 성립될 때, 후천시대의 막은 완전히 오르게 되는게 아닌가 생각된다.

2. 생태계(生態系) 유지의 법칙

지금 우리가 살고 있는 지구에서 압도적으로 지배적인 생명체는 인간임을 부인할 수는 없을 게다.

그러나 따지고 보면 인간만이 지구의 주인인 것은 아니다. 인간이 속해있는 종은 태성(胎性)인 온혈동물이지만, 이밖에도 난생(卵生)인 냉혈동물인 파충류에서 어류에 이르기까지, 또 이보다도 훨씬 수효가 많은 곤충의 세계까지 따진다면 동물의 세계만도 수백만종의 생명형태가 존재하고 있다.

이밖에 수많은 종류의 식물의 세계가 있다. 육상 식물이 있는가 하면 물속에서 사는 식물의 종류도 허다하다.

알고 보면 우리의 지구는 물이 풍부한 갖가지 생명체의 보고(寶庫)라고도 할 수가 있다.

그런데 그런 지구가 인간이 만들어 낸 각종 공해문명(公害文明) 때문에 죽어가고 있다. 해마다 수백종, 수천 종류의 생명체의 종(種)들이 사라져 가고 있다.

곤충은 말할 것도 없고, 각종 조류들, 물고기 종류들, 포유동물들, 그 밖에도 많은 종류들의 생명체들이 매일 매일 자취를 감추어 가고 있다.

인간으로 말미암아 생태계가 파괴되고 있다는 이야기이다. 잘 모르는 사람들은, 그까짓 다른 생명체들이야 없어지든 말든, 무슨 상관이 있느냐고 말할지도 모른다.

그러나 모든 생명체들은 하나의 쇠사슬 고리를 이루고 있어서 서로에게 의지하고 살고 있기 때문에 생태계가 파괴되면 결국은 우리 인간들도 멸종의 위기에 처하게 되어야 한다는 것을 알아야 한다.

바다가 오염이 되어 프랑크톤이 사멸(死滅)하게 되면 그 프랑크톤을 먹고 사는 여러 종류의 새우들과 작은 고기들이 먹이가 없어져서 멸종을 하게 되고, 그렇게 되면 그 수많은 새우와 작은 고기를 먹고 사는 큰 고기와 고래 같은 큰 동물들이 먹이가 없어져서 멸종을 하게 된다.

그렇게 되면 사실상 바다는 죽게 되고, 어류에 의존하고 있는 인간들에게도 중요한 단백질 식량 원천이 없어지게 된다.

각종 농약때문에 땅이 산성화(酸性化)되면 식물이 죽게 되고 산림이 공해의 산성(酸性)비로 황폐화 되게 되면 모든 동물들이 잠시도 마시지 않고는 살수 없는 산소 생산이 안되게 되어서 동물들은 숨이 막혀 죽게 된다.

땅이 죽으면 모든 종류의 박테리아들이 죽게 되어서 땅속에 무기물질이 없어지게 되니 식물은 영양부족이 되어 말라 죽게 된다.

농약으로 말미암아 벌 종류가 없어지면 꽃은 열매를 맺지 못하게 되고, 식물들은 차차 땅 위에서 사라지게 된다.

우리네 인간들이 생명을 유지하게 만들어 주는 것은 땅 속에서 살고 있는 수많은 종류의 박테리아, 곤충들, 식물들로서 어떻게 생각하면 이 땅 위에 모든 생명체가 존재하게 해주는 이들이 진정한 뜻에서 지구의 주인공들인 것이다.

여기서 오래 전에 내가 발표한 시(詩) 한수를 소개하고저 한다.

다같이 산다

박테리아와 바이러스 덕분에 흙은 비옥해진다.
비옥해진 땅에 뿌리를 내림으로써 식물도 산다.

부지런한 꿀벌 덕분에 나무들은 열매를 맺고
나무들이 뱉어내는 숨결 산소 덕분에 동물들은 산다.

또한 동물들이 뱉어내는 탄산가스로
해서 식물들은 무성해진다.

누가 누구를 돕는 것일까?
우리 모두가 서로 손을 함께 잡고
다같이 살아가자꾸나.

서울에는 지금 천만명이 넘는 많은 사람들이 살고 있고, 백만대를 넘는 자동차가 있다. 그밖의 난방기구들이 소모하는 산소량은 엄청나다. 그런데 주변의 녹지대를 마구 없앤다면 누가 산소를 만들어 주겠는가?

어느날 갑자기 우리 모두가 숨이 막혀서 순식간에 죽을 수도 있다는 사실을 우리는 알아야 한다.

앞으로는 환경청이 가장 많은 예산을 쓰는 기관으로 변하게 되리라고 생각하다. 환경오염은 인간을 위시하여 모든 다른 생명체를 사멸의 길로 이끌어 간다는 사실을 지금처럼 절실히 느낀 때는 일찌기 없었던 것이 아닌가 한다.

좀더 일반 사람들에게 환경을 오염시키는게 얼마나 위험한 일인가를 철저하게 교육시킬 필요가 있고, 국민학교 교육과정에도 환경오염에 대한 항목의 교과서가 있어야 할 것으로 생각이 된다.

우리나라는 갑자기 공업입국이 되면서 환경오염에 대한 대책을 거의 하지 않다시피 하였기에 세계에서 으뜸가는 공해국가(公害國家)가 된 것이라고 생각된다.

게다가 요즘은 바람을 타고 이웃나라의 공해까지 몰려오고 있으니 문제는 심각할 수 밖에 없다고 생각된다.

우리가 생태계를 파괴시키고, 환경을 오염시키면 결국은 우리네 자신이 어느날 갑자기 멸종하게 된다는 사실을 모두가 명심하고, 그 시급한 대책을 세워야 할 것으로 생각한다.

3. 우주법칙을 지키지 않으면 살아남지 못한다

이 우주를 지켜 주는 법칙은 크게 나누어 세가지가 있다.

첫째는 인과응보(因果應報)의 법칙이다. 무슨 일이든 한번 원인을 만들면 반드시 그 결과가 생긴다는 법칙이다.

타인을 미워하면 그 댓가로 고통이 돌아오게 마련이고, 타인을 미워하면 피가 산성(酸性)으로 변하게 되고, 간장이 나빠지게 된다.

남을 미워함은 곧 자기 몸을 해치는 결과가 됨을 알아야 한다.

어떤 말을 되풀이 하여 입에 담으면 그 구업(口業)으로 해서 말한 그대로의 일이 일어나게 된다.

인간이 환경을 오염시키고, 다른 생명체들을 학대를 하게 되면 인간도 결국은 스스로 멸종을 하게 된다.

천지(天地)를 통하여 변하지 않는 우주의 대법칙이 바로 인과응보임을 알아야 한다.

이승에서 큰 죄를 지면 당장은 벌을 받지 않아도 다음 생애에서 그 죄과를 치루게 된다.

남의 재물을 탐내어 타인을 파산하게 한 사람은 말년에 위암으로 죽게 된다. 죄를 지으면 반드시 벌을 받게 되어 있기 때문이다.

죄를 지으면 본인은 뚜렷이 의식을 하지 못해도 잠재의식과 무의식이 알고 있기에 스스로의 몸에 처벌을 내리게 되어 있음을 알아야 한다.

건강하게 살기를 원한다면 항상 명랑하고 긍정적인 생각을 갖고 살아야 하며 타인을 내 자신처럼 사랑하는 정신을 갖는게 가장 이상적인 방법이라고 생각한다.

그렇게 되면 피는 결코 산성이 되지 않는데, 핏속에 엔돌핀이 많이 분비되기 때문이다.

다음 우주법칙은 공존공영(共存共榮)의 법칙이다. 모든 생명체들은 서로가 의지해야만 생존을 유지할 수 있게 되어 있는게 이 우주의 법칙이기 때문이다.

이것은 서로가 서로에게 필요한 존재라는 이야기이기도 하다.

하늘은 결코 모든 것을 주지는 않는다.

인간에게는 지혜로운 머리를 준 대신에 다른 맹수에 비하면 허약한 몸을 갖고 있고, 곤충과 같은 강한 생명력도 갖고 있지 아니하다.

비록 몸집은 작지만 생명체로서는 곤충과 같이 완전에 가까운 형태는 없지 않나 생각이 된다.

그들은 몸집이 작기 때문에 생활공간을 많이 필요치 않고 먹이도 작아도 되나, 왕성한 번식력도 있고, 모든 장비를 다 갖추고 있고, 벌 같은 것을 보면 교통기관에다가 레이저 장치에서 적을 쓸어뜨리는 무기에다가, 기억이 유전됨으로서 인간과 같은 교육을 받음이 없이도 훌륭한 조직생활, 사회생활을 할 수 있지 아니한가?

어떻게 보면 살아남기 위해서는 우리네 인간보다 완전한 형태를 갖춘 것이 꿀벌과 같은 존재가 아닌가 생각이 된다.

모든것을 인간의 입장에서 생각할게 아니라 좀더 객관적으로 사물을 관찰할 필요가 있다고 본다.

생명체로 볼 때는, 꿀벌과 같은 곤충이 인간보다 더 진화(進化)된 생명체라는 이야기이다. 그들은 인간처럼 우주법칙을 어겨 본 일도 없기에 몇 억년 동안 생명을 유지해 온 것이 아닐까 생각이 된다.

이 지구 위에 모습을 드러낸 것으로 말한다면 이들 곤충들이 인간보다 훨씬 대선배인 것이다.

인간이 이 땅 위에 나타난 것은 고작해야 몇백만년 전이었는데 이들 곤충들은 몇억년 전부터 존재했었으니 말이다.

다음에는 우주의 대법칙의 하나인 불간섭의 법칙에 대하여 알아보기로 하자.

제 5 장

불간섭의 법칙

1. 불간섭 법칙의 원리

이 우주를 지배하는 우주법칙의 세번째 법칙이 바로 불간섭의 법칙이지만, 이런 법칙이 존재한다는 것을 알고 있는 사람들은 거의 없지 않나 생각이 된다.

나는 수많은 상담자로 부터 수없이 같은 말을 듣곤 한다. 남을 도와주면 꼭 해(害)가 돌아온다는 이야기이다.

상식적으로 볼 때, 좋은 일을 하면 좋은 결과가 찾아와야 할텐데 그렇지가 않다는 것이다.

도와 준 사람에게, 즉 은혜가 원수로 돌아온다는 것은 도대체 무슨 까닭일까 하고 나도 처음에는 의아하게 생각했던 게 사실이었다.

너무나도 같은 결과가 되풀이 되는 것을 볼 때, 여기에는 반드시 무슨 법칙이 작용하는게 아닌가 하는 생각이 들었다.

그러나 갑자기 번개같이 떠오른 생각이 있었다. 사람은 무엇인가 큰 잘못을 저지르면 속죄를 하기 위하여 큰 벌을 받게 마련인데, 그런 벌을 받음으로서 영혼은 진화(進化)를 하게 되는 것인데, 남이 받을 벌을 받지 않게 가로 막으면, 그 벌은 가로막은 사람에게 떨어지게 마련이다.

왜냐하면 이 경우, 인과응보(因果應報)의 우주법칙이 집행되는 것을 방해했기 때문에 일어난 당연한 결과가 아니겠느냐는 것이다.

씨를 뿌린 사람이 그 열매를 거두게 마련인데 이를 간섭해서는 안되기 때문이다.

나는 여기서 불간섭의 법칙이 존재함을 깨닫게 되었다. 남의 운명에 간섭을 하게 되면 인과응보와 불간섭의 법칙, 이 두 가지의 우주 법칙을 어기는게 되기 때문에 불행을 당하게 됨은 당연한 일이 아닐 수 없다.

되풀이 되는 이런 경험을 통하여 사람들은 남의 결정적인 운명에 대하여 간섭해서는 안된다는 우주법칙이 있음을 깨닫게 마련이고, 또한 인과응보의 법칙을 어겨서도 안됨을 깨닫지 않을 수 없을 것이다.

불교에서 인과응보의 법칙을 널리 이야기해 왔기 때문에 여기에 대해서는 거의 상식이 되어 있지만, 불간섭의 법칙이 있다는 것은 처음 듣는 이야기라는 분들이 많으리라고 생각한다.

보통 사람들은 이 우주를 지배하는 세가지의 법칙이 존재함을 깨닫기 위해서는 수없는 시행착오를 되풀이 해야 하고, 여기에 소요되는 시간은 대체로 12,000년, 백번 이상의 윤회전생(輪廻前生)을 통하여 얻어진다고 한다.

처음에는 인과응보, 공존공생, 불간섭의 법칙이 존재한다는 것조차 모르고 있다가 수많은 윤회를 통하여 차차 이런 우주법칙이 존재함을 깨닫게 되고, 그 우주법칙을 완전히 지킬 수 있는 사람이 될 때 그 사람의 영혼은 다시는 인간으로 태어나지 않게 되고, 신(神)으로의 진화의 길로 들어서는게 아닌가 생각이 된다.

그러니까 지금 이 책을 읽는 독자 여러분들이 이 우주는 질서정연한 세계이고, 이 세계를 바치고 있는 세 기둥은, 인과응보, 공존공생, 불간섭의 세 우주 법칙임을 인정하게 될 때 여러분들은 앞으로 수많은 윤회전생을 거치지 않고 똑바로 신(神)이 될 수 있는 지름길로 들어갈 수 있는게 아닌가 생각한다.

기독교에서는 하나님은 유일신(唯一神)이고, 나 외의 신은 섬기지 말라고 했다.

하나님 자신이 나 외의 신을 섬기지 말라고 했음은 하나님 자체가 다른 신의 존재를 인정하고 있다는 이야기가 된다. 이 말을 뒤집어 놓으면 하나님은 곧 하나님이 아니라는 이야기가 되고, 공존공영의 우주법칙을 어기는 이야기가 된다.

두번째, 살인을 한 자가 하나님 앞에 회개를 하면 그 죄는 용서가 된다. 백번 살인을 하고 백 한번 회개를 하면 그는 죄가 없어진다는 이야기이다.

이것은 분명히 인과응보의 법칙의 존재를 무시하는 이야기가 된다. 또한 끝없이 기도를 하라, 쉴새없이 기도를 하라는 말은, 타인의 사생활에 대한 심한 간섭을 뜻하는 말이 된다.

그 말대로 실천을 한다면 하루종일 기도하느라고 아무 일도 하지 못하게 된다. 기독교의 교리(教理)가 옳다면 우주의 3대법칙은 존재하지 않는게 되고, 우주법칙이 옳은 것이라면 기독교의 교리 자체가 잘못된 것이라는 이야기가 된다.

많은 종교들 가운데 기독교는 유난히 독선적인 종교임은 누구나 다 아는 사실이다. 그들이 말하는 사랑은, 같은 교인들 사이에서의 사랑을 말함이지, 안믿는 사람들도 사랑하라는 뜻은 결코 아니라고 생각한다.

더욱이 참을 수 없는 것은 아담과 이브가 하나님 앞에 죄를 지었기 때문에 모든 인간들은 태어나기 전부터 원죄(原罪)를 지고 있다는 사상이다.

앞서도 이야기했지만 사람은 죄를 짓게 되면 반드시 그에 알맞는 벌을 받아야만 마음이 편안을 얻게 마련이다. 그래서 20세기가 끝나기 전에 우리네 인류는 하늘의 심판을 받아서 멸망을 해야만 되고, 기독교 신앙에 투철했던 소수의 사람들만이 구원이 된다고 하는게 아니겠는가?

나는 여기에 이르러 기독교가 인류를 구원하기 위한 종교인지, 인간을 멸종시키기 위한 종교인지 갈피를 잡지 못하겠다.

인간은 사악(邪惡)한 존재이기에, 이들이 더 이상 문명이 발달되어서 지구 바깥으로 나가서 다른 별들의 세계까지 오염시키기 전에, 스스로 집단 최면에 의하여 멸종의 길을 가도록 그 누군가가 꾸며낸 것이 아닌가 하는 생각까지 들었던 것이다.

이제는 우리도 종교의 집단최면에서 깨어나서 좀 더 이성적(理性的)으로 생각해야 될 때가 되지 않았나 생각한다.

모든 종교들은 인간을 집단적으로 대립하게 만들었기에, 우리는 살아남으려면 종교를 졸업해야만 한다고 믿는다.

분명히 말하지만 인간에게는 원죄(原罪) 따위는 없다는 것이 나의 변함없는 신념이다.

또 아담과 이브는 이스라엘 백성들의 조상일지는 모르지만, 결코 전인류의 조상은 아니라고 생각한다.

왜냐하면 구약성경을 자세히 읽어보면 에덴 아닌 다른 곳에 다른 사람들이 살았다는 기록이 있고, 이는 곧 아담과 이브 이전에 다른 인간이 존재했다는 이야기가 되기 때문이다.

우리가 원죄의식(原罪意識)에서 해방이 될 때, 우리는 처음으로 하늘 아래, 하나도 부끄러움이 없는 자유인(自由人)이 된다는 것을 알아야 한다.

모든 사람들의 마음 속에 불성(佛性)이 있고, 양심이 존재한다. 모든 사람들 마음속에 사랑과 지혜와 힘이 깃들여 있다.

곧 당신의 마음속에 하나님은 존재한다는 이야기이다. 이제는 종교를 졸업할 때도 가까워졌다고 생각한다.

모든 인간들은 하나님의 분신(分身)이기에 그 인격이 동등하며, 모두가 양심을 지니고 있기에, 그 양심을 갈고 닦으면 어떤 종교에도 의지할 필요가 없다는게 나의 변함없는 신념(信念)이다.

내 양심이 허락치 않는 일은 하지 말며 양심이 기쁨을 느끼는 일을 행하면 되는 것이고, 이 우주를 지배하는 세가지 법칙을 잘 지켜 나가도록 하면 그것으로 충분한 것이 아니겠는가?

그렇게 될 때, 인간들은 비로소 누구나 평등한 존재로서 손에 손을 잡고, 세계 평화를 이룩하여 세계연방 성립의 길이 열릴 것으로 생각이 된다.

2. 별나라에서 온 자원봉사대들

흔히 우리들은 사람이라고 모두 사람이 아니라는 말을 한다. 또 인면수심(人面獸心)이라는 말도 있다. 겉으로 보아서는 멀쩡한 인간인데 마음은 짐승과 같다는 이야기이다.

나는 지난 20년 동안 몇만명이 넘는 수많은 사람들을 만나보고 그들을 영사(靈査)하는 가운데 몇가지 놀라운 사실들을 발견했다.

많은 인간들 가운데에는 이승으로 관광여행을 온 저승사자가 있는가 하면 용궁에서 나온 정령(精靈)들의 화신(化身)도 있고, 그런가 하면 우주인이 지구인들의 생태를 연구하기 위하여 또는 지구인을 돕기 위하여 그들의 육체는 자기네 별나라에 안치시켜 놓은채 마음만 원격이동해서 온 경우가 많음을 알았다.

겉모습은 똑같은 인간들인데, 그 본질(本質)로 보아 전혀 인간이 아닌 존재들이 우리들 주변에 많이 섞여 살고 있다는 이야기이다.

최근에 나를 찾아온 많은 사람들 가운데에는 우주인들의 화신(化身)들이 상당히 많았다. 이들에게는 몇 가지 공통된 특징들이 있다.

우선 나이에 비해 굉장히 젊고 얼굴빛이 투명하며, 모두가 어느 정도의 영능력(靈能力) 또는 초능력(超能力)을 지니고 있었다. 그리고 그들은 여느 사람들과 달라서 희로애락의 감정이 적고 무슨 일에나 완전히 몰두하는 일이 불가능했다.

항상 차거운 이성(理性)을 잃지 않는다는 이야기이다. 그리고 그들은 고독하다.

자주 밤하늘을 쳐다보고 고향을 그리워하는 이상한 버릇들이 있다. 내 고향은 이곳이 아니고, 다른 별나라라는 느낌이 항상 든다. 사람에 따라서는 정기적으로 우주선을 타고 여행하는 꿈을 꾸기도 한다.

이들이 지구에 오게 된 목적은 대체로 두 가지로 크게 나눌수가 있다.

하나는 지구인의 생태를 연구하고, 지금 진행되고 있는 문명의 척도를 보고하기 위하여 온 특파원의 경우를 들 수가 있고, 또 하나는 모범적인 지구인으로서 생활함으로서 지구인은 구제 가능한 존재라는 것을 입증하는 구실을 맡고 있는 경우이다.

다음은 생애의 어떤 시점에 나를 찾아와서 자기네의 본질을 가르쳐 받고, 외계인(外界人)으로서의 자각을 갖고 잃어버린 영능력, 또는 초능력을 개발해서 보다 적극적으로 지구인을 돕는 일을 하는 일이다.

하루에도 한 두명씩 이런 사람들이 나를 찾아오는게 요즘의 실정이다.

안타레스·실리우스·푸레아디어스·스파르 별, 그리고 아주 드물게 안드로베다 은하계와 M87 성좌에서 온 외계인들도 심심치 않게 나를 방문하고 있다.

우리가 무역의 장벽을 넘기 위하여 상대방 나라 안에 합작으로 공장을 세워서 물건을 만들어 팔면 나의 나라에 간섭하지 않는게 되어서 관세를 물지 않을 수 있듯이, 마음은 비록 외계인이지만, 육체는 지구인 부모의 몸을 빌어서 태어난다면 그들이 지구인의 운명에 간섭하는게 하나도 위법이 아니라고 할 수 있다.

다시 말해서 불간섭의 법칙을 지킨다는 이야기이다. 불간섭의 법칙을 어기게 되면 인과응보의 법칙도 어기게 되니, 영락없이 죄인이 되는 셈이다.

3. 늙지 않는 사나이

얼마전 어떤 젊은 중년부인이 나를 찾아온 일이 있었다. 남편이 성행위를 전혀 하지 않는다는 이야기였다.

남편은 자기의 이런 상태를 지극히 당연한 것으로 받아들이고 있어서 부부생활을 원하는 자기 부인을 오히려 이상한 여자로 본다는 이야기였다. 이혼을 생각하고 있는데 그 원인이 무엇인지 가르쳐 달라는 것이었다.

그러면서 남편은 지금 나이가 마흔이 가까운데 십대의 소년과 같이 젊으며, 그런 인상이 해가 거듭되어도 하나도 변하지 않는다는 이야기였다.

부인이 내어 놓은 사진을 보니 할일없는 10대 청소년의 얼굴이었다.

"어린 아이들은 비록 병들어 죽는 일은 있지만 노화현상이 없습니다. 노화현상이 일어나기 시작하는 것은 사춘기(思春期) 이후입니다. 생명의 인자(因子)가 정충과 난자로서 몸 밖으로 나가기 시작하면서 노화현상은 시작이 되게 마련입니다. 그런데 남편에게는 그런 현상이 없으니 당연히 성욕도 없게 마련이고 또 늙을수도 없는 것이죠."

하고 나는 부인의 남편이 소년같은 이유를 설명했다.

"우리는 꼭 남매 같습니다. 함께 있으면 마음은 편안하죠."

하고 부인은 한숨을 쉬었다.

"두 분은 안타레스 별에서 온 외계인입니다. 지구인의 생태를 연구하여 학위논문을 쓰기 위해 온 일종의 유학생입니다. 정상적인 부부생활을 해서 아기를 낳던지 하면 지구와 깊은 인연이 생겨서 때가 와도 본 고향별로 돌아갈 수가 없게 됩니다. 그래서 이런 생활을 하게 된 것입니다.

하고 나는 설명했다.

부인은 내 이야기가 납득이 된 눈치였다.

"부인은 지금의 남편과 이혼하고 다른 사람과 결혼해도 적응을 하기가 어렵습니다.

순수한 지구인들과는 생활감정이 다르기 때문입니다. 그때 가서는 먼저 남편과의 생활이 좋았었다고 느끼게 될 것입니다. 지금의 남편과 함께 있으면 마음은 편안하지만 다른 남자하고는 그것이 가능하지 않기 때문이죠."

하고 나는 설명을 했다.

부인은 우리 사무실에서 나갈 때는 이혼을 포기한 듯한 태도였다. 이들이 아무쪼록 행복한 생활을 하기를 바라는 마음 간절하다.

두 남녀가 생리적(生理的)으로 아무런 이상이 없는 데도 아기가 생기지 않는 부부도 외계인 남녀인 경우가 많다.

지구와 깊은 인연을 맺지 않고 생애가 끝나면 곧 자기 별로 귀환하기 위해서가 아닌가 생각되는 예라고 할 수 있다.

4. 풀리지 않는 수수께끼

지금 우리 세계에는 수많은 종교가 있지만 크게 나누면 기독교(基督教), 회교(回教), 불교(佛教)의 세가지 종교로 나눌 수 있다.

기독교는 여호와 하나님, 회교는 알라신(神) 등, 이름은 다르지만 유일신(唯一神)을 섬기는 종교이고, 다같이 우상을 배척하는 것도 공통점이다.

자기네 신과 신자들 사이에 매체가 되는게 기독교에서는 예수 그리스도이고, 회교에서는 마호멧트가 예언자로서 등장하고 있는 점도 같다고 할 수 있다.

기독교에서는 여호와 하나님은 만물(萬物)을 창조한 절대자(絶對者)이며, 인간은 그 피조물에 지나지 않는 존재에 불과하다.

인간의 조상은 아담과 이브이고, 그 아담과 이브는 하나님 앞에 죄를 지었기 때문에 후손도 태어나기 전부터 죄인이라고 하는게 기독교에서 주장하는 원죄사상(原罪思想)이다.

기독교의 한 분파인 통일교에서는 그들의 교주를 제2의 아담이라고 부르고 그를 따름으로서 원죄에서 해방이 된다고 주장한다.

통일교가 크게 발전한 것을 보면 결국 원죄에서 해방이 되어서 죄없는 인간으로 복귀된다는 사상때문이라고 생각이 된다.

기독교에서는 예수 그리스도를 진심으로 믿고 따름으로서 원죄에서 해방이 된다고 했고, 최후의 심판날에 영광된 부활의 길로 들어선다고 했다.

통일교에서는 문선명 교주에서 그의 신도들을 원죄(原罪)에서 해방시켜 주는 제2의 아담이고, 죄없는 인간으로 복귀시켜 준다고 했다.

이것을 볼 때, 사람들이 그 누구나 죄인으로 남아 있기를 가장 싫어한다는 것을 잘 알 수 있으리라고 생각한다.

그런데 불교는 조금 다르다.

사람의 마음에는 누구나 착한 마음인 불성(佛性)이 깃들여 있다고 했다.

그 사실을 인정하고 받아 들이려면 누구나 견성(見性)을 할 수가 있고 깨달을 수가 있다고 했다. 깨달으면 곧 부처요, 깨닫지 못하면 범부중생(凡夫衆生)이라고 했다.

이 세상의 욕심을 버리고 인연을 끊으면 열반의 경지(境地)에 들어가서 다시는 이 세상에 태어나지 않을 수 있다고 했다. 이 세상을 고해(苦海), 곧 괴로움의 바다로 본 것도 불교사상이다.

기독교와 회교는 착한 신자들은 천당으로 데려간다고 했고, 악한 사람들은 지옥에 떨어진다고 했고, 불교에서도 악한 인간은 지옥에 떨어진다고 했다.

이런 종교들을 자세히 살펴보면 우리의 지구는 죄인들을 수용하는 일종의 교도소라는 생각이 든다. 그리고 20세기 말에는 악인과 선인을 선별하고 지구의 교도소는 폐쇄하겠다는 생각임을 알 수가 있다.

그래서 이런 이야기를 한 사람도 있다. 이 우주의 모든 문제아동들을 수용한게 바로 우리의 지구이며, 지구인의 선조를 지구에 집단 수용시킨 어떤 절대적인 권한을 가진 조직이 있어서, 인간은 사악한 존재이나 몇 천년 동안 철저하게 종교 교육을 시켜서 악인을 면한 인간들의 영혼은 다른 세계로 데리고 가고, 끝까지 남은 악인들은 지구 바깥으로 나가서 다른 별까지 오염시키는 일이 없도록 이땅 위에 육체를 갖지 않은 영혼으로서 영원히 가두어 두자고 작심한게 아닌가 하는 생각이 든다.

영혼이란 불생불멸(不生不滅)의 존재여서 창조자의 능력으로서도 이를 소멸시킬 수 없는 것이나, 영혼이 들어 있는 육체를 없애고, 지구의 중력장(重力場) 속에 가두어 버리면, 그 때에는 이 지구가 바로 지옥이 되는게 아닌가 생각한다.

모든 종교에서 주장하는 말세사상(末世思想)은 인간은 끝내 사악한 존재라는 이야기이고 멸망의 길을 걷게 되어 있다고 몇 천년에 걸처서 집단 최면을 해온게 아닌가 한다.

하나님이나 알라신은 결코 인간을 좋게 보고 있지는 않다는 이야기이고, 흔히들 생각하는 것처럼 종교는 인간을 근본적으로 구원하기 보다는 집단최면을 걸어서, 이 지구 바깥으로는 한 발자욱도 나가지 못한채 멸종시켜야겠다고 결심하여 만든게 바로 종교가 아닌가 생각된다.

20세기 말까지 인간의 과학이 이대로 발달한다면 인간은 어차피 우주로 진출하게 되어 있기에 20세기가 가기 전에 인간을 없애버릴 필요가 생긴 것이라고 생각이 된다.

우리는 이 집단 최면에서 깨어날 때가 되었다고 생각이 된다. 우리들을 여지껏 관리해 온 보이지 않는 존재가 묶어놓은 쇠사슬을 풀고 스스로 자유인(自由人)임을 선언할 때가 왔다고 나는 믿는다.

인간은 결코 원죄를 지은 적도 없으며 모두가 사악한 존재도 결코 아니라고 생각한다. 또 아담과 이브는 유태인과 아랍인들의 조상인지는 몰라도, 결코 전인류의 조상은 될 수 없다는게 변함없는 나의 신념이다.

우리는 공해(公害)에 시달리고 있고, 에이즈와 같은 난치병에 시달리고 있지만 여기에서 해방될 방법은 분명히 있는 것이다.

내가 발견한 '옴 진동수' 복용과 '옴 진동요법'과 올바른 우주관을 갖는다는 것, 그리고 에이즈를 고칠수 있는 고주파 발생장치도 있는 것이다.

나는 실제로 유사 에이즈 환자였던 주일 세네갈 일본 대사관의 일등 서기관의 딸을 치유시킨 경험이 있다.

나는 인간이 공해(公害) 때문에 갑자기 죽게 되는 것을 방지하는 방법과 에이즈 환자를 완치시킬 수 있는 방법을 이미 여러 해 전에 발견했다.

그리고 인류를 멸망으로 이끌어 가는 각종 예언, 일종의 집단 최면에서 깨어나게 할 수 있는 올바른 인생관, 우주관을 확립한 바가 있음도 또한 사실이다.

이로써 여지껏 풀리지 않았던 수수께끼는 완전히 풀리게 되고, 우리는 세계통일을 위하여 힘찬 첫 걸음을 내 디딜수 있을 것으로 생각한다.

나는 거듭 주장한다.

인간에게는 결코 원죄(原罪)는 없으며 인간은 이제 종교에 의지하지 않고도 스스로의 힘으로 우뚝 서서 홀로 걸어 갈 수 있는 어른이 되었음을 우리 모두가 깨달아야 될 때가 왔다고 거듭 주장한다.

미래(未來)란 무엇인가?

많은 사람들이 원하고 이루고저 하는 것이 현실의 미래가 되는 것이지, 예전에 죽은 예언자들이 무책임하게 지꺼리는 예언이 우리의 미래가 되게 할 수는 없는 일이라고 생각한다.

우리는 이제 지난날의 업장을 소멸시키고, 커다란 인류애(人類愛)에 눈 뜬 새로운 인간으로서 변신(變身)을 해야 할 때가 찾아

왔음을 우리 모두가 깨달아야 될 것으로 생각한다.

제 6 장

얽힌 인연을 풀어라!

1. 얽힌 인연을 어떻게 풀것인가?

아주 활동적이고 건강한 중년남자가 겨울철에 접어들어서 일조량(日照量)이 적어지게 되면 심한 우울증에 걸리곤 한다고 했다.

매년 되풀이 되는 일이라서 가족들은 또 시작이 되었구나! 생각할 정도였는데 올해는 초겨울도 되기 전에 그 우울증이 시작이 되어서, 어느날 갑자기 직장 출근을 안하게 되었다고 했다.

환자의 형님되시는 분이, 환자의 사진을 갖고 왔는데 나는 사진을 본 순간, 소스라치게 놀라지 않을 수 없었다.

이북의 김일성 주석의 장년시절의 모습과 똑같은 얼굴이었기 때문이었다.

이야기를 들어보니 체구도 거대하고 기운이 장사라고 했다.

"아우님은 6 · 25때 전사한 사람들의 망령을 모시고 있지 않습니까"

하고 물었더니 형님은 그렇다고 했다. 6 · 25 사변때 사망한 사람들의 영혼을 매년 집단적으로 제사를 모시고 있으며, 6 · 25사변에 관한 모든 기록들을 소장하고 있노라고 했다.

"아우님에게는 김유신 장군의 혼의 분령(分靈)이 들어 있습니다. 김일성 주석과는 영적으로 보아 쌍둥이와 같은 사람입니다. 일조량이 적어지면 6 · 25때 죽은 사람들의 망령들이 빙의된 것이 표면에 나타나기 때문에 이런 현상이 일어나는 것이죠. 100일 동안, 진동수 마신 뒤에 제령을 하는게 좋겠습니다."

하여 그의 형은 아우대신 회원이 되었다. 진동수를 마신지 얼마 뒤에 본인이 직접 찾아왔는데 사진으로 본 것보다 더 거대한 체격의 인물이었다.

그뒤, 얼마가 지나서 증세가 더 심해졌다고 형님이 찾아왔으나, 나는 굳이 100일은 옴 진동수를 마시고 오라고 당부를 해서 그냥 돌려보냈다.

그뒤 두달이 지나도록 아무런 소식이 없다. 그를 통하여 남북의 얽힌 인연을 푼다면 남북 문제가 쉽게 풀리게 될 것같은 예감이 든다.

이분은 어느 고등학교 실과주임이고 평상시에는 매사가 활동적이고 정상인 분이라고 했다.

그의 우울증이 치유되기를 바라는 마음 간절하다.

2. 심장병을 앓는 부인

심장병으로 몹시 고생을 하고 있는 쉰살이 넘는 부인이 찾아온 일이 있었다.

“혹시 여행중에 이 병이 발병한게 아니었던가요?”

하고 나는 물었다.

“미국에 사는 아들네 집에 다녀오는 비행기 안에서 첫번째 발작이 일어났습니다.”

하고 환자가 대답했다.

“신디아 · 윌리암즈라는 심장병을 앓고 있던 미국 여성이 바로 손님이 앉았던 자리에서 심한 발작을 일으켜서 숨을 거둔 일이 있는데, 그 혼이 부인에게 빙의가 된 것이죠. 그 부인은 시카고에 사는 부인이었는데 그 친구 가운데 한국 교포 부인이 있었는데 부인과 얼굴이 닮았습니다. 그래서 의지해 들어온 것입니다.”

하고 나는 환자에게 이야기를 했다.

그 순간, 그때까지 뻐근했던 가슴이 갑자기 가벼워진 느낌이 들었다고 했다.

이 부인은 ‘옴 진동수’가족이 되었고, 그뒤 20일이 지난 뒤에 다시 한번 나를 찾아 왔을 때는, 경과가 매우 좋아졌노라고 했다.

100일 동안 진동수 마시게 한 뒤 제령 시술을 받으면 완쾌되리라고 생각이 되었다.

3. 소뇌 위축증 환자 이야기

며칠 전, 소뇌 위축증이라는 불치(不治)의 병에 걸려서 고민하고 있는 한 젊은이가 나를 찾아 온 일이 있었다.

그는 보디빌딩 선수로서 '미스터 서울'로 뽑힌 일도 있노라고 했다. 체격이 아주 건장한 젊은이였다.

소뇌가 위축되는 이 불치병은 현대의학으로서는 그 병의 발생원인도 알 수 없을 뿐더러 치유책도 없노라고 했다. 서서히 온 몸이 마비되어서 마침내는 전신마비를 일으켜서 심장이 멎게 되어 죽는 병이라고 했다.

나는 마음을 비우고 그를 영사를 했다. 오토바이가 버스와 충돌한 사건의 현장이 생생하게 눈 앞에 보였다.

죽은 이는 뒷골이 박살이 나고 소뇌가 박살이 나서 현장에서 죽었고, 그의 나이는 28살 된 김동건(金東建)이라는 젊은이였다. 그런데 소뇌 위축증에 걸린 환자는 이 죽은 이의 바로 형인 김동식(金東植)과 아주 닮은 모습을 하고 있어서 형인줄 알고 빙의되었다는 사실을 알게 되었다.

나는 환자에게 '옴 진동수' 세잔을 마시게 한 뒤, 옴 진동수로 세수를 시키고 간단한 시술을 해 주었다.

그랬더니 당장에 변화가 일어났다. 얼굴색이 좋아지고, 말하는 태도가 정상이었다.

시술받기 전에는 발음이 정확하지 않았는데 발음이 아주 또렷해진 것이었다.

그 자리에 있었던 다른 손님들도 이 환자의 갑작스러운 변화를 보고 모두 놀라워 했다.

'옴 진동수를 100일 복용하고 집에서 직접 시술과 사진치료를 하라고 일러서 돌려보냈다. 좋은 결과가 생기기를 바라는 마음 간절하다.

4. 黃眞伊 이야기

청산리(青山里) 벽계수(碧溪水)야 수이 감을 자랑마라
일도창해(一到蒼海)하면 다시 오기 어려워라
명월(明月)이 만공산(萬空山)하니 쉬어간들 어떠리.

해동가요(海東歌謠)속에 실려 있는 황진이가 벽계수를 두고 읊었다는 시조다.

여기서 벽계수(碧溪水)라 함은 벽계수(碧溪守)를 가리킴이고, 명월(明月)이란 황진이의 아호(雅號)이니 황진이 자신을 가리키는 말이다. 황진이가 벽계수를 유혹하노라고 읊조린 이 시조는 내가 즐겨 읊조리는 시조이기도 하다.

황진이는 이조시대에 그 명성을 드날렸고 명기(名妓)였는데 그녀의 일생이 파란만장했었다.

황진이를 두고는 멀리는 이태준(李泰俊), 가깝게는 정한숙(鄭漢淑)·유주현(柳周鉉)·안수길(安壽吉)씨 등이 작품을 남기고 있다.

나는 여러해 전 탈렌트인 사미자씨가 황진이의 재생(再生)이 아닌가 하는 이야기를 한 일이 있는데, 한이 맺힌채 세상을 떠난 황진이는 사미자씨 뿐만 아니라, 여러 분령체가 되어 여러 여인으로 거듭 태어났음을 알았다.

그중 내가 만나본 황진이 이야기를 적어보고저 한다.

올해 봄이었다고 생각한다.

얼른 보기에 여염집 부인 같지 않은 작으마하고 예쁘장한 30대의 중년 부인이 나를 찾아온 일이 있었다.

설흔이 넘도록 아직 결혼을 하지 못했노라고 했다. 남자복이 없다는 이야기였다. 나는 그녀를 본 순간, 옛 황진이를 다시 만난 느낌이었다.

나는 그녀가 전생에 명성(名聲)을 드날렸던 황진이였음을 이야기했다.

"그대의 전생 업장은 거의 소멸되었으니 천생배필이 나타날 것이오. 그는 누군고 하니 황진이 무덤에서 시조를 읊은 백호(白湖) 임제(林梯)가 다시 태어난 사람일 것이오. 앞으로 백일이 지나기 전에 그가 그대 앞에 나타날 것이오."

하고 그녀의 낭군이 될 사람의 인상을 대강 이야기해 주었다.

사무실 직원들은 모두가 내가 황당한 이야기를 하는 것으로 안 모양인데 과연 백일이 지난 뒤에 그녀는 한 사나이를 데리고 또다시 내 앞에 나타났다.

春草 우거진 곳에 자난다 누웠난다.
紅顔을 어디두고 白骨만 묻혔난다.
盞잡고 권할이 없으니 그를 설어하노라

林悌

임제, 바로 그 사람이 분명했다.

그는 고향이 울산이라고 했다. 그녀는 이 사람과 결혼하여 촌사람이 되겠노라고 했다. 도시 생활에 지쳤노라고 하며 울산에 가서 시부모 모시고 착실하게 시집살이 하겠노라고 했다.

이들은 곧 결혼을 했고 울산으로 내려갔고, 얼마 뒤 포동 포동하게 살이 찐 몰라보게 변한 모습으로 내 앞에 나타났다.

그 전에 첫눈에 나타났던 화류계 출신 여인의 인상은 자취도 찾아볼 수가 없는 현숙한 부인의 모습이었다.

나는 그녀의 지난 날의 업장이 소멸되고 새로운 삶을 시작하게 된 것을 진심으로 축하해 주었다.

며칠 전 그녀는 울산의 명물이라는 오징어를 한꾸러미 나에게 붙여 주었다.

그녀의 경우로 보아, 또달리 존재할지도 모르는 다른 황진이의 분신들도 모두 업장이 소멸되었으리라고 생각이 된다.

5. 박제상(朴提上) 이야기

박제상은 신라의 충신으로 왜국에 끌려가서 고문 끝에 세상을 떠난 사람이고, 그 부인은 돌아오지 않는 남편을 바닷가에서 기다리다가 그대로 망부석(望夫石)으로 변했다는 전설의 여주인공이다.

이 박제상이 현대에 다시 태어났다. 통일교 신자인 정한길씨가 바로 그다.

나의 회원인 박미향(朴美香氏)씨의 소개로 나를 찾아온 것은 지금 부터 몇년전 일이었다.

그는 마흔이 가까운 노총각이었다. 나는 그를 보고, 전생이 박제상과 경순왕(敬順王)의 복합령이라고 했고, 100일 동안 '옴 진동수'를 마시면 망부석이 되었던 부인이 일본 여인으로 재생하여 찾아오리라고 했다.

그 뒤 100일이 지난 뒤에 과연 한 일본 여인이 그의 앞에 나타났다.

정한길씨가 가져 온 그 여인의 사진은 서 있는 모습이었는데 할일 없는 망부석의 인상이었다.

이들은 통일교에서 주최하는 집단결혼식을 올렸는데, 얼마동안 떨어져 살아야만 했었다.

고향을 그리워 했던 박제상의 넋은 1000여년의 세월을 건너 뛰어서 현대에 태어났고, 왜국에 끌려 간 남편을 그리워하던 부인은 남편이 끌려간 왜국에 태어난 다시 천생배필을 찾아 한국에 온 격이었다.

별거의 세월이 지난 뒤, 이들은 함께 살게 되었고 귀여운 딸도 얻었다. 그 딸이 올해 1991년 12월 25일로 한 돐이 된다. 나를 비롯한 가까운 몇몇 사람들이 그의 집에 모여서 딸의 돐을 축하해 줄 생각이다.

내가 이들 부부를 위해 지은 시(詩) 한수를 소개한다.

망부석(望夫石) 되어 기다렸기에

—박제상과 그 부인의 재결합을 축하하는 노래—

오랜 옛날 신라(新羅)의 대장부
박제상은 왜국(倭國)에 사신(使臣)으로 가서
억울하게 목숨을 잃었거니
행여나 님 돌아올세라
바닷가에 선채 기다리다가
지친 몸에 그대로 망부석으로
변했다는 지극한 사랑을 지녔던
지어미의 넋이여 ———

오랜 세월이 지난 뒤에
고국을 그리던 박제상의 넋은
다시 한국사람이 되어 태어나고

왜국에 가서 돌아오지 못한
지아비를 그리던 지어미의 넋은
일본 여인으로 환생을 하였거니

이제 그들이 다시 만난 순간,
언어의 장벽을 넘어서
첫눈에 사랑의 불꽃이 튀어
가연(佳緣)을 이룩하니

진정 지고(至高)한 사랑은
천년의 긴 세월의 장벽도
국경의 장벽도 수월히
뛰어 넘을 수 있는 것이거니

진정 놀라움이 앞서는구나
진정 놀라움이 앞서는구나

천년의 긴 세월도
기다릴 수 있었거니

인제 한국말을 완전히 배울 때 까지
합궁(合宮)을 하지 않겠노라는
두 사람의 지극한 뜻이
진정 가상하구려!

이제 머지않아 두 사람의
영육이 하나로 맺어지는 날
하늘도 기뻐하리라!
땅도 기뻐하리라!

내 이것을 의심치 아니하노라.

〈하늘을 머리에 이고〉에서

정한길씨는 100일 동안 내 밑에서 수련을 쌓은 결과, 상당한 경지에 이른 영능력자가 되었고, 오로지 이 나라 이 백성들을 위하여 크게 봉사할 수 있는 인간이 되기 위하여 정진하고 있는 장차 큰 빛이 될 인물이라고 생각한다.

6. 아사달 · 아사녀 이야기

몇년 전 한 젊은이가 나를 찾아온 일이 있었다. 미국 유학을 하기 위하여 공부중인 젊은이였다.

그를 본 순간, 나는 저 유명한 무영탑(無影塔)을 지은 아사달의 재생임을 알았다. 그는 열심히 공부하는 젊은 학도일뿐, 일찌기 여자를 사귀어 본 일이 없노라고 했다.

나는 머지 않아 전생의 사랑했던 아내인 아사녀가 나타나리라고 했다.

그들이 서로 만난 순간, 사랑의 불꽃이 튀리라고 했다.

얼마 뒤, 이 젊은이는 다시 찾아와 아사녀를 만났노라고 했다.

같은 학원에 다니는 미국유학을 떠나려는 여학생인데 자기의 느낌에는 아사녀가 분명한데 자기보다 나이도 위이고 너무도 새침하고 예뻐서 말을 붙일 용기가 나지 않노라고 했다.

나는 그를 격려했다.

얼마 뒤에 이들 두 남녀는 나를 찾아왔다. 처녀가 이 젊은이와 눈길이 마주친 순간, 그때까지 앓고 있던 심장병이 치유되었다는 이야기였다.

이들은 얼마 뒤에 결혼을 했고, 내가 그들의 주례를 서주었다.

이들은 미국으로 유학을 떠났고 그뒤 딸을 낳았다. 얼마 전, 아사녀만이 일시 귀국하여 우리 사무실을 찾았다.

아사달 · 아사녀에게

——— 어느 젊은 부부의 주례를 서면서 ———

1000년 전 무영탑(無影塔)을 만든 아사달이여!

지아비 그리는 아사녀와
길이 어긋난 끝에 헤어져야만 했던
두 정다운 연인들이여.

이제 1000년이라는
긴 세월의 장벽을 넘어서
또다시 만나게 되어서
가연(佳緣)을 맺으니
이 아니 기쁘겠는가!

내가 어쩌다가 전생(前生)을
볼줄 아는 영안이 열렸기에
그대들을 다시 만나게 하여
짝을 이루게 되니
진정 감개무량하구나!

1000년 전에 심은
사랑의 씨앗이 이제
늦게나마 꽃피게 되었으니
진정 오랜 기다림의 세월이

흘러갔거니
그래도 알고 보면
1000년의 긴 세월도
한바탕 꿈인 것을

아사달과 아사녀의 넋을
가진 두 젊은이여
부디 행복하시라

간절히 빌고 또
바라는 바이라네.

긴 세월을 뛰어넘어서 두 남녀를 다시 맺게 해주는 사랑의 불길이 얼마나 끈질기고 강한 것인가를 여러분들은 잘 알았으리라고 생각한다.

그래서 나는 남녀 관계는 오직 인연으로 이루어지는 것일뿐, 선악의 개념으로 생각할 수 없다고 주장하는 것이다.

7. 남생(南生) 이야기

몇년 전 남생이 재생된 사람이 나를 찾아온 일이 있었다. 그는 전생에 지은 업장때문에 아내와 헤어져야만 했고 하나 밖에 없던 딸도 떠나 보내야만 했었다.

간신이 마련했던 집도 아내에게 위자료로 주었다고 했다. 그뒤, 그는 재혼을 했으나 몸에 당뇨가 있었다.

옴 진동수 회원이 된 덕분에 당뇨병도 치유가 되었다.

그렇게 하여 얼마 동안 행복한 생활을 해 왔는데 최근에 그가 근무하던 은행에서 말썽이 생겼다.

그는 카드담당 대리였었는데 사업을 하는 친구를 위하여 대량으로 카드를 끊어준 가운데 불량 카드가 대량으로 발생하여 사직을 하기 직전에 놓이게 되었다.

고민 끝에 당뇨가 다시 재발을 해서 쓰러졌고, 한동안 병원에 입원해야만 했었다.

그가 어제 나를 찾아와서 아무래도 남생이 지은 죄 때문에 직장마저 잃게 된것 같다고 했다.

나는 이렇게 위로를 했다.

"어쩌면 내년에 진동수 공장이 생기게 될지도 모르니 그렇게 되면 내 기꺼이 그대를 위하여 직장을 마련해 주겠오. 그동안 푹 쉬면서 몸이나 회복시키시오."
하고 이야기를 한 것이었다.

이번 일로서 그의 업장이 소멸이 된다면 정말로 다행한 일이라고 생각한다.

그를 위하여 몇년 전에 지은 시(詩) 한편을 소개한다.

남생 남곤을 생각한다

남생 남곤은
막리지(莫離支)의 아들
서로 형제이면서
원수처럼 서로를 미워했다.

신라의 요승(妖僧)이 찾아와
남생과 남곤을 서로
이간질을 시켰다.

처음에는 요승의 말을 믿지 않던 남곤이
마침내 형을 의심하게 되어
정탐꾼을 보내니
이것이 고구려의 멸망의
원인이 될줄 뉘라서 알았으랴.

남곤이 보낸 첩자는
남생의 손에 잡히었고
결정적으로 동생을
못믿게 된 형은
마침내 나라를 배신했다.

요승의 말에 귀를 기울인 탓으로
남곤이 다시 태어난 이는
심한 이명증에 괴로워 하게 되고
고구려의 수많은 백성들의
집안이 깨지고
당(唐)나라로 노예가 되어
끌려가게 하였기에
남생의 후신은 아내와 여식을
멀리 떠나 보내야만 했다.

이제 그대들의 지은 죄는
용서되었느니라.
형제가 화목치 못하면
집안도 나라도 망한다는
귀중한 교훈을
길이 후세에 남겼기에
그대들은 용서되었다고
나는 믿는다.

남생과 남곤의 넋을
가진 이들이여
마음을 가다듬어서

조국의 통일과
대아세아 공동체(共同體)의

설립을 위하여
영적인 기둥이 되라고
내 간절히 부탁하노니
천명(天命)을 기꺼이 받으시라
천명을 기꺼이 받으시라.

제 7 장

나는 이렇게 변신했다

1. 아께찌 미쓰히데 이야기

1

아께찌 미쓰히데(明知光秀)라고 해도 일본 역사에 대해서 특별한 지식이 없는 독자들은 그가 어떤 인물인지 전혀 갈피를 잡을 수 없으리라고 생각한다.

아께찌 미쓰히데는 도요도미 히데요시(豊臣秀吉)의 동료로서 오다 노부나가(織田信長) 휘하에서 일했던 당대의 명장이었다.

그는 축성(築城)의 명수이기도 했고, 또 그 당시로서는 보기 드물게 학문에 조예가 깊은 군인이기도 했었다.

또한 도요도미 히데요시와는 달라서, 미노의 명문 출신이었고, 젊은 시절에는 미노의 국주(國主)였던 사이도오 도오상(齊道道三)의 사위가 되어서 미노의 성주가 되는 게 아닌가 하는 소문도 났던 인물이었다.

그런 아께찌 미쓰히데가 혼노지(本能寺)의 난을 일으켜서 주군이었던 오다 노부나가를 암살함으로써 역적이 되었고, 그 뒤 도요도미 히데요시에게 참패한 후 역사의 표면에서 사라져 간 인물이라는 것은 일본의 역사를 조금이나마 알고 있는 사람이라면 누구나 다 알고 있는 사실이다.

충효사상을 가장 소중하게 생각했던 에도시대에는 아께찌 미쓰히데는 나쁜 인간이라는 인상이어서 일반 서민층에서는 그다지 평판이 좋지 못했던 인물이었다. 그래서 자연 일반인들은 아께찌 미쓰히데는 중요한 인물이 아니었던 것같이 생각하여 소홀히 다루기 쉬우나, 곰곰이 생각해 보면, 그 뒤의 일본 역사의 전개라는 면에서 볼 때, 아께찌 미쓰히데는 굉장히 중요한 인물이었다.

오오진(應仁)의 난에서부터 시작된 일본의 전국시대는 오다 노부나가의 힘에 의하여 거의 통일 직전에까지 이르렀던 것은 사실이지만, 오다 노부나가가 과연 천하를 통일하여 잘 다스릴 수 있는 인물이었던가에 대해서는 의문의 여지가 많았다.

천하를 통일하여 선정을 펼 수 있는 덕있는 인물로서의 노부나가는 아마도 선천적으로 무엇인가 커다란 결함이 있었던 인물이 아니었던가 싶다.

아께찌 미쓰히데가 주군이었던 오다 노부나가를 혼노지의 변에서 시역(弑逆)함으로써 히데요시는 아주 자연스럽게 천하를 통일하게 되었고, 그 뒤를 이어서 도꾸가와 이에야스가 오사까 여름, 겨울의 진(陣)에서 도요도미를 멸망시키고 에도막부 300년의 평화스러운 시대를 만들어서 오늘날에 이른 것을 생각하면 그 시점에서 만일, 아께찌 미쓰히데에 의하여 오다 노부나가가 암살되지 않았더라면 일본의 역사는 전혀 다른 것이 되었을 것이다.

오다 노부나가가 천하를 통일했더라면, 아마도 히데요시가 등장할 기회는 없었을 것이다.

노부나가에게는 아들이 많았으니까, 오다 집안이 지배하는 시대는 길게 계속 되었을 가능성이 많았으리라. 또는 오다 노부나가는 기독교에 대해서 관대했던 만큼, 어쩌면 그 시대에 포르투갈이나 스페인의 식민지가 되었을 가능성도 있었다.

또한 도꾸가와 집안이 에도막부를 세우는 것도 불가능했을 것으로 생각된다.

아마도 오다 집안은 몇대인가 계속된 뒤에 어떤 사정으로 집안

싸움이 일어나서 천하는 또다시 전국시대로 접어들었을지도 모른다.

그때는 이미 히데요시도 이에야스도 죽은 뒤니까 과연 명치(明治)초기까지 일본이라는 나라가 존재했을까도 의문이다.

전국시대가 다시 시작될 경우, 그 소란을 틈타서 아마도 스페인이라든가, 폴란드. 포르투갈 같은 나라들이 각 다이묘오(大名)들의 후원자가 되어서 아마도 일본을 이들 서구 여러 나라들의 식민지로 만들어 예전에 독립을 잃고 땅 위에서 그 모습이 사라졌을지도 모를 일이기 때문이다.

아께찌 미쓰히데가 혼노지의 난을 일으키지 않고 오다 노부나가가 천명을 다했을 경우에 대해서는 그 누구도 생각한 사람이 없는데(그렇게 많은 일본의 SF작가들도 이 문제를 주제로 삼은 소설은 쓰지 않은 것 같다) 내 생각에 의하면 아께찌 미쓰히데란 인물은 그 뒤, 일본 역사의 전개에 있어서 절대 없어서는 안될 아주 중요한 인물이었던 것이며 그때 아께찌 미쓰히데는 하늘을 대신해서 노부나가를 암살함으로써 그 뒤의 일본을 평화스러운 시대로 향하게 한 공로자였다고 생각한다.

어째서 한국인인 내가 그다지 잘 알지도 못하는 일본의 역사상에 나타난 인물에 대하여 아는 체를 하면서 긴 이야기를 한 것인지, 독자 여러분들은 이상하게 여기리라고 생각되거니와 여기에는 그만한 까닭이 있는 것이다.

주군인 노부나가를 암살했다는 양심의 가책 때문에, 난장이에 가까운 작은 몸을 지니고 재생해서 괴로워하고 있는 인물(일본인)이 직접 나를 찾아온 일이 있었고, 또한 노부나가도 생전에 이루지 못했던 천하통일의 대망을 가슴에 안고 재생하여 현실의 일본 사회에서 예능계의 유명인으로서 활약하고 있다.

물론, 아께찌 미쓰히데가 재생한 사람은 나와 만나게 됨으로써 스스로의 과거를 알게 되었고 또한 이제부터 자기가 해야 할 일이 무엇인가를 잘 납득해서 심정적으로 구제된 셈이거니와 오다 노부나가가 재생한 사람은 충분히 암시를 주었음에도 불구하고 아직 내 이야기를 전혀 믿지 않으려는 상태에 있다.

만일, 그가 자기의 전생이 누구였었다는 것에 대해서 확신을 갖는다면 그는 전생에서 이루지 못했던 천하통일의 야망을 옛날과는 전혀 다른 새로운 방법으로 이루게 되리라고 생각된다.

그는 아끼하라 요오지로오라는 인물이며 중병을 앓다가 최근 기적적으로 치유된 예능계의 유명인이다. 만일 그가 나와 만나는 일이 있게 되면 옴 진동수는 눈 깜짝 할 사이에 일본 전국에 퍼지게 되리라고 짐작한다.(주 : 이사람은 그뒤 죽었다)

앞으로 발생할지도 모르는 MM88(주 부활의 날에 나오는 병원균)과 같은 악성의 병원 바이러스로부터 일본의 국민들을 보호하는 구실을 맡게 되리라고 여겨지는 것이다.

그와 같이 된다면, 일본인들은 세계의 다른 나라들과는 달리 거의 희생을 치르지 않고 종자 백성으로 남을 수 있게 될 것이다.

아께찌 미쓰히데가 혼노지의 변을 일으켜서 주군이었던 오다 노부나가를 죽이고 그 뒤의 일본 역사를 평화스러운 시대로 유도한 것처럼, 아께찌 미쓰히데가 재생한 인물은 나와 만나서 자기의 천명을 다하게 됨으로써 전생에서는 암살했던 주군의 재생된 인물을 이번에는 도와주어 역사의 수레바퀴를 좋은 방향으로 돌려줄 수 있는 것이다.

전생에서 그러했듯이, 재생된 아께찌 미쓰히데의 이번 사명도 또한 대단한 것이라고 할 수 있다.

그러면 서두는 이만하고 본론으로 들어가자.

2

1981년, 분명 11월 초의 일이었다고 기억한다.

가을비가 부슬부슬 내리는 어느 날 아침의 일이었다.

아무런 사전 연락도 없이 전혀 알지도 못하는 일본의 젊은이가 느닷없이 내 집을 찾아왔다. 아내가 나가서 만났는데 나는 원칙적으로 오전중에는 어떤 손님도 안 만나는 터이라 집에 없다고 거절을 했다.

"저는 안선생님이 쓰신 책을 읽고 커다란 감동을 받았습니다. 꼭 만나뵈어야 겠다고 생각을 했기에 이렇게 느닷없이 찾아온 것입니다. 물론 아무런 예약도 없이 찾아온 것이 실례라는 것을 잘 알고 있습니다만, 그것은 먼 곳에서 찾아온 것을 유념해서 꼭 만날 수 있도록 해 주십시오."

하고 거의 눈물을 흘릴듯이 부탁을 함으로 아내는 할 수 없이 오후 시간에 약속을 하고 근처 여관에 우선 묵게 해 주었노라고 했다.

"정말 작은 사람이었어요. 옛날 일본 사람들이 작다는 이야기는 많이 들었지만 실제로 그렇게 작은 사람이 있는 줄은 몰랐어요. 그러나 얼굴은 잘 생긴 미남자였어요."

하고 아내는 그의 인상을 이야기해 주었다.

그날 오후였다.

그 작은 사람인 청년이 나의 집을 두번째로 찾아왔다.

현관에서 그의 모습을 본 순간이었다. '아! 아께찌 미쓰히데가 찾아왔구나!'하는 그야말로 터무니없는 영감이 내 머리 속을 스치고 지나갔다.

"알았습니다! 당신이 전생에서 누구였고, 또 왜 나를 찾아 왔는지 알았습니다!"

하고 나는 나도 모르게 소리를 질렀다. 또 동시에 어쩌면 나 자신을 구성하는 복합령 가운데는 한국인들에게 악명 높은 풍신수길이 들어있지 않나 하는 생각이 떠올랐다.

생각해 보면 풍신수길과 나 사이에는 많은 공통점이 있었다.

키가 작다는 것, 목소리가 크다는 것, 허풍이 세다는 것, 그러나 그 허풍을 사실로 만들어 가는 특수한 초능력이 있다는 것, 어느 때고 아무데서고 잠시라도 잠을 잘 수 있다는 것, 기상천외한 생각을 현실에 잘 응용한다는 것, 행동력이 비상하다는 것. 그밖에도 공통점은 많았지만, 한편으로는 전혀 닮지 않은 점도 많은 것이 사실이었다.

수길과는 달리 나는 비교적 품행이 단정한 편이며, 권력에 대해서는 전혀 흥미가 없는 터였다.

권력을 추구하는 것은 스스로 무덤을 파는 일이고 자유를 상실한다는 것을 나는 누구보다도 잘 알고 있는 터였다.

내가 한국인으로 태어난 것도 어쩌면 과거에 풍신수길이 저지른 잘못을 속죄하려고 하는 때문인지도 몰랐다.

무척 남을 위해서 노력을 했지만, 노력한 편에 비하면 나는 전혀 성공을 하지 못한 인간이라고 자부하는 터이니 이것도 전생에 풍신수길이었다면 납득이 가는 이야기라고 생각한다.

자주 외국여행을 가지만 국내에서나 국외에서나 나를 한국인으로 알아본 사람이 없는 것도 생각하면 이상한 일이 아닐 수 없었다.

공항에서 근무하는 노련한 세관원들도 언제나 나를 일본인으로 오인하곤 했기 때문이다.

열 다섯살에 해방을 맞이하여 40년 이상 쓰지 않은 일본어에 너무도 능통한 것이 이상하다면 이상할 일이 아닐 수 없다. 일본어로는 철이 난 이래 글을 써본 일이 없는 내가 지난 5년 동안 열 다섯권이 넘는 일본어로 된 책들을 써서 많은 일본인들에게 깊은 감동을 준 것도 생각하면 신기하기 이를데 없는 일이 아닐 수 없다.

하여튼 나는 느닷없이 나를 찾아온 이 젊은이를 본 순간, 그의 얼굴은 몹시 낯이 익었고 다음 순간, 틀림없는 아께찌 미쓰히데의 모습을 그대로 지니고 있음을 알았던 것이다.

"그렇습니까? 감사합니다. 그렇다면 제가 못견디게 안 선생님을 만나고 싶었던 것도 역시 의미가 있었던 셈이로군요!"
하고 자리가 정해지면서 내어놓은 그의 명함을 보니 다쓰미 미쓰마사(辰巳光政)였다.

"미쓰마사라면 옛날 무사들의 이름이군요."

"모두들 그렇게 말하더군요."

"당신은 전생에서 아께찌 미쓰히데였다고 생각됩니다. 그때 쓰던 이름 가운데 빛 광(光)자가 하나 들어 있는 셈이군요."

"하지만 제가 전생에서 아께찌 미쓰히데였었다는 무엇인가 분명한 이유라도 있는 것일까요?"

"아께찌 미쓰히데가 혼노지의 변에서 주군이었던 오다 노부나가를 죽였다는 것은 잘 알려져 있는 사실이 아닙니까?"

"네"

"그런데 말입니다. 아께찌 미쓰히데는 전국시대의 무장으로서는 드문 학문이 깊고 굉장히 양심이 발달된 사람이었습니다. 그래서 그는 자기의 주인을 암살했다는 양심의 가책 때문에 그 뒤 지장답지 않은 허무한 최후를 맞이했던 것입니다. 그로 말미암아 히데요시는 순조롭게 천하인(天下人)이 되었고, 그 뒤를 이어서 이에야스가 에도막부를 열었고 300년 가까운 평화스러운 시대가 계속될 수가 있었던 것입니다."

"네!"

"그런데 지금은 하나의 인류사가 끝나고, 새로운 장을 열게 될 직전이기에 그도 또한 다른 많은 사람들과 마찬가지로 전 세상에서 완성시키지 못했던 사명을 다하기 위하여 다쓰미군으로서 재생한 것이라고 생각됩니다. 당신의 몸이 남달리 작은 것은 미쓰히데의 양심의 가책으로 태어나는 과정에서 유전자인 DNA를 스스로 마음의 힘으로 컨트롤한 결과가 아닌가 생각됩니다."

"그렇습니까?"

"물론입니다. 그리고 미쓰히데가 주군을 시역했다는 것 때문에 얼마나 괴로워 했는가 하는 분명한 증거는 당신에게 나타나 있습니다. 당신은 다른 사람같으면 아무렇지도 않게 생각할 일에도 굉장히 양심의 가책을 느껴서 자기 자신을 괴롭히는 좋지 않은 습관을 갖고 있을 겁니다."

"그러고 보니 마음에 잡히는 바가 있습니다."

"가령 말입니다. 당신이 돈놀이를 했다고 합시다. 당신은 다른 사람들보다 적은 이자를 받으면서도 늘 양심의 가책을 받을 것입니다."

"그 말씀은 꼭 맞았습니다. 사실 저는 대학생을 상대로 소규모 돈놀이를 하고 있었습니다. 그러나 양심의 가책 때문에 제 자신이 자진해서 그만두었습니다. 그 전에는 아주 좋은 직장에서 일했었습니다만, 주변의 사람들도 모두 천절하게 대해 주었건만 왜 그런지 있기가 거북했습니다.

무엇인가 부당하게 좋은 대우를 받고 있는 것 같아서 견디지 못하고 그만두어 버리고 말았습니다. 지금은 글자 그대로 놀고 있는 신세입니다. 그동안 벌어놓은 돈으로 1년 가까이 놀고 있습니다만, 이런 생활도 괴롭기는 마찬가집입니다. 밥버러지, 너 따위는 살 가치가 없는 인간이다, 죽어버려라 라는 자살 충동때문에 괴로워하고 있는 실정입니다. 그러나 잘 생각해 보면 자살한다는 것도 죄를 저지르는 것이라고 생각이 되어서 그것도 할 수가 없는 처지입니다. 도대체 저는 어떻게 하면 좋을까요? 제발 저를 살려 주십시오." 하고 다쓰미군은 엉엉 울기 시작하는 것이었다.

나는 그저 물끄러미 지켜볼 따름이었다. 마음껏 울고나면 시원해지리라 생각했기 때문이었다.

3

"어떻습니까? 울고 나니 기분은?"

"네, 아까보다 훨씬 편안해졌습니다. 사실, 저는 그동안 혼자 있을 때도 울 수가 없었습니다. 부끄럽다, 창피하다는 생각때문에 울 수가 없었던 것입니다."

"정말 난처한 일이군요. 한마디로 말해서 당신은 무슨 일을 해도 곧 그것이 양심의 가책이 되곤 한다는 이야기군요!"

"네, 그렇습니다."

"아까도 말했지요. 당신은 틀림없는 아께찌 미쓰히데의 재생이라고 생각이 됩니다. 주군을 죽인다는 것은 전국시대의 무장으로서 지극히 당연한 일이었습니다. 다른 무장이라면 아마도 아무런 양심의 가책도 받지 않았을 것입니다. 그러나 미쓰히데만은 예외였습니다. 지장답지 않게 혼노지 사건 이후의 미쓰히데의 행동은 너무나도 갈팡질팡이었던 것입니다. 그는 천하를 얻기 위해 노부나가를 죽인 것은 아니었다는 설이 있을 정도니까요. 혼노지 사건 뒤에 미쓰히데는 스스로 서둘러서 죽은 것같은 느낌마저 드는 게 사실이고, 농부의 손에 살해를 당했으니 상식으로도 납득이 가지 않는 이야기입니다. 그러나 그것으로 끝났던 것만도 아닙니다.

미쓰히데는 그 뒤 몇 번에 걸쳐서 재생을 했지만, 언제나 자기 자신을 처벌하는 생활을 계속했던 것입니다. 이번에도 예외는 아닌 셈입니다. 양심의 가책으로 해서 스스로의 힘으로 DNA를 컨트롤해서 자기의 몸을 작게 만들었고 몸집이 큰 사람들이 많은 지금 세상에서 거북한 느낌을 자기 자신에게 강요하고 있는 것입니다."

"그렇다면 저는 도저히 구제받을 수 있는 길이 없는 것일까요?"

"그렇지는 않다고 생각합니다. 당신이 구제될 뿐만 아니라 많은 세상 사람들을 위해서도 좋은 일을 할 수 있는 길이 있다고 생각합니다."

"정말입니까?"

"물론입니다. 우선 내 이야기를 잘 들어 주시기 바랍니다. 사실상 미쓰히데는 그 뒤의 일본 역사의 전개를 위해서 굉장히 중요한 작용을 한 인물이었습니다. 그가 만일 노부나가를 죽이지 않았더라면 노부나가가 천하를 통일하기가 쉬웠을 것입니다. 물론 그렇게 되면 아들들이 많았던 노부나가의 집안은 몇 대인가 계속되었을 것입니다. 그 뒤 집안 싸움이 일어나서 천하는 또다시 전란이 일어나기가 쉬웠을 것입니다. 그때는 이미 히데요시도 이에야스도 죽은 뒤니까 전국시대가 재현되었을 것입니다. 이것을 틈 탄 서구 여러 나라의 세력들은 각 다이묘들과 손을 잡게 되고 일본은 동남 아시아 다른 나라들과 똑같은 운명의 길을 걷기가 쉬웠을 것입니다.

아케찌 미쓰히데가 없었더라면, 어쩌면 일본이라는 나라는 아주 오랜 옛날에 이 땅 위에서 사라졌을지도 모르는 일입니다. 그렇다면 아마도 오늘날의 일본은 존재할 수 없게 되었을 게고, 전세계의 정세는 지금과는 다른 역사를 만들고 있을지도 모르는 일입니다."

"과연, 듣고보니 그렇게도 생각이 되는군요."

"그러니까 아께찌 미쓰히데가 주군이었던 노부나가를 죽인 것은 긴 역사의 눈으로 보면 그 시점에서 당연히 해야만 할 일이었던 것이라고 생각이 됩니다.

노부나가는 어느 정도 천하를 통일한 것은 사실입니다만, 그 시대에 노부나가와 같은 성격이 아니었다면 여러 가지 대담한 조치를 취해서 동란 속에서 헤매던 일본 전국을 그 정도로 통일할 수는 없었겠지요. 그 뒤를 이어받은 히데요시에 의하여 일본은 완전히 통일이 되었지만 그 뒤, 근세에 이르는 300년 가까운 긴 세월을 평화스럽게 다스릴 수 있는 능력이 도요도미 집안에는 없었기 때문에 자연 도꾸가와의 손에 의하여 멸망이 되었던 것이라고 생각이 됩니다.

긴 역사의 눈으로 보면, 하늘이 시나리오를 써서 그때 그때 필요한 인물을 내어 놓아서 역사를 만들어 간 것을 알 수가 있습니다. 그러니까 아께찌 미쓰히데는 그 시점에서 당연히 해야만 할 일을 단행한 인물이었던 셈이니까 새삼스럽게 양심의 가책을 받을 필요는 없는 것입니다. 말하자면 그는 학식이 있었던 것이 화가 된 것이죠. 충효사상, 그가 신봉하고 있었던 충효사상 때문에 그는 스스로 괴로워 한 셈입니다."

"잘 알았습니다."

"그러니까 다쓰미군이 지금의 답답한 상태에서 탈출하기 위해서는 우선 내 이야기를 믿는 수밖에 없습니다.

첫째, 당신은 전생에서는 아께찌 미쓰히데였으며, 노부나가를 암살했다는 양심의 가책때문에 지금까지 고통을 받아 왔지만 그것은 당치도 않은 생각이다, 그때 미쓰히데가 노부나가를 죽인 것은 그 뒤의 일본의 역사를 정당하게 발달시키기 위해여 필요한 조치를 취한 것에 지나지 않았다는 사실을 깨닫고 양심의 가책으로부터 스스로를 해방시킬 것, 또 설사 아께찌 미쓰히데가 노부나가를 죽이지 않았다고 해도 노부나가는 어차피 죽었을 것이고 그것은 몇 백년 전에 있었던 하나의 꿈과 같은 이야기에 지나지 않는다는 것을 깨닫지 않으면 안된다는 것이 내 생각입니다."

"네, 잘 알았습니다."

"그리고 말입니다. 아께찌 미쓰히데가 다쓰미군으로서 재생하고 있는 것처럼 노부나가도 분명히 재생하고 있으며 지금 그는 매우 괴로운 입장에 놓여 있으니까 그를 도와 노부나가로서 전생에서 이루지 못했던 일을 이룰 수 있도록 도와 주는 것도 또한 가능한 일입니다."

나의 이 말을 듣고 다쓰미군이 얼마나 놀랐을까는 여러분들도 잘 상상할 수 있을 줄 안다.

"그렇다면 재생된 노부나가는 누구입니까?"

"당신도 잘 알고 있는 사람입니다. 지금 일본의 예능계에서 유명한 아끼하라 요오지로오입니다."

"네!"

"그는 지금 중병을 앓고 있어서 휴양 중입니다만, 그에게 '옴' 진동수를 마시게 해서 건강한 몸으로 변하게 하여 이 사실이 세상에 널리 알려지면 일본 사람들은 모두 구제되는 셈이죠."

"그러고 보니 그렇군요."

"그러니까 내가 쓴 책에 직접 서명을 해서 당신에게 줄 테니까 당신이 맡았다가 한 달 이상 '옴' 진동수를 마신 뒤에 그에게 우편으로 보내 주세요.

그가 나와 인연이 있다면 책을 읽고 '옴' 진동수 가족들 가운데 한 사람이 되어 줄 것이고 인연이 없다면 아무런 일도 일어나지 않을 것입니다. 그러나 당신으로서는 우선 전생에 진 빚을 갚은

게 될 것입니다."

"잘 알았습니다. 그렇게 하면 저도 지금까지 모르고 괴로워 했던 전생에 저지른 일 때문에 양심의 가책을 받아서 자기 처벌을 하고 있던 상태에서 해방이 되겠군요!"

하고 다쓰미군은 밝게 웃어 보였다.

그 뒤, 다쓰미군은 나의 집 근처에 있는 여관에 묵으면서 며칠에 걸쳐서 나와 대담을 했고, 찾아왔던 당초와는 전혀 다른 명랑한 인상을 지닌 젊은이로 변하여 돌아갔다.

4

그런데 이 이야기는 결코 여기에서 끝난 것은 아니었다. 그 뒤, 나는 같은 해 12월 20일에 또다시 일본을 방문하여 다쓰미군과 만났고 또한 후지TV의 PD들과 회견한 자리에는 다쓰미군도 합석해서 아께찌 미쓰히데에 대한 이야기를 했다.

"만일, 아끼하라 요오지로오씨와 안선생 및 다쓰미군이 함께 만나서 대담을 할 수 있다면 이것은 굉장한 이야기거리가 될 것입니다."

하고 후지TV의 PD인 고바야시씨는 말했지만,

"그러나 그것은 아마도 현실적으로는 매우 어려운 일일 것입니다. 아끼하라씨는 너무나 유명한 사람이어서 주변을 많은 사람들이 둘러싸고 있고 다쓰미군이 보낸 내 책도 과연 수중에 들어갔는지 의문이라고 생각합니다. 그리고 옴 진동수를 마시게 한다는 것도 거의 불가능에 가까운 일이 아닌가 합니다. 주치의가 지켜 보고 그렇게 할 수가 없을 것입니다."

하고 나는 쓸쓸하게 웃었다.

그 까닭인즉, 오다 노부나가가 결코 유덕한 인물이 아니었기 때문에 결국 천하를 통일하는 주인공이 될 수 없었던 것처럼, 아끼하라씨도 같은 운명의 길을 밟는 게 아닌가 생각되었기 때문이었다.

그보다도 나는 아께찌 미쓰히데의 재생이라고 생각되는 다쓰미군이 완전히 나의 말을 믿어 주어서 굉장히 명랑한 성품으로 변했고 용감하게 직업전선에 뛰어들어가 준 것이 무엇보다도 기뻤던 게 사실이었다.

그는 몇백 년 동안 계속된 양심의 가책이라는 무거운 짐에서 해방이 된 것이었다. 아무 것으로서도 지워버릴 수 없는 무거운 양심의 가책으로 몇 번이나 재생을 되풀이 하여 불행한 인생을 살아온 아께찌 미쓰히데도 지금은 다쓰미 미쓰마사라고 하는 젊은이로서 밝은 인생을 살게 된 것이며 그렇게 되기 위하여 나도 어느 정도 노력을 했음을 마음으로부터 만족하게 여겼던 것이다.

그러나 나는 이때까지만 해도 인간의 영혼이 복합령이 되어 여러 사람으로 나뉘어서 태어난다는 사실을 몰랐었고 무엇때문에 내가 다쓰미군과 만나게 되었는지 그 까닭을 잘 모르고 있었던 것이 사실이었다.

그는 많은 우여곡절 끝에 나의 일본에서의 활동을 관장하는 대표가 되었고, 나도 그에게 모든 정성과 사랑을 쏟아넣어서 어느 정도의 영능력자로 키웠고, 결혼할 처녀의 난치병도 고쳐주어서 끝내 그 처녀와 결혼하여 노총각 신세를 면하게 되었다.

그러나 그는 하치않은 오해로 나를 일본에서 쫓아내는 구실을 하고야 말았다. 내가 전생에서 풍신수길로서 주군(主君)을 죽인 그를 멸망시켜서 일본천하를 통일했듯이 이번에는 그가 나를 일본에서 쫓아내는 결정적인 구실을 한 것이고, 인과응보로서 나의 일본에서 과거에 지은 업장은 이로써 소멸이 된것이 아닌가 생각이 든다.

책도 절판이 되었기에 지금 일본에서 나를 기억하는 이들은 얼마 없으리라고 생각이 된다. 일본 사람들이 배신성이 강한 민족임을 나름대로 철저하게 경험한 셈이다.

2. 풍신수길과 요도기미 이야기

1

솔직하게 말해서 나는 40대 초반까지는 철저한 무신론자였던 게 사실이었다.

그런데 내가 40대에 들어서 아버지를 여의고 오랜 소망이었던 출판사 일을 시작한 지 2년, 〈한국아동문학선집〉을 낸 것이 큰 원인이 되어서 졸지에 파산을 하고 말았다.

사람의 일이란, 열심히 노력만 하고 지혜롭게 처세하기만 하면 우선은 성공할 수 있는 게 아닌가 생각했던 그때까지의 내 신념은 산산조각이 났고 나는 뜻하지 않게 심령능력자로서 많은 난치병 환자들을 조석으로 대하여 그들의 아픔을 내 아픔으로 삼는 생활을 하게 되었다.

의과대학의 문 앞에도 가보지 않은 내가, 현대의학에서 버림받은 수많은 난치병 환자들에게 건강을 되찾아 주는 구실을 하게 되리라고는 정말 꿈에도 생각지 않았던 일이었다.

그로부터 20년, 나는 이 길이 하늘이 나에게 주신 천명인 줄 믿고 열심히 일해 왔다. 무신론자에게 유신론자로 바뀌면서 그때까지의 다른 모든 인생관이 근본적으로 바뀐 것은 물론이었다.

그러다 심령능력자로서 일해온 지 만 10년째 되던 해, 나는 뜻하지 않은 사건에 두 번이나 말려 들었고 하루 아침에 내 신념은 흔들리고 말았다.

우주의 법칙 첫째 항목이 응과응보라면, 10년 동안 완전히 사리사욕을 버리고 봉사해 온 결과가 너무도 비참한 데 대해 나는 다시 한번 모든 것을 의심하게 된 것이었다. 생각해 보면 나에게는 납득이 가지 않는 여러 가지 의문점이 있었다.

나는 분명히 경기중학(6년제)을 졸업했건만 졸업사진이 없었고 대학도 분명히 서울대학을 졸업했건만 이 역시 졸업사진에는 끼지를 못했다.

분명히 1951년도에 경향신문을 통해 문단에 등장했건만, 언젠가 신문에 난 기사를 보면 나는 경향신문에 등단하지 않은 것으로 되어 있었다.

오늘에 이르기까지 한 번도 직장 생활을 해보지 못한 것도 이상하다면 이상한 일이 아닐 수 없었다. 이 사회에 분명히 존재하면서도 마치 그림자와 같이 눈에 띄지 않은 채 일생을 보내온 나 자신은 도대체 어떤 전생을 지니고 있었는가, 나는 언제나 이것이 궁금했다. 또한 어디서나 일본 사람으로 오인되는 것도 이상하다면 이상한 일인 터였다. 그래서 나는 심령과학이 널리 보급되어 있는 일본에 가기를 희망했던 것이다.

대륙서방과 인연을 맺은 덕분에 나는 많은 일본사람들 사이에서 널리 알려지게 되었고 또한 여러 차례에 걸쳐 일본을 방문할 기회가 있었다.

일본을 찾고 많은 일본인들의 영사를 하는 과정에서 나는 과거에 나 자신이 일본사람이었던 적이 있었음을 알게 되었고, 어째서 한국에서는 노력에 비해 성공을 거두지 못했는가에 대한 까닭도 알게 되었다.

이제, 그 이야기를 적어볼까 한다.

2

1981년 11월 초순에 후꾸오까(福岡)시를 방문했을 때의 일이다. 후꾸오까시에는 그 무렵, 나까노 찌까구니(中野史邦)라는 열성적인 회원이 있어서 이분을 중심으로 20여 명이 모인다는 일종의 간담회를 겸한 방문이었다.

이때, 나까노씨의 친구들 가운데 한 사람인, 도꾸나가(德永)씨를 소개받았는데 이분의 제자인 23세가 되는 처녀가 피부암으로 죽어가고 있는데 어떻게 살려줄 수 없겠느냐는 부탁을 받았던 것이었다.

그때, 나는 곧 도꾜에 되돌아 가서 도꾜대회를 치루어야 할 입장이 기도 했고, 왜 그런지 두려운 생각이 들기도 해서 마음이 내키지 않았으므로,

"혹시 어쩌면 다음 달에 또다시 오게 될지도 모르니까 그때 만나도록 애써 보십시다."

하고 우선은 거절을 했던 것이었다.

이 자리에서 전생이야기가 나와서 화제가 되었고 도꾸나가씨가 자기의 전생이 누구였는지 가르쳐 달라고 해서 나는 거의 무심하게,

"선생도 역시 복합령인 것 같군요. 그 중심 인물은 아무래도 도꾸가와 이에야스 같은 느낌이 드는군요."

했던 바,

"네, 저의 영혼의 일부에 도꾸가와 이에야스가 들어 있다니 좀 믿기 어려운 이야기인데요."

하고 본인은 크게 웃었지만 기분은 매우 좋은 듯한 표정이었다.

"꾀꼬리여, 울지 않는다면 울 때까지 기다리겠다! 한 격언은 도꾸나가씨의 성격과 꼭 맞습니다!"
하고 친구분이 이야기하자,
"틀림없는 이야기예요. 사실은 벌써 교장선생님이 되었어도 될 때가 지났지만, 도꾸나가 선생은 전혀 초조하지 않으시니까요."
"그러고 보니 현대에 재생한 도꾸가와 이에야스는 격이 한참 떨어진 셈이군요. 천하를 얻는 대신에 교장이 되는 것이 목적이라면 아주 좁쌀 영감이 된 셈이죠."
하여 모두들 크게 웃었던 것이었다.
그런데 이로부터 미처 한 달도 지나기 전에 필리핀의 마닐라에서 아시아 펜 대회가 있었고 나는 거의 출발 직전에 이르러서 한국 펜클럽 회원들의 일행 속에 끼게 되었다.
자주 해외여행을 해 온 터이기는 하지만, 필리핀과 대만, 홍콩은 나로서는 처음 찾는 곳이라 다소 마음이 흥분되었던 것은 사실이었다.
필리핀에서의 펜대회에서 나는 처음으로 원고없이 즉석 영어연설도 했고 또한 바기오에 살고 있는 필리핀의 유명한 심령능력자인 토니와도 만났다. 타이페이에서는 나의 심령관계 서적의 중국어판 출판에 대한 이야기도 오고가서 느닷없이 떠난 여행 쳐놓고는 상당한 성과를 올림 셈이었다.

3

고국으로 돌아오는 길에 기착한 일본에서는 언제나 그러하듯 도쿄 신주꾸의 선 루트 호텔에 여장을 풀었는데, 방 안에 들어서기가 무섭게 나는 후꾸오까의 나까노씨에게 전화를 걸었다.

전에 이야기했던 처녀의 용태에 대해서 묻고, 본인이 우리들의 체질개선연구원의 회원에 가입을 하든가, 아니면 도쿄까지의 왕복 비행기표를 사주든가 한다면 한 번 후꾸오까를 방문해도 좋다고 이야기를 했다.

그런데 나까노씨의 이야기에 의하면 이미 회원 수속을 끝냈다는 이야기였다. 그래서 후꾸오까에 가는 것은 그 자리에서 정해진 셈인데, 전화가 끝난 뒤에 나는 아주 이상한 느낌이 들었다.

전번에 후꾸오까에 갔을 때는, 왜 그런지 그 처녀와 만나는 것이 두려운 느낌이 들었던 게 사실이었는데이번에는 긴 여행으로 몸도 마음도 지쳐 있는 데다가 여비도 달랑달랑하는 상태인데 단 한 사람의 환자인 처녀를 만나기 위하여 후꾸오까까지 갈 결심을 하게 된 것이 나 자신이 생각해도 이상했던 것이었다.

지금까지의 경험으로 미루어 보아 여기에는 무엇인가 숨겨진 깊은 사연이 있구나 하는 느낌이 들었다.

나는 시미즈(清水)에 살고 계신 나까노 유우도씨와도 함께 갈 생각이었다. 그것은 앞서 북해도여행에서의 귀중한 체험이 있었기 때문이었다.

나로서는 나까노씨와 함께 가는 것은 귀중한 증인이 되어 준다는 뜻보다도 무엇인가 나까노씨도 이번 여행에 하나의 역할을 갖고 계시다는 직감을 아무래도 떨어버릴 수가 없었기 때문이었다. 다행히 나까노씨도 쾌히 승낙을 해 주어서 두 사람은 기쁘게 하네다 공항을 출발했던 것이었다.

4

후꾸오까 비행장에는 나까노 찌까구니씨가 마중을 나와 주었고,

우리들 두 사람은 곧 하까다 파크호텔에 여장을 풀고 잠시 쉰 뒤에 곧 병원에 입원하고 있는 환자를 찾았다.

만나보고 깜짝 놀란 것은 내가 짐작했던 것보다 환자의 용태가 중태라는 사실이었다. 얼굴의 반이 굉장히 부어서 눈의 위치도 바뀌고 입도 제자리에 있지 않았다. 처녀의 얼굴이라기보다는 흡사 악몽 속에 나오는 괴물을 보는 느낌이었다.

안소니 퀸이 분장한 '노틀담의 곱추'의 콰지모도 따위는 저리 가라고 할만큼 끔직스러운 얼굴이었다. 그런데 이상하게도 나에게는 그 끔직스러운 환자의 얼굴이 조금도 무섭게 느껴지지 않았을 뿐더러 애정까지도 느낄 수 있는 귀여운 얼굴로 느껴졌다.

호텔에 돌아온 뒤였다. 후꾸오까시에 살고 계신 또 하나의 회원인 오오바씨가 와서 우리들 네 사람들은 호텔에 있는 사우나에 '옴' 진동수를 만들어서 몸을 깨끗이 했다.

방으로 돌아온 직후였다고 생각된다.

나는 갑자기 몸이 오슬오슬 춥기 시작했다. 이것은 자동서기가 시작될 전조라는 것을 오랜 경험으로 잘 알고 있으므로 곧 만년필을 꺼냈던 것이었다. 갑자기 눈앞에 환상이 나타났다.

무서운 불길 속에서 완전히 타버리기 직전의 오사까성의 모습이 보임과 동시에 요도기미(淀君)의 주위를 지키고 있는 시녀들의 모습이 보임과 동시에 어디선지 음산한 중년여인의 목소리가 들려오기 시작한 것이었다.

우리들이 어떤 괴로움을 당했는지는 아무도 모른다오. 이 계집애는 그 옛날에 우리들이 상전으로 모셨던 요도기미님이시라오. 우리들의 진언을 받아들이지 않고 지옥의 고통을 스스로 불러 들여서 우리들을 모두 하나도 빠짐없이 불길의 바다 속에 끌어들인 것이라오.

당신은 바다 건너 나라의 위대한 스님이라고 들었기 때문에 사실 우리들은 마음을 합해서 하나님께 기도를 드린 것이라오.

재발 우리들을 구해 주시오.

오사까의 여름 전쟁이 우리들에게는 바로 어제 일어난 일인 것처럼 느껴진다오.

이 괴로운 기억을 지워주시오. 부탁이오.

많은 시녀들이 무서운 불길 속에 휩싸여 얼굴이 무섭게 부어오른 모습으로 죽었다는 것을 분명히 느낄 수가 있었다. 젊은 처녀가 몇십만 명 가운데 하나밖에 없다는 무서운 피부암에 걸린 까닭을 잘 알 수가 있었다.

안심하시오. 내가 온 이상은 그대들은 모두 구제되도록 되어 있소. 유계(幽界)로 가서 재생된다면 그대들은 지금까지 겪었던 괴로운 기억에서 해방되게 될 것이오.

나는 마음 속으로 이렇게 말했던 것이거니와, 이와 동시에 시녀들의 주위를 둘러싸고 활활 타오르던 무서운 불길이 꺼지기 시작한 것은 참으로 이상한 일이 아닐 수 없었다.

정말 고맙습니다!

하는 목소리와 함께 시녀들은 요도기미(주. 히데요시의 부인)를 중심으로 우아한 춤을 추기 시작하는 게 아닌가.

다음 순간, 그녀들의 모습들은 씻은 듯이 사라지고 또다른 목소리가, 이것은 목이 쉰 노인의 목소리가 들리는 것이었다.

"나의 그릇된 행동때문에 요도기미는 굉장히 괴로움을 당해야 했고, 말년에는 불바다 속에서 처참하게 불타 죽었던 것이오. 그때, 나는 이미 이승 사람이 아닌 저승 사람이었기에 오직 안타까워했을 뿐, 그대를 구할 길은 없었다오. 이번에 다시 태어난 그대의 고통을 어떻게든 덜어주려고 이렇게 달려온 것이라오."

내가 히데요시의 목소리를 들은 것은 처음이었지만, 아무래도 히데요시는 남이 아니고 나 자신의 인격을 구성하는 중요한 부분과 같이 느껴졌으며, 등골이 오싹오싹해지면서 비통하기 그지없는 기분이 되었다.

내가, 상식으로 생각해서는 회복시킬 가능성이 전혀 없는 한 여자 아이를 구하기 위해 여러 가지 어려운 조건을 무릅쓰고 달려온 것은 지극히 당연했다는 생각이 들었다.

"나까노님과 안선생님의 얼굴에서 무엇인가 흰 안개와 같은 것이 나오고 있습니다. 특히 안선생님의 얼굴에서는 무서운 힘 같은 것을 뿜어내고 있군요."

하는 오오바씨의 목소리에 나는 퍼뜩 제정신이 들었는데, 다음 순간, 이번에는 또다른 환영이 눈앞에 펼쳐졌다.

후꾸오까의 동쪽 하늘이 갑자기 밝아짐과 동시에 유계의 문이 활짝 열렸고, 다음 순간, 환자인 처녀의 병실을 향하여 무지개로 된 다리가 놓여졌다. 그와 동시에 천지에 울리는 큰 고함소리가 울려 퍼졌다.

"신대(神代)에서부터 오늘날에 이르기까지 해탈하지 못하고 지박령(地縛靈)으로서 괴로워하고 있는 영혼들이여!

잘 들으라, 내일 새벽까지 저승으로 향한 문은 열려 있으니 빨리 저승으로 가서 전생에서의 괴로운 기억에서 벗어나 거듭 태어나고 싶은 영혼들은 속히 올라오도록 하라, 알겠느냐!"

정말 큰 일이었다.

일본 전국의 여러 싸움터에서 죽은 뒤, 오늘날까지 해탈하지 못했던 망자의 영혼들이 그야말로 메뚜기 때처럼 환자의 방에 달려와서 일단 처녀 환자의 머리 속을 통과하여 무지개 다리를 건너 저승으로 가기 시작한 것이다.

모두들 나를 따르라!

말을 탄 무사들이 그야말로 대군을 이루어 저승으로 가는 장면은 전대미문의 일이 아닐 수 없었다.

오사까의 겨울 싸움, 여름 싸움에서 죽은 사람들은 물론이요, 임진왜란 때 조선에서 죽은 망령들은 하나같이 아무 쓸데없는 전쟁을 일으킨 히데요시를 원망하고 있었고 또한 히데요시를 말려서 전쟁을 중지시키지 않은 요도기미를 원망하고 있었던 것이다.

다음날, 나는 두 명의 나까노씨와 함께 병원에 가서 정식으로 제령을 했는데, 대부분의 망령들은 이미 지난 밤에 그녀의 몸에서 떠난 뒤였다.

이것으로서 요도기미는 전생에서 범한 온갖 죄에 대해서 속죄를 한 셈이었고 그녀와 관계 있는 모든 지박령들은 하나도 빠짐없이 구제가 된 것이 아닌가 생각된다.

나도 제령을 해본 경험은 수없이 많지만 이번 경우와 같이 규모가 큰 것은 처음 겪는 일이어서 역시 후꾸오까에 오기를 잘 했다고 생각하지 않을 수 없었다.

환자인 처녀는 그녀 나름대로 자기의 해야 할 일을 끝냈으니까 어느날 갑자기 편안하게 숨을 거두거나 아니면 기적적으로 회복하여 두번째 인생을 맞이하게 되리라고 생각하거니와, 어느쪽 운명을 택하느냐는 본인과 가족들의 마음씨에 달려 있다고 나는 생각했다.

결국 이 처녀는 어느 날 갑자기 조용히 세상을 떠났다고 한다. 그리고 나까노 유우도씨가 알려온 바에 의하면 누군가에 의해 쓰여진 요도기미의 전기 속에 나온 요도기미의 얼굴이 후꾸오까의 환자와 똑같았노라고 했다.

3. 알리고 싶지 않은 과거

1

흔히 있는 속담으로서 '털어서 먼지 안나는 사람 있느냐?'라는 말이 있다.

이 말은 알고 보면 이 세상에는 크고 작고의 차이는 있겠지만 죄 안지은 사람이 어디 있겠느냐는 이야기가 아닌가 한다. 죄란, 남이 보기에는 하찮은 것이라고 해도 본인이 양심의 가책을 느끼는 일이라면 죄에 해당되는 것이 아닌가 나는 생각한다.

이 말을 반대로 풀면 일반이 생각해서 아무리 큰 죄를 지은 사람이라도 본인의 양심의 가책이 없고 떳떳할 경우에는 죄가 될 수 없다는 해석도 가능해지는 것이라고 본다.

안중근 의사가 이등박문을 암살할 것은 그 당시 일본사람들의 입장에서 본다면 분명히 커다란 죄를 지은 것이 되겠으나 한국인의 입장에서 보면 크게 나라를 사랑한 애국행위가 되는 셈이다.

나는 생각하기를 지난 과거세에서 누구보다도 수많은 죄를 지은 사람이라고 본다.

권력을 추구하기 위해서는 많은 애매한 사람들도 죽였고 누명도 씌웠었기에 나는 이번 세상에 태어나서는 권력하고는 한 번도 인연을 맺은 일도 없을 뿐더러 자신이 하지 않은 일에 대해서 많은 누명을 써온 것도 사실이었다.

남에게 억울한 누명을 씌운다는 것이 얼마나 나쁜 일인가를 뼈아

프게 체험한 셈이다.

과거세에서 수많은 죄를 지었기에 나는 그 죄를 속죄하기 위해 다시 거듭 태어난 것이고 수많은 좋은 일을 함으로써만 속죄는 이루어질 것으로 생각된다.

과연 내가 살아 있는 동안에 속죄를 끝낼 수 있을지는 의문이지만, 하여튼 나로서는 목숨이 다하는 날까지 인류 동포들을 위하는 일이라면 진일 마른일을 가리지 않고 신명을 다할 각오는 이미 되어 있는 터이다.

그러기에 나는 과거세에 지은 죄는 이미 엎질러진 물과 다름없기에 이를 부인하지도 변명하려고도 하지 않는다.

그러나 인간인 이상, 남에게 알리고 싶지 않은 과거도 많은 게 사실이다. 오늘은 그러한 이야기 몇 가지를 소개하여 볼까 한다.

이 책에서 나는 과거에 위대했던 군주였다는 이야기를 몇 번인가 적은 바 있기에 밸런스를 잡는 뜻에서도 기억하고 싶지 않은, 되도록이면 잊고 지내고 싶었던 과거의 체험담을 굳이 밝히려는 것이다.

2

일본의 전국시대의 역사도 그 무렵의 이야기를 쓴 많은 전기물들이 널리 소개된 터이라 우리나라 독자들 가운데도 지금은 어느 정도 상식이 되어 있지 않는가 생각이 된다.

혼노지(本能寺)의 변에서 히데요시의 주군이었던 오다 노부나가가 마지막으로 장렬히 자살을 한 것은 분명한 사실이지만 그의 정실 부인이었던 오노오(濃)도 함께 타죽었는지 어떤지는 분명치가 않다.

일설에 의하면 그녀도 나기나다라는 긴 칼을 마구 휘두르면서 용감하게 싸웠다는 이야기도 있지만, 아무래도 이것은 사실과는 거리가 먼 이야기가 아닌가 생각된다.

노부나가에게는 수많은 첩실이 있었고, 오노오는 그 당시 풍습으로서는 이미 남편과 잠자리를 같이 할 나이를 지났었기에 아마도 혼노지에는 따라가지 않았으리라는 설도 있다. 하지만 오노오가 언제 죽었는지에 대해서도 전혀 기록이 없고 또한 무덤도 남아 있지 않다고 한다.

이를테면 언제부터인지 그녀는 행방불명의 여인이 되어 있는 셈이라고 하겠다.

그녀의 친정아버지였던 미노의 군주였던 사이도오 도오상(齊藤道三)이 죽은 뒤에 미노에 추방되었다는 설도 있기는 하지만 그것도 분명한 증거는 없다.

도대체 오노오는 어떻게 된 것일까? 노부나가쯤 되는 인물의 정실부인이었던 오노오의 말년의 기록이 전혀 남아 있지 않다는 것은 아무리 생각해도 이상한 일이 아닐 수 없다.

또한 생각해 본다면 나같은 사람이 무엇이 아쉬워서 이다지도 그녀에 대해서 신경이 쓰이는지 그것도 이상한 일이 아닐 수 없다. 그런데 이상하게도 우연한 기회에 이 오노오의 말년에 대한 진짜 사실을 알게 되었다.

일본의 우리 회원들 가운데 야마다 게이꼬라는 분이 있는데 이 사람은 상당한 실력을 가진 초능력자로서 이른바 영사능력을 갖춘 여성이다.

이 게이꼬양이 어느날, 도꾜의 선 루트 호텔에서 나와 만나 이야기를 나누던 중, 갑자기 이런 이야기를 했다.

"제 복합령 가운데에는 분명히 노부나가의 부인이었던 오노오도

들어 있는 것 같아요! 그런데 그녀는 혼노지에서는 죽지 않은 게 분명합니다.”

그 순간이었다. 마치 계시를 받은 것처럼 떠오르는 생각이 있었다. 오노오의 말년에 관한 긴 이야기가 순식간에 주마등과 같이 내 눈앞을 스치고 지나간 것이라고나 할까 그러나 나중에 생각해 보니 나로서는 결코 기억해내고 싶지 않았던 과거세의 추억이었던 셈이었다.

하지만 한 번 무의식의 세계에서 표면의식에 떠오른 기억을 다시 쉽사리 잊을 수는 없는 법이다.

3

내가 기억하는 한, 도요도미 히데요시와 아께찌 미쓰히데는 생전에는 꽤 사이가 좋았던 게 아닌가 싶다.

히데요시는 그 나름대로 학문에 조예가 있었고 축성의 명인이기도 했던 미쓰히데를 존경해 왔고, 미쓰히데는 또 그 나름대로 이 바닥에서부터 기어올라 온 히데요시의 만만치 않음을 눈여겨 보고 있었던 게 아닌가 한다.

노부나가의 큐슈(九州) 공략이 결정되던 날 밤의 일일 것이다.

히데요시는 미쓰히데의 청을 받고 그와 남몰래 만났던 일이 있는 것 같다.

이때 두 사람 사이에 오고간 대담의 내용을 기억이 허락하는 한 적어보려고 한다. 미쓰히데가 첫번째 던진 말은,

“주군도 참으로 딱하신 분이시오. 공로가 있는 가신(家臣)들을 쓸대로 쓰고는 이렇게 버리신다면 앞날이 걱정이 되오.

다음은 임자 차례로구료!”

"네?"

"생각해 보시구료. 임자의 규슈 정벌이 성공을 하든 실패를 하든 임자는 주군에게 더 이상 필요하지 않게 될 것이 뻔한 일 아니겠소?"

"딴은 그렇군요."

"실토를 하자면 나는 주군께서 히에이산(比叡山)의 절들을 불지르게 했을 때, 이미 실망을 했었던 것이었오. 신불을 두려워하지 않는 주군과 같은 분이 천하를 통일했을 때, 어떠한 일이 일어날까 생각해 보구료. 하지만 그 무렵, 나에게는 많은 가신들이 있었기에 마음은 이미 주군의 곁에서 떠났지만 하는 수 없이 따라갔던 것이라오. 그러나 이제 와서는 모든 것을 잃고 오히려 마음이 가쁜해진 것이라오."

"참으로 딱한 일이외다!"

"아니오, 동정해 줄 것은 하나도 없다고 생각하오. 나는 이번 일을 기회로 하늘을 대신해서 주군을 쳐 없앨 결심이오."

"원 무슨 당치도 않은 말씀을."

하고 히데요시가 두려움에 떨며 새파랗게 질렸던 것은 더 말할 것도 없는 일이었다.

"그러니까 임자가 천하의 주인이 되시오. 임자는 그럴만한 그릇이라고 생각하오!

천하를 평화로써를 통일해 주시오. 그렇게 할 결심만 하여 준다면 미쓰히데는 비록 역적의 더러운 이름을 뒤집어 써도 좋다고 생각하오."

"허나 그렇게 되면 당신께서 너무나도 애처롭지 않소."

"아니오, 나에게는 내가 가야 할 길이 있는 것이요. 임자에게 멸망당한 것으로 하여 이 미쓰히데는 세상을 버리고 이 전국시대에 태어났기에 아까운 목숨을 버려야만 했던 많은 해탈하지 못한 영혼들을 공양하기 위해 남은 여생을 바칠 결심이오. 또한 필요하다면 임자가 천하의 주인이 되도록 지혜를 빌려드리리다."

"고맙소이다! 이 은혜는 결코 잊지 않으리라."

하고 히데요시는 감격의 눈물을 흘렸다.

"그리고 또 하나는 노부나가공의 정실이신 오노오, 그분은 내가 나머지 여생을 사랑으로써 돌보아드리고 싶소이다."

"뭐라고요"

하고 히데요시가 소스라치게 놀란 것은 당연한 일이었다.

"오이찌(주 노부나가의 누이로서 절세의 미인. 히데요시가 짝사랑 했음) 그분을 맞이할 수 있다면 임자는 무슨 짓이고 할 거요. 나도 마찬가지요. 사나이란 반한 여인에게는 마음이 약해지는 법이라오."

히데요시는 그저 넋을 잃고 멍하니 바라다볼 뿐이었다.

"그분은 당신 스스로의 마음으로 나를 따라올 분은 아니오. 그런 고로 혼노지의 사건을 일으키기 전에 구해 낼 생각이오. 만일 그분이 내 뜻을 따른다면 중국 땅에 건너가서 그곳에서 말년을 보낼 생각이요."

"잘 알았소이다. 그렇다면 중국 땅에 건너가는 차비는 이 몸이 마련해 드리리다."

4

나의 영혼을 구성하는 복합령(複合靈)들 가운데에는 분명히 히데요시가 있으며 다쓰미 미쓰마사의 영혼 속에도 분명히 미쓰히데가 존재한다고 생각이 되는데, 두 사람은 서로 짜고 연극을 꾸몄던 것이 아닌가 한다.

다쓰미군은 자기의 영혼 속에 아께찌 미쓰히데가 있다고 내가 이야기해 준 것에 대하여 한때 이를 부인(否認)하고 나를 굉장히 원망한 일도 있었으나, 시간이 지남에 따라서 그때 내가 한 영사가 옳았었다는 증거가 자꾸 나타나게 된 게 사실이다.

그러나 히데요시와 미쓰히데가 공모해서 오노오 부인을 혼노지에서 구조하여 중국 땅에 망명시킨 것은 내 자신도 다쓰미군도 다같이 생각해 내고 싶지 않은 과거세의 거억인 것이다.

결국 오노오 부인은 당신의 처지를 비관하여 정신착란에 가까운 상태에서 자살을 했던 게 아닌가 한다.

미쓰히데의 뜻을 따르지 않았음은 물론이었다.

이 오노오부인의 영혼이 몇 사람으로 나뉘어서 다시 재생하여 우리들과 만나게 되고, 여러가지 사건이 전개 되는데 이것은 또다른 기회에 적어볼까 한다.

5

나의 글을 읽은 독자 여러분들 가운데에는 많은 반발을 느낄분도 있으리라고 생각된다.

안동민이가 무엇이길래 과거의 천하영웅들의 영혼을 전부 갖고 있다는 것이냐고 반발을 느끼신 분도 꽤 많으리라고 생각한다.

그래서 다름이 아니라, 나는 과거세에 동물이었던 기억도 있다는 이야기이다.

벌써 십여 년 전 일이었다고 생각된다. 그 무렵, 나는 아직 전문적인 심령능력자는 아니었었다.

동민문화사라는 작은 출판사의 사장으로서 한껏 부푼 꿈을 안고 열심히 뛰던 시절이었다. 손님들을 접대할 일이 있어서 하루는 낙원

동에 있는 어느 술집에 놀러간 일이 있었다.

그때, 내 곁에 앉은 호스테스가 이상하게도 내 마음을 끌었다. 오랜 세월이 지난 지금은 어떻게 생긴 여자인지 전혀 그 얼굴 모습도 생각나지 않지만, 하여튼 키가 자그마하고 어딘지 고양이 같은 인상을 주는 여인이었던 것만은 기억이 난다.

술이 취한 김에 횡설수설하다가 다음날 낮에 T다방에서 만나서 함께 온천이라도 놀러가자는 약속이 되었다.

그런데 다음날 약속한 시간이 다가왔을 때였다.

이 여자와 만나서 행여 육체관계라도 갖는 날이면, 나는 아내와 헤어지게 되고 운명이 바뀌리라는 예감이 들었다.

동시에 그녀는 페르샤 궁전에서 살던 고양이었고, 그때 나는 숫표범이었다는 터무니 없는 환상이 떠오른 것이었다.

그때 이들은 서로 마음으로 사랑했지만 워낙 종류가 다른 짐승이라 아무런 일도 없었고, 그때의 간절한 바램이 원인이 되어 이번에는 인간이 되어서 재회했으니, 두 사람 사이에 무슨 일이 일어나면 간단한 불장난으로 끝나지는 않으리라는 예감이 들었다.

나는 직원에게 돈을 주어서 그녀에게 전달시키고 회사 일이 바빠서 약속을 지키지 못해 미안하다는 편지를 전했다. 그 뒤, 다시는 그 술집을 찾지 않았고 그녀도 만나지 못했지만 과거세에 자기 자신이 맹수였었다는 기억은 나로서는 큰 충격이 아닐 수 없었다.

이밖에도 나에게는 기억하고 싶지 않은 과거가 많지만, 우선은 이정도로 그친다.

4. 노스트라다무스의 유서

1

지난해 초가을, 그러니까 9월 들어서 첫주일이 시작되던 날이 아니었던가 한다.

그때, 나는 《제령(除靈)》과 《심령문답》의 일어판 원고를 갖고 일본 도쿄 신주꾸(新宿)에 있는 선 루트 호텔에 유숙을 하고 있었다.

대륙서방의 초청을 받고 두번째로 도일한 셈이었다.

어디를 가나 책에 대해서만 관심이 있는 나는 그날도 기노꾸니야 서점에 들러 한아름의 신간서들을 사들고 돌아오는데 호텔 로비에서 기다리고 있던 웬 중년 남자가 반색을 하면서 달려 왔다.

"이거 동민이 아닌가! 나를 몰라보겠는가?"

하는데 어딘지 외국인같은 인상을 주는 장발의 신사를 나는 통 누군지 알아 볼 수가 없어서 민망했다.

"누구신지요? 저는 직업상 하두 여러 사람들을 만나보는 처지라, 얼른 뉘신지 생각이 나지 않는군요?"

"허긴 그럴 게야! 고등학교를 졸업하고는 처음 만나는 셈이니까, 우리가 헤어진 지 30년도 넘지 아마. 자네가 나를 몰라보는 것도 당연한 일인지도 몰라!"

하는 데서야 나는 그가 누군지 어렴풋이나마 짐작이 가는 듯했다.

"그럼 자네도 K고등학교 출신이란 말이로구먼."

동창생이라는 말을 듣는 순간 나도 모르게 말투가 변하고 말았다.

"이르다 뿐인가 내가 누군지 아나? 마천성(馬天聲)일세. 성도 이름도 괴짜라서 꽤 친구들에게 놀림도 많이 받았었지. 피세우스(주. 천마라는 뜻) 라는 별명을 지어준 게 바로 자네였었지, 아마."

그때서야 나는 그가 누군지 분명히 기억해낼 수가 있었다. 나는 덥석 그의 두 손을 잡았다.

"정말 미안하네. 자네를 알아보지 못하다니 나도 인제 늙었나 보네. 30여 년만에 자네를 만나는 것은 처음이네만, 동창회에서 소식은 늘 듣고 있었지 프랑스 대사관에 근무하고 있다면서……"

자세히 보니, 과연 그에게는 아직도 옛모습이 그대로 남아 있는 듯했다.

고등학교 학생 치고는 드물게 수염이 많은 학생이어서 늘 텁수룩하게 하고 다닌다고 해서 훈육주임에게 여러 번 혼찌검을 당했던 친구였었다. 이제 보니 벌써 흰 머리가 반백이 넘는 듯했다. 세월의 흐름은 어쩔 수 없구나 하는 생각이 들었다.

"그건 그렇고, 내가 선 루트 호텔에 유숙하고 있다는 것은 어떻게 알았나? 하여튼 마실 것이라도 들면서 이야기를 하세그려."

고등학교 동창이란 참으로 좋았다.

언제 어디서 만나도, 긴 세월의 흐름을 단숨에 뛰어 넘어 옛날로 돌아갈 수 있으니까 말이다.

아랫층 식당에 들어가 서로 자리가 정해진 뒤였다. 한 순간, 마천성은 무엇인가 의미심장한 표정으로 나를 물끄러미 바라다보고 있더니,

"자네는 꿈이라는 것을 믿나?"

하고 묻는 것이었다.

"꿈을 믿느냐고? 나야 심령과학자가 아닌가. 꿈이 지니고 있는

신비성을 인정한다네. 수많은 꿈 가운데에는 이른바 영몽(靈夢)이라는 게 있으니까.

꿈 덕분에 대발견을 한 이도 있고, 명곡을 지은 이도 있고, 그런가 하면 위험한 재난에서 목숨을 건진 사람도 있다지 않던가"

"내가 오늘 자네를 만나게 된 것은 순전히 꿈 탓일세. 나는 이번에 근무지가 바뀌어서 사무인계차 한국으로 돌아가는 길이었다네. 그런데 어젯밤에 정말 이상한 꿈을 꾸었지 뭐겠나. 이 선 루트 호텔의 지붕 위에 D. M. AHN이라는 엄청나게 큰 네온사인이 빛나는 천연색 꿈을 꾼 데다가, 거기에 곁들여서 자네의 얼굴이 밤하늘에 크게 나타난 걸세. 처음에는 D. M. AHN이 무슨 뜻인지 몰랐었는데 자네 얼굴이 나타나는 순간, 자네 이름이라는 것이 생각이 났던 것이라네. 사실은 그렇지 않아도, 나는 이번에 귀국하면 자네를 꼭 만나보아야 할 입장이었거든. 설마 자네가 도꾜에 와 있으리라고는 생각지도 않았었거든. 하지만 꿈이 너무나도 선명하고 이상해서 필시 무슨 사연이 있구나 싶어서 서울에 있는 동창회 회장집으로 전화를 걸었던 것이라네. 녀석, 몹시 놀라더군. 새벽 4시에 전화를 걸었었거든, 그에게 물어보아서 자네가 신주꾸의 선 루트에 있다는 것을 알았지만, 정말 놀라지 않을 수 없었지. 설마 꿈대로 자네가 여기 머무르고 있으리라고는 처음에는 믿지 않았기 때문일세."

"자네는 역시 피세우스야, 영감이 대단하구먼!"

"그걸 말이라고 하나? 하늘의 계시를 알리는 소리인데 어디 가겠나"

해서 우리는 크게 웃었다.

"자네는 심령과학을 연구하고 있다니까 프랑스의 유명한 예언자인 노스트라다무스를 모르지야 않겠지?"

하고 마천성이 호기심이 가득 찬 표정으로 입을 열었다.

"노스트라다무스를 모를 까닭이 있나? 그렇지 않아도 다음 내가 쓸 책에서는 노스트라다무스를 취급해 볼 생각이었다네."

"역시 인연이 있었군그래. 이렇게 말하면 자네도 얼른 믿기가 어렵겠지만, 사실 내가 자네를 만나려고 온 것은 노스트라다무스가 남기고 간, 세상에서는 아무도 모르는 그의 유언서를 전하기 위해서였다네."

"유언서라니? 400여 년 전에 죽은 그가 나에게 유언서를 남기다니……이거 또 자네 나를 놀리려는 게 아닌가?"

"남이 이렇게 진지하게 이야기하고 있는데 자네답지 않게 그게 무슨 소린가? 그는 분명히 초인이었네. 400여 년이 넘는 세월의 장벽을 넘어서 그는 자네가 동방의 조용한 나라에 태어난다는 것을 미리 알고 있었던 거라네."

"정말 믿을 수 없는 소리로구먼. 내가 그토록 중요한 인물이란 말인가?"

하고 나는 어이없는 웃음을 웃을 수밖에 없었다.

"그의 유언에 의하면 자네는 굉장히 중요한 인물인 게 분명하네. 아니, 어쩌면 자네는 노스트라다무스 자신의 재생일지도 모르는 걸세. 노스트라다무스는 긴 세월의 장벽을 넘어서 장차 태어날 자기의 분신에게 하나의 유언서를 남겨놓았던 것이라네.

그의 후손 가운데 마지막 인물이 그 유서를 나에게 전해 주면서 자네에게 꼭 전해 주라고 한 것이라네."

갈수록 믿기 어려운 이야기로구먼."

"그럴 걸세. 나도 처음에 이 이야기를 들었을 때는 머리가 돈 영감의 허튼 수작이라고 생각했으니까…… 자네가 믿지 못하겠다는 것도 충분히 납득이 되네그려."

"그렇다면 노스트라다무스의 먼 후손되는 사람이 자네를 찾아와서 그 유서라는 것을 건네주면서 나의 이름을 지적했단 말인가?"

"그런 것은 아니야, 한국인 가운데, 그 중에서도 내가 아는 사람들 가운데 D.M. 이 머릿 글자인 인물은 분명히 있을 것이라는 이야기였었네. D.M.은 동시에 동양인이라는 뜻을 가진 이름의 이니셜이기도 하다는 이야기였네. 그때까지만 해도, 나는 설마 그 D.M.이 자네 이름인 동민, 즉 동쪽 사람, 동양인을 뜻하는 것인 줄은 전혀 짐작도 하지 못했던 게 사실이었다네.

그래서 거절을 했던 것이라네. 이름에 대한 수수께끼를 풀 자신이 통 없었기 때문이었네. 그랬더니 그 노인이 막 흐느껴 울면서 자기는 이 유언서를 D.M.에게 전하기 위해서 태어난 것이나 다름없다는 이야기였네. 그래 할 수 없이 맡은 것이었는데, 어젯밤 꿈을 꾸고서야 D.M.이라는 것을 몰랐어도 어차피 자네를 찾아가서 부탁할 참이었네. 하여튼 내가 아는 사람들 가운데 신비현상에 관심이 있을 것같은 인물은 자네밖에 없었기 때문이었네."

하고 마천성은 이 세상에 전혀 알려져 있지 않은 노스트라다무스의 유서를 손에 넣게 된 경위를 자세히 이야기하는 것이었다.

2

마천성이 노스트라다무스의 마지막 후손이라는, 그 리용에서 온 노인을 만난 것은 그때부터 꼭 일 년 전 일이었다고 한다.

그날 아침, 다천성이 대사관에 출근을 하니까 그 노인은 벌써부터 그를 기다리고 있었다고 한다.

"피세우스 선생이시죠?"

하길래

"저는 피세우스가 아니라, 마천성이라는 사람인데요."

하니까

"말이 하늘의 소리를 전한다는 그런 뜻을 가진 이름이 아니신가요?"

"그런데요."

"그렇다면 제가 옳게 찾아온 게 분명합니다. 사실은 노스트라다무스가 저의 먼 조상입니다.

저는 앙리 벨톤 노스트라다무스, 그분의 유일한 후손입니다. 제가 세상을 떠나면 그분의 핏줄은 완전히 이땅 위에서 사라지는 셈이죠."

하고 노인은 몹시 반가와했다고 한다.

이날 마천성은 앙리 벨톤 노스트라다무스로부터 해괴한 소리를 들었다고 했다.

앙리 노인의 꿈 속에 노스트라다무스가 세번씩이나 나타나, 파리에 있는 한국대사관에 가서 말이라는 성을 갖고 있고 그 이름의 뜻이 하늘의 계시라는 그런 사람을 만나보고 자기의 유서를 전해달라고 했다는 것이었다.

이 무슈 마의 친구 가운데 D.M. 동양인이라는 이름을 가진 사람이 분명히 있을 것이며, 그는 바로 자기의 재생이니 그에게 유서를 전해 주어야 한다고 했다는 이야기였다.

"이 할아버지의 유서를 전하기 위해서 저는 세상에 태어난 것이나 다름이 없습니다. 우리 집안에는 오래 전부터 이런 전설에 내려오고 있었습니다. 세상이 끝나기 전에 노스트라다무스 할아버지가 다시 태어난다는 것, 그는 동방의 조용한 아침의 나라에 태어날 것이며 그에게 노스트라다무스 자신이 남긴 유서를 꼭 전해야만 한다는 것, 그렇게 되면 세상은 멸망을 면하게 되리라고 했던 것입니다.

또한 노스트라다무스의 마지막 후손의 시대에 그는 재생한다고 했습니다. 그런데 제가 그분의 마지막 자손입니다. 저에게는 가까운 친척도 자식도 없습니다. 저는 벌써 3대째 내려오는 독자입니다. 저는 20년 전, 아버지의 임종의 자리에서 이 이야기를 들었습니다. 이것이 400년 이상 내려온 우리 집안의 전통이었습니다. 우리의 선조들은 모두, 임종 직전에 그의 큰아들에게 똑같은 유언을 하고 노스트라다무스의 친필로 된 유서를 건네 주곤 했던 것입니다."

하고 앙리 노인은 비단보에 싼 양피지에 쓴 노스트라다무스의 유서를 마천성에게 건네 주고는 마치 모든 책임을 다한 사람처럼, 그 자리에서 정신을 잃고 말았으며 끝내 그날 밤을 넘기지 못하고 사립 병원에서 운명을 하고 말았다는 이야기였다.

"그러니 생각해 보게. 나는 뜻하지 않았던 엄청난 무거운 짐을 지게 된 셈이었네. 그 유서를 꼭 D.M. 동양인이라는 한국인에게 전해 주어야만 한다는데. 그런 이름을 가진 한국인은 아무리 생각해도 머리에 떠오르지 않았던 것일세."

"알만하네."

"그런데 어젯밤 꿈을 꾸고서야 D.M. 동양인의 수수께끼를 간신히 풀 수가 있었던 것일세."

하고 마천성은 앙리 노인에게서 물려 받았다는 노스트라다무스의 유서를 넘겨 주는 것이었다.

"자네가 혹시 해석을 하지 못할까 해서 여기 내가 서투른 번역을 해놓았으니까 참고를 해주기 바라네."

하고 마천성은 이야기를 끝내었다.

3

여기 노스트라다무스가 400년이 넘는 긴 시간의 장벽을 넘어서 뒷날 다시 태어나리라고 믿은, 스스로의 재생된 인물인 나에게 전해 준 유서의 내용을 그대로 소개해 볼까 한다.

나의 사랑하는 D.M. 동방의 조용한 아침의 나라에 태어난 사랑스러운 동양인, 그대는 나의 분신이노라.

나는 보았노라.

그대 D.M.의 도움 없이는 세상이 끝나게 됨을.

그대가 세상에 태어나 이 우주에 가득 찬 생명의 진동(振動)을 우리 모두의 후손에게 전할 때, 별개의 것은 태어나리니, 그들은 이 땅 위에 또 다른 왕국을 세우리라.

그대는 분명, 시간의 장벽을 넘어 태어난 나의 분신이기에 이 글을 본 순간, 기억하게 되리라. 그대 자신이 노스트라다무스였음을!

내가 남겨 놓은 제세기(諸世紀)를 보라! 그 속에는 분명히 그대의 출현을 알리는 노래들이 있나니! 또한 그대가 우리 모두의 후손들에게 해야 할 일들이 무엇임을 깨닫게 되리라!

임종을 며칠 앞두고

노스트라다무스

□추 신

나의 후손들은 들으라!

이 유서는 절대로 세상에 공개되어서는 아니되며, 장자(長子)는 세상을 떠나기 전에 이 유서를 그의 장자에게 전하라. 나의 마지막 후손이 아마도 D.M.에게 이 유서를 전하게 되리니 D.M.에게 유서를 직접 전할 사람은 D.M.과 같은 나라 사람으로서 하늘의 계시를 알리는 말이라는 뜻을 가진 이름의 사람일 것이며 그가 파리에 오게 되면, 그때 나의 후손의 꿈 속에 나타나 이를 알리리라.!

내가 앞으로 몇 백 년 동안에 일어날 많은 재앙을 알린 것은 라파엘 천사의 인도로 된 일이며 나의 예언은 어김없이 이루어질 것이며, 이는 D.M.이 장차 이를 인류구원의 사업을 돕기 위함이니라!

부디 의심하지 말고 내 유언의 뜻대로 집행하라. 나의 후손들이여! 만일 내 뜻을 어기면, 그대들에게 하늘의 큰 벌이 내리리라.

노스트라다무스

내가 마천성으로부터 이 유서를 받고 얻은 충격은 대단했다.

나는 사람이 몇 번이고 거듭 태어난다는 사실을 믿어 온 터이지만, 정말 꿈에도 생각지 않았던 프랑스의 예언자 노스트라다무스의 친필로 된 이 유서 앞에서는 오직 할 말을 잊고 망연해질 수밖에 없었다.

400년이 넘어 긴 시간의 장벽을 넘어 나를 찾아온 노스트라다무스의 유서, 그는 중세에 살았던 다른 사람들과는 달리 인간이 다시 태어난다는 것을 믿었던 게 분명했다.

나는 이날 마천성과 헤어지는 길로 곧 다시 서점을 찾았다.

노스트라다무스의 제세기 번역판이 틀림없이 일본에서 출간되었으리라는 생각이 들었기 때문이었다. 여러 군데 서점을 헤맨 끝에 간다(神田)의 어느 조그만 서점에서 그 책을 발견했다.

다마 출판에서 출간된《노스트라다무스 대예언》원전이라는 책이었다.

노스트라다무스의 대예언시가 하나도 빠짐없이 실려 있을 뿐 아니라, 이 책을 편찬한 헨리 C.로버트의 해석과 오오노리 가즈꼬

(大乘和子)의 일본어역이 아울러 실린 책이었다.

나는 이 책을 하룻밤 동안에 독파하고 큰 충격을 받았다. 분명히 내 이름을 지적했다고 생각되는 시와 옴 진동수를 암시하는 여러 편의 시를 발견했기 때문이었다.

충격은 그것 뿐만이 아니었다.

노스트라다무스 아들이었던 시이저가 후세에 남겨 놓은, 믿을 수 있다고 생각되는 유일한 노스트라다무스의 초상화를 두고 영사(靈査)를 해본 결과가 또한 대단했던 것이었다.

지금까지 나는 사람들의 사진을 놓고 영사를 해서 성공을 거둔 경험은 꽤 많은 셈이지만 초상화를, 그것도 원화도 아닌 출판된 것을 소재로 삼아서 영사를 해본 경험은 전혀 없었던 것이 사실이었다. 또한 그러한 일이 가능하리라고는 꿈에도 생각해 본 일이 없었던 터였다.

그러나 곰곰이 생각해 보니 이것도 이론적으로는 가능하다고 판단이 되었던 것이다.

애당초 노스트라다무스를 그린 화가는 노스트라다무스 자신과 직접 마주 앉아서 오랜 시간 걸려서 그림을 그렸을 터인즉, 그때 화가의 간뇌에는 노스트라다무스의 간뇌에서 발신되는 온갖 신호를 자기도 모르는 사이에 수신했을 것이고, 그 받은 신호를 초상화 속에 자기도 모르는 사이에 심어 넣었으리라는 하나의 가설이다.

사람은 누구나 자기 자신도 모르는 사이에 24시간 내내 자기 자신에 대한 전생으로부터의 온갖 기록을 특수한 전자파의 형태로 발신하고 있는 터이며, 그것을 사진으로 찍어 보면 감광판에 기록이 되기 때문에 현상된 사진도 비록 약하기는 하지만 사진의 주인공에 관한 방송을 하고 있는 것이다. 일종의 만능검파기처럼 뇌의 구조가 개조된 나같은 사람은 수신이 가능한 것이라고 할 수 있다.

사진을 보고, 그 사진의 주인공에 대한 전생으로부터의 온갖 정보를 알아내는 기술을 개발했고, 또한 이에 대한 하나의 이론을 전개시킨 것은 아마도 세계에서 내가 처음 행한 일이 아닌가 한다.

물론 지금까지 허다한 영능력자들이 나와 비슷한 일들을 실제로 했을지도 모르지만, 그러나 이와 같은 현상을 이론적으로 설명한 사람은 아마도 없었으리라고 생각된다.

여기에서 내가 세운 심령적인 가설이 지닌 또 하나의 중요한 점에 대해서 밝혀 놓지 않으면 안 된다고 본다.

사람은 누구나 혼을 지니고 있으며, 그 혼은 간뇌의 중심부인 송과체(松果體) 안에 살고 있다. 그것이 24시간 내내 자기 자신에 대한 정보를 외부세계로 향하여 방송하고 있다면 어째서 그 방송을 그 누구도 수신할 수 없느냐 하는 당연한 의문이 나오리라고 생각되는 것이다. 그것은 인간의 혼은 저마다 개성을 지니고 있게 마련이고 그 결과 발신하는 영파의 파장이 사람마다 다르기 때문에 발신은 하지만 수신은 가능하지 않은 것이며, 따라서 인간의 사회에서는 언어가 발달하게 된 것이라는 게 나의 이론인 것이다.

나는 선천적인 소질도 있었겠지만, 그보다는 태양의 에너지를 손바닥 중심으로 빨아들여 간뇌 속의 송과체를 발달시킴으로써 후천적으로 만능검파기를 만든 것이며, 그 결과 영사를 할 수 있게 된 것이 아닌가 생각한다.

그러나 몇백 년 전 옛날에 그려진 초상화, 그것도 원화도 아닌 인쇄된 초상화에 초점을 맞추어서 과연 영사가 될 수 있을까? 그것은 나의 의문을 느끼지 않을 수 없었던 일이었다.

4

조용한 호텔 방에서 나는 노스트라다무스의 초상화 사진을 앞에 놓고 우선 내 자신의 개성을 없애는 자기최면 상태에 들어가 내 자신이 노스트라무스라는 깊은 암시를 걸었다.

그 순간이었다.

아, 이상도 해라. 내 주위의 방은 꿈 속에 나타난 풍경처럼 깨끗이 사라지고, 내 눈앞에는 광대한 별들의 세계가 펼쳐져 있는 것이었다.

정신을 차려 보니, 나는 어느덧 푸레디아스 성단에서 출발하여 우리들이 속한 은하계를 향하여 빛의 속도보다도 엄청나게 빠른 속도로 항진하는 거대한 우주선 속에 근무하는 어떤 선의(船醫)의 머릿속에 하나의 의식으로서 존재하고 있는 것이었다.

몇만 명이나 되는 푸레디아스 사람들을 인공동면(冬眠)의 모습으로 수용하고 있는 이 거대한 우주선은 정신이 아득해질 만큼 넓디넓은 은하계 사이의 광대한 공간을 항진하고 있는 이민선이었던 것이다.

어떤 말 못할 사정으로 고향인 별세계에서 살 수 없게 된 우주인들이 새로운 고향을 구하여 이 우주선에 몸을 맡기고 우주여행을 하고 있는 것이 분명했던 것이다.

선의 (그의 이름은 노르톤이라는 느낌이었다)는 정기적으로 인공동면 상태에서 깨어나서 방향에 대해 검사 조절을 하고 다시 잠이 드는 당번이었다.

다음 풍경은 대서양에 존재했었다는 전설의 대륙, 아틀란티스를 고공에서 본 장면이었다.

노르톤이 타고 있는 다른 우주에서 온 우주선은 이제 겨우 목적지를 찾아낸 셈이었다. 그런데 다음 순간, 이 거대한 우주선에는 커다란 재앙이 일어난 모양인 듯, 사람들은 몹시 당황하여 구명정에 몸을 싣고 모선에서 탈출하고 있었다. 아직 인공동면 상태에서 깨어나지 못한 몇만 명의 푸레디아스 사람들의 대부분은 불덩어리로 변하여 바다 속에 추락한 우주선과 운명을 함께 하고 겨우 몇 사람들만이 무사하게 탈출한 모양이었다.

다음은 히포크라테스의 흉상이 크게 보이고, 중세시대의 프랑스인 듯 싶은 풍경이 나타나고, 그 장면이 사라짐과 동시에 페스트 때문에 황폐해진 도시들…… 그리고는 노스트라다무스가 서재에 앉아서 커다란 수정구를 지켜 보는 장면…… 그 수정구 속에 날개가 돋친 새와 같이 미지의 시공간 속을 엄청난 속도로 날아가는 노스트라다무스의 모습……그리고는 커다란 둥근 창문 앞에 말없이 앉아 있는 일곱 명의 사람들 모습…… 다음 순간 나는 그곳이 내 자신의 머리 속이며, 두개의 커다란 둥근 창문은 외부로 향해 열려 있는 내 자신의 눈동자라는 것을 깨닫는 순간……문득 정신을 차려 보니 나는 선 루트 호텔방에 노스트라다무스의 초상화를 지켜본 채 앉아 있었다.

이제 모든 것이 분명히 밝혀진 셈이었다.

나의 영혼을 구성하고 있는 일곱 명의 복합령 가운데 한 사람이 분명히 노스트라다무스인 것을……그리고 노스트라다무스는 아득한 그 옛날 푸레디아스 성단으로부터 날아 온 우주인이었던 것이며, 그 우주선의 선의였으리라는 것, 또한 그는 아틀란티스 대륙의 주민 가운데 한 사람이었다는 것……희랍시대에는 의학의 시조인 히포크라테스로서 재생했었다는 것……그 뒤 노스트라다무스로서 태어났고, 지금은 내 영혼을 구성하는 일부가 되어 있다는 사실을 분명히 확인한 셈이었다.

이것으로서 나는 노스트라다무스의 유서를 받을 수 있는 자격을 정당히 갖고 있다는 사실을 확인한 셈이긴 하지만, 그러나 일반 상식으로서는 여전히 납득하기 어려운 이야기라는 것에도 나는 인정하는 셈이다.

5

나는 고등학교 시절과 대학에 들어온 뒤 4년 동안, 전부 합쳐서 6년 동안 프랑스 문학공부를 했을 뿐만 아니라, 한때는 몰리엘이니 싸르트르와 같은 분들이 쓴 문학작품도 원서로 읽었던 일도 있었고, 특히 대학에서는 프랑스 문학을 부전공으로 택하여 B학점을 땄을 만큼 프랑스 말에 대해서 익숙했던 것도 사실이었다.

허나 대학을 졸업한 뒤 25년 이상이나 프랑스 말로 된 책이라고는 문학작품은 커녕 신문기사 한 줄도 읽어본 일이 없었고, 그 덕분에 지금은 간단한 일상생활의 회화조차도 전혀 자신이 없는 상태가 되고 말았다.

분명히 어학은 항상 읽고 쓰고 말하지 않으면, 특히 낯선 외국어의 경우에는 몇 십년 동안 들여다보지 않게 되면 완전히 다시 시발점으로 돌아가게 마련이라는 가장 좋은 예가 나의 경우가 아닌가 한다.

어쨌든 프랑스 말에 대해서는 거의 초보자나 다름없는 내가 노스트라다무스의 예언시를 본 순간, 내 자신과 관계가 있다고 생각되는 부분과 옴 진동수를 암시한다고 생각되는 곳을 곧 알아보고 찾아낸 것은 정말 이상한 일이 아닐 수 없다고 생각한다.

우선 내가 발견한 옴 진동수에 관련이 있다고 생각되는 그의 예언시부터 차례로 소개해 보기로 한다.

Vingt ans du regne de la lune passez,
Sept mil ans autre tiendra sa monarchie,

Quand le Soleil prendra Ses jours Laissez,
Lors accomplit a fine ma Prophecie.

달이 지배하는 20년은 지나간다.
7000년에는 별개의 것이 그들의 왕국을 세우리라.
태양은 그때, 나날의 운행을 그치고
그곳에서 나의 예언도 전부 끝나게 되는도다.

우선 이 예언시를 보고 직관적으로 떠오른 해석을 해볼까 한다.

이 예언시의 첫 줄이 어째서 현재형으로 씌어졌는가 하는 의문부터 풀어 보자.

노스트라다무스가 진정 이야기하고 싶었던 것은 자기가 세상을 떠난 뒤 400여 년 동안에 일어나리라고 생각되는 가지가지 사건들을 정확하게 예언한 뒤, 20세기 종말 가까이에 이르러서 인류가 멸망하게 되리라는 것을 미리 예견하였고 어떻게 해서든 그 파국을 막으려고 생각했다는 것이 나의 해석이다.

노스트라다무스가 구체적으로 어떤 방법을 썼는지는 알 수가 없는 일이지만, 어쨌든 20세기 말로 시간여행을 하여 인류를 이대로 방치해 두면 어김없이 멸망하게 되리라는 것을 분명히 깨닫게 되었으리라는 것이다.

그러니까 그의 육체는 400여 년 전 옛날인 남부 프랑스의 싸론에 있었지만 그가 이 예언시를 썼을 때는 그의 유체는 우리들이 살고 있는 20세기의 오늘의 세계에 와 있었고 따라서 노스트라다무스에게는 400여 년 뒤에 일어날 일들이 그때의 그에게는 현재 일어나고 있는 사건으로서 체험이 되었었기에 이 첫째줄을 그도 모르게 현재형으로 썼을 것이라는 것이 나의 해석인 것이다.

달은 물과 굉장히 관계가 깊은 천체이다. 지구의 바닷물의 썰물과 밀물 현상이 달의 인력때문에 일어나고 있음은 오늘날 누구나 알고 있는 평범한 상식이기 때문이다.

노스트라다무스의 다른 예언시들의 대부분은 이미 일어난 사건과 관계가 있기 때문에 정확히 해독이 된 터이지만, 이 예언시는 이제부터 일어날 미래에 대한 이야기이기 때문에 나와 같이 영적으로 시간 여행을 할 수 있는 능력이 없는 일반인에게는 난해한 시가 될 수밖에 없는 게 아닌가 한다.

그럼 여기 나의 직관에 의한 해독을 소개해 볼까 한다.

'옴 진동수'가 지배하는 20년은 지나간다.

'옴 진동수'의 장기복용에 의하여 돌연변이를 일으킨 초인류에 의하여 700년 동안, 지금의 인류와는 틀리는 별개의 인류에 의하여 그들의 왕국이 세워지리라.

7000년의 세월이 지난 뒤에, 크게 진화된 그들 초인류는 더 이상 이 태양계의 주민은 아니며, 다른 별들의 세계를 향하여 출발하게 되리라. 그곳에서 나의 예언도 전부 끝나게 되는 것이로다.

내가 '옴 진동수'의 원리를 발견한 것은 지금부터 10년 전 일이었다.

나는 본시 의심이 많은 성품이라, 지난 10년 동안 몇만 명이나 되는 사람들에게 여러 가지로 실험을 해 본 결과, 이제 겨우 내 자신만이 확신하게 된 터였다.

1980년에 처음으로 내 자신이 일본어로 번역한 《심령치료》가 일본에서 간행됨으로서 '옴 진동수'가 일본에서도 알려지게 되었다.

그러니까 1980년에서 2000년 대에 이르는 20년 동안, '옴 진동수'는 필시 세계적으로 보급되리라고 믿어진다.

'옴 진동수'의 장기 복용은 인간뇌의 구피질의 기능을 계발한다는 사실을 나는 발견한 게 사실이고, 또한 일종의 염력파인 옴 진동을 귀로 들을 수 있는 소리로써 카세트 테이프에 녹음 재생하는 방법을 발견한 것은 세계에서 내가 최초의 인간인 것도 틀림없는 사실이다.

'옴 진동수'의 장기 복용은 육체 뿐만 아니라 유체, 영체의 파동까지도 그 진동 주파수를 높여 준다는 것, 즉 '옴 진동수'를 마시는 사람이 많아지면 많아질수록 내가 내는 옴 진동음의 힘도 커지게 마련인 것이다.

지금까지 개인적으로 독특한 영파를 내고 있던 사람들이 똑같은 옴 진동을 내게 되면, 그들은 같은 파장을 지닌 사람들이기에 일종의 집단 생명체로 진화가 된다는 이야기이다.

그러면 이 '옴 진동수'와 밀접한 관계가 있다고 생각되는 다음의 예언시를 소개해 볼까 한다.

제세기 첫 장(章)의 49번째를 차지하는 예언시이다.

Beaucoup, beaucoup avant telles menees,
Ceux d'Orient par la Vertu Lunaire,
L'An mil sept cens feront grands emmenees,
Subjugant presque le coin Aquilonaire.

이러한 일들이 이루어지기 훨씬 전에 달의 힘으로 동쪽에서 무엇인가가 일어나게 되리라.
그것은 1700년의 일로서, 대군중이 이동하게 되어

전 북반구의 거의 전부를 정복하게 되리라.

노스트라다무스 예언시의 유명한 해설자의 한 사람인 헨리 · C · 로버트는 2025년에 중국이 공업과 경제의 확장을 완성하여 러시아로부터 스칸디나비아까지 흡수하게 되리라고 해설하고 있지만, 달의 힘이라는 말을 정확하게 해석하지 못했기 때문에 이와 같은 엉뚱한 해석이 된 것이라고 생각된다.

'달의 힘'이란 곧 '옴 진동수'의 힘이라고 해석하는 게 옳다고 본다. 달이 물을 나타낸다는 것은 동양에서는 널리 알려진 사실이기 때문이다.

이러한 일들이 이룩되기 훨씬 전에 '옴 진동수'의 보급에 의하여 동양에서는 커다란 변동이 일어나게 되리라.

1980년대에서 21세기 초에 걸쳐서 전 북반구의 사람들은 모두 옴 진동수 가족이 되고, 하나의 우주심(宇宙心)에 의하여 통일이 되게 되리라.

이것이 나의 해석이다.

여러분이 놀라기에는 아직 이르다.

지난 4월에 내가 쓴 《심령문답》의 프랑스어판이 간행되었는데, 이 책 속에서 나는 노스트라다무스의 예언시에 대해 지금까지와는 전혀 다른 새로운 해석을 했다. 그런데 이 책의 출판에 대해서도 노스트라다무스는 이미 예언을 했던 것이다.

제세기 8장 66번째 예언시가 바로 그것이다.

Quant L'escriture D.M. trouvee,
Et cave antique a lamp descouverte,
Loy, Roy et Prinse Ulpian esprouvee,

Pavillon Royne et Duc sous la couverte.

이 예언시는 D.M.이 쓴 책이 세상에 나올 때, 노스트라다무스의 예언시는 새롭게 해석되리라는 뜻이라고 편집자는 해석하고 있다.

D.M.이란 다른 사람이 아닌 바로 나의 이름인 동민(Dong Min)을 지적하고 있지 않은가!

마천성이 리용에서 왔다는 노스트라다무스의 마지막 후손, 앙리 노인으로부터 받은 노스트라다무스의 유서에는 분명히,

나의 사랑하는 D.M. 동방의 조용한 아침의 나라에 태어난 사랑스러운 동양인, 그대는 나의 분신이노라.

일이 여기에 이르러 더 이상 의삼할 것이 없다는 생각이 들었다.

《제세기》 제2장 29번째의 예언시를 소개해 본다.

L'Oriental sortira se son siege,
Passer Les monts Appenins, voir La Gaule,
Transpassera Le ciel, Les eaux et neige,
En un chacum frappera de sa gaule.

동양인이 그의 거처에서 나온다.
아페닌 산맥을 넘어서 고을을 바라보고
하늘도 물도 눈도 넘어서 오리라.
누구나 모두 그의 지팡이에 얻어 맞게 되리라.

이것은 동양의 사상이 프랑스에서 받아들여진다고 해석이 되는

예언시가 아닌가 한다. 어느 의미에서는 동양인은 나의 이름인 동민과도 통하고 있는 게 사실이다.

지팡이란 옛부터 예언자를 뜻하는 것이니까 '옴 진동수'의 원리가 새로운 동양사상으로서 프랑스인 전부에게 큰 충격을 준다고 해석이 되는 것이다.

6

노스트라다무스의 유서에 대한 내 이야기는 이제 여기서 끝을 맺어도 좋을 때가 되지 않았나 한다.

마천성에게서 받은 양피지에 씌어진 노스트라다무스의 유서 및 그 사본은 불행하게도 지금 내 수중에는 없다.

선 루트 호텔에서 출발하던 그날 아침, 이 귀중한 문서가 들어 있었던 작은 가방을 분실했기 때문이다.

호텔의 프론트 앞에 짐을 놓아 두고 잠시 화장실에 갔다가 돌아와 보니 가방이 눈에 띄지 않았던 것이다.

조금 전에 출발한 중동 지방에서 온 외국인들 짐 속에 섞여 들어간 것이 아닌가 하여 호텔 쪽에 항의를 했으나 그런 일은 절대로 일어날 수 없다는 이야기였다.

호텔 쪽에서는 손님들의 수하물에 대해서 각별히 신경을 쓰고 있고 하나하나 티켓을 발행하고 있으며 짐을 넘겨줄 때는 확인을 하는 것이 습관이며 또한 지금까지 호텔 개업이래 한 번도 실수를 한 일이 없노라고 이야기했다. 그 뿐만이 아니라, 이른 새벽이었고 호텔 직원들이 여럿 지켜보고 있는데 외부 사람이 들어와서 그 가방만 살짝 들고 간다는 것은 사실상 불가능한 일이라는 것이었다. 안 선생의 다른 가방들은 다 무사하지 않느냐고 하는 데야, 나는 결국 처음부터 있지도 않았던 작은 가방을 분실했다고 억지를 쓴 꼴이 되고 말았다.

따라서 노스트라다무스의 유서의 내용은 결국, 내 기억 속에서만 존재하고 있는 셈이며 그것이 확실히 존재했었다는 물질적인 증거는 지금 하나도 갖고 있지 않은 셈이다.

물론, 지금의 나로서는 캐나다 대사관에 근무하고 있는 마천성에게 문의해 볼 수도 있는 이야기지만, 그것도 곰곰이 생각해 보니까 과연 내가 선 루트 호텔에서 마천성과 만난 일이 있었는지 어쩐지 그때 일이 꿈 속에서 일어난 사건처럼 뚜렷하지가 않은 것이다.

만일 그에게 문의를 했다가 그런 일이 없었다는 대답이 온다면 나는 근처에 있는 정신병원에 달려가서 상담을 하지 않으면 안될 것같은 기분이어서 분명하지 않은 채 내버려 두기로 한 것이다.

정말 마천성이 선 루트 호텔로 나를 찾아왔던 것인지, 아니면 긴 여행에 지친 나머지 잠깐 잠든 사이에 꾼 백일몽이었는지 그것은 지금은 풀 수 없는 수수께끼가 되고 만 셈이다.

5. 볼리비아에서 온 사나이

1

현실은 소설보다 신기하다는 속담을 절실하게 실감한 일이 있다. 오늘은 그 이야기를 해 볼까 한다.

지금부터 몇 달 전 일이었다.

잠을 청하려고 막 자리 속에 들어갔는데 시내 N호텔에서 낯선 외국 손님으로부터 전화가 걸려 왔다.

전화를 받은 아내의 이야기가 일본의 오끼나와에서 온 손님이라고 했다. 들어 보니 내가 경영하고 있는 성광자기체질개선연구원의 회원은 아니지만, 직접 나와 만나기 위해서 일부러 먼 오끼나와에서 왔다는 것이었다. 회원은 이야기를 직접 나눈 뒤에 가입할 예정이라고 했다.

국내 손님같으면 다음날로 미룰 것이지만 우선 먼 낯선 땅에서 찾아온 사람이고 보니 나는 직접 통화를 하지 않을 수 없었다.

"정말 안선생님이십니까? 밤 늦게 전화를 걸어서 매우 죄송합니다. 미리 연락도 하지 않고 불쑥 찾아와서 정말 죄송합니다. 하지만 이렇게 간단하게 안선생님과 통화가 될 줄은 몰랐습니다.

수화기를 통하여 들려 오는 목소리는 사뭇 감격에 떨고 있는 듯한 음성이었다.

나는 속으로 웃지 않을 수 없었다.

"일요일과 공휴일을 빼 놓고 오후 1시에서부터 3시 사이에는 언제든지 여기 있습니다. 누구하고나 면회를 합니다."

"네, 그렇습니까? 그런 것도 모르고 좀처럼 만날 수 없는 분인 줄로만 알았죠. 그래서 3주일 동안 버티어 볼 생각으로 찾아온 것이랍니다."

전화를 걸어 준 주인공은 여간해서 믿기가 어렵다는 말투였다.

"나는 보통 사람입니다. 다만 여러분보다는 조금 더 앞이 보일 뿐인 거죠. 구름 위에 사는 신선이 아닙니다. 내일 묵고 있는 N호텔에 오전 11시에 찾아갈 테니 아무데도 가지 말고 기다려 줄 수 있겠죠. 네?"

이렇게 해서 다음날 약속이 정해졌고 나는 겨우 잠자리에 들 수가 있었다.

이 손님과 만나서 어떤 이야기를 주고 받았는지, 이야기를 재미있게 하기 위해 그의 고백수기라는 형태로 기록을 해 볼까 한다.

2

제 이름은 오끼 다쓰야(沖達也). 일본인으로서 지금부터 약 24년 전, 열 여덟 살 되던 해에 부모를 따라서 남아메리카에 있는 볼리비아에 이민을 한 사람입니다.

낯선 타국으로 이민을 가서 성공을 하고 정착을 한다는 것은 정말 힘든 일입니다.

자라난 땅이 다른 식물을 느닷없이 다른 땅에 심는다면 아마도 그 식물은 잘 자라기가 어려울 것입니다.

사람은 식물과는 달라서 그 생명력이 훨씬 억세기는 합니다만, 역시 이민은 나이가 젊었을 때 해야 될 것으로 생각합니다.

50 대에 가까운 사람이 이민을 해서 성공한 예는 별로 없는 것

같으니까요.

낯선 타국의 환경에 적응하기에는 너무 나이가 많기 때문이죠.

그 점, 저는 행운아였던 셈입니다.

부모 형제와 함께 고국을 떠난 것이니까, 홀몸으로 이민해 온 사람들과는 달리 처음부터 외로움에서 해방은 되어 있었으니까요. 하지만 도중에 아버지가 돌아가셔서 느닷없이 큰아들인 저에게 식구들에 대한 모든 책임이 걸려와서 정말 혼이 났었지요.

하지만 24년 동안, 열심히 일한 덕분에 조그마하지만 자기 소유의 빌딩도 생기고, 화물선도 한 척 가진 느긋한 신분이 돼 있었지요.

저는 흔히 생각하곤 했었죠.

어려서 고국을 떠나길 잘했다고요. 여러분도 잘 아시다시피 일본의 오끼나와란 곳은 워낙 고장이 좁아서 성공하거나 출세할 여지가 없는 곳이니까요.

저는 표면상으로는 카톨릭 신자로 등록이 되어 있기는 합니다만, 솔직하게 말해서 진실한 신앙심은 없었던 것으로 생각됩니다. 다만 휴일에 가족들과 함께 성당에 가서 기도를 드리는 분위기만 즐기고 있었던 것 뿐이었죠.

물론, 저는 제 자신 앞에 현재 놓여져 있는 환경에 대해서는 그지없이 만족한 상태였습니다. 그러한 저에게 어느 날 야릇한 두통과 함께 이상한 일이 일어나기 시작했습니다.

이른바 환청이라고 할까요. 전혀 한 번도 들어 본 일이 없는 굵은 사나이의 목소리가 머리 속에서 들려 오기 시작했던 것입니다.

"그동안 자네는 잘 버티어 왔지만, 인제 때가 왔으니 모든 것을 정리하고 고국인 일본에 돌아가야 하네. 머지 않아서 무서운 전염병이 돌기 시작하고 그 때문에 일본은 멸종 직전까지 가게 될 거란 말이네. 그러나 자네와, 자네의 짝패들 즉, 일곱 명의 무사들의 힘에 의하여 구조되게 되어 있는 거라네. 빨리 돌아갈 준비를 하는 게 좋을 게야."

저는 소스라치게 놀라지 않을 수 없었습니다. 틀림없이 누군가가 제가 보이지 않는 곳에 숨어서 복화술 같은 것을 써 가지고 저에게 소곤거린 것인 줄로만 알았던 것이었으니까요. 그래서 조심조심 사방을 둘러보았던 것입니다만 한 여름철의 뜨거운 햇살이 쪼이는 길거리에는 그때 아무도 없었습니다. 적어도 백 미터 사방에는 사람의 그림자라고는 하나도 보이자 않았던 것입니다. 저는 저도 모르게 가슴이 덜컹 하지 않을 수 없었습니다. 바로 악마의 속삭임이란 이런 것이 아닐까하는 생각이 들었기 때문이었습니다. 오직 한 번 들은 목소리였지만 그것은 결코 잊을 수 없는 강한 특징을 가진 굵은 사나이의 목소리였습니다.

저는 진심으로 두렵다는 기분을 태어난 뒤 처음으로 이때 체험했던 것입니다.

그런데, 이로부터 일 주일 동안, 그 굵은 목소리는 다시는 들리지 않았습니다. 저는 그래서, 그때 너무나도 피곤했던 탓에 한때 환청을 들은 것이려니 생각하기 시작했습니다.

낮에 쉬는 시간, 아무도 없는 사장실에서 제 책상 위에 두 다리를 올려 기분 좋게 콧노래를 흥얼거리고 있었을 때였습니다. 또다시 전번에 들었던 것과 똑같은 목소리가 이번에는 의심할 여지 없이 제 머리 속에서 들려오기 시작했던 것입니다.

그것은 전번의 것과 같은 내용이었지만, 좀더 강력했고 거의 명령과 다름없는 것이었습니다. 저는 마음 속에서 강한 저항을 느끼었습니다.

그 순간, 머리가 금시 빠개지는 것 같이 아파오기 시작했습니다.

"잘 들어야 한다. 너는 수없이 많이 되풀이해 온 전생에서 헤아리기 어려울 만큼 많은 사람들을 죽였고, 많은 여인들을 욕보인 과거를 가진 수많은 영혼들이 모여서 이루어진 인간인 게다! 그러니까 이 우주의 법칙에 의하여 그 과거의 죄에 대한 속죄를 하지 않으면 안되는 거다. 알겠느냐?"

하는 음성과 함께, 그 사나이는 무시무시하게 커다란 목소리로 웃기 시작했습니다. 그리고는 한참만에 산울림처럼 메아리치면서 그 목소리는 자취도 없이 사라져 버렸던 것이었죠. 그 순간 머리가 빠개질 것 같던 두통도 씻은 듯이 사라져 버렸던 것입니다.

'아무래도, 한 번 정신과 의사 신세를 져야겠는 걸!'하고 저는 생각했어요. 하지만, 그 뒤 너무나 바쁜 일상 생활때문에 저는 좀처럼 정신과 의사를 찾을 기회가 없었습니다.

이로부터 또 다시 일 주일 가량, 아무런 일도 없이 지난 어느 날 밤의 일이었습니다. 저는 한밤중에 아무 까닭없이 갑자기 잠이 깨었던 것이었습니다. 평소에 저는 잠을 잘 자는 편이어서 한 번 잠자리에 들면 아침이 되기까지 깨는 일은 여간해서 없었던 터였습니다.

그런데 그때는, 누군가에 의하여 두들겨 깨워진 것처럼 갑자기 잠에서 깨어났던 것이었습니다.

누군가, 보이지 않는 사람의 그림자가 어두운 방 안에 숨어 있는 것 같은 느낌이었습니다. 그래서 머리맡에 놓여 있는 스탠드의 스위치를 눌렀던 것입니다만, 어찌된 영문인지 불이 켜지지 않는 것이었습니다. 그 순간, 저는 왈칵 무서운 생각이 들었었죠. 바로 그때였습니다.

"쓸데없는 생각은 하지 않는 게 좋을 게다. 어차피 나는 자네 눈에는 보이지 않는 존재니까 말이야."
하는 귀에 익은 그 사나이의 목소리가 또다시 머리 속에서 들려왔던 것입니다. 저는 온 몸이 부르르 떨림을 느끼지 않을 수 없었습니다.

"자아 이번에는 내가 허락할테니 다시 한 번 단추를 눌러 보라구. 이번에는 틀림없이 전등이 켜질 테니까."

그래서 스위치를 반사적으로 눌렀더니 전등이 확 켜졌던 것이죠. 살펴 보아도 방 안엔 아무도 없었습니다.

저는 퍽 오래 전부터 아내하고는 각 방을 쓰고 있었기 때문에 저 혼자였던 것이죠.

"나는 자네가 생각하듯이 단순한 환청은 아니라네. 실재하는 뚜렷한 존재란 말일세. 자아 보라구! 나의 보이지 않은 손가락으로 스탠드를 꺼 보일테니까."

다음 순간, 방안은 캄캄한 어둠에 휩싸이고 말았습니다.

"당신이 환청이 아니라면, 도대체 누구십니까?"

저는 저도 모르게, 목소리를 내어 이렇게 물었던 것이었습니다.

"좋다, 좋아. 이제 비로소 내 존재를 인정하기 시작했군 그래. 사실은 말이네, 나는 신령님의 사자로서 자네가 이 세상에 태어난 뒤, 잠시도 한 눈을 팔지 않고 줄곧 자네를 지켜 온 존재야 알겠나?"

"그러시다면 저를 지켜 주시는 보호령이란 말씀입니까?"

"잘 알고 있구만 그래. 간단하게 말하자면 그런 셈이지. 그런데 이번에는 나보다 훨씬 상층부에 계시는 윗분에게서 자네와 직접 접선을 하라는 지시가 내려온 것일세!"

몇 번인가 듣고 있는 동안, 저는 그 눈에 보이지 않는 존재의 목소리 속에는 저에 대한 굉장히 뜨거운 애정이 담겨 있음을 알게 되었습니다.

그 순간, 두렵다는 느낌이 씻은 듯이 사라졌던 것이죠. 무슨 말이고 들어 보겠다는 기분이 되었던 것입니다.

그런 저의 마음을 금시 눈치챈 듯,

"좋다, 좋아. 이제 겨우 자네는 마음의 문을 열기 시작했구먼. 무엇이든지 궁금한 게 있으면 물어 보게나.

"그렇다면 여쭈어 보겠습니다만, 당신께서 실재하시는 존재라는 것을 제가 확인해서 저의 가족들에게도 알려 줄 수 있는 방법은 없을까요?"

"그야 있구 말구. 내가 읽어 줄 테니까 메모를 하라구. 그리고 그 메모한 곳이 실제로 이 세상에 존재한다는 것을 확인한다면 자네는 내 말을 믿게 될 것일세! 어차피 자네는 내가 이제부터 알려 주는 일본의 출판사의 이름이라든가, 한국의 뛰어난 초능력자의 이름 같은 것은 한 번도 본 적도 없고 들은 일도 없을 테니까, 잠재의식에서 튀어나온 지식이라고는 할 수 없을 거야."

그리하여 그때 비로소 대륙서방의 이름과 안동민 선생이 집필하신 심령 관계 책들이 있다는 사실을 알게 되었던 것입니다.

그래서 다음날, 곧 대륙서방에 장거리 전화를 걸어 보았더니 분명히 그곳 직원이 나온 데는 정말 놀라지 않을 수 없었습니다. 또한 안선생님이 쓰신 심령 과학에 관한 여섯 권이나 되는 일본어 책들이 출판된 지 3년 가까이 된다는 사실을 알게된것도 정말 놀랄 만한 일이 아닐 수 없었습니다. 그래서 저는 단순한 환청이라고만 생각했던 낯선 사나이의 존재를 비로소 믿을 수가 있게 되었던 것이랍니다.

책을 주문해서, 실제로 안선생이 쓰신 저서를 읽고 저는 갑자기 눈앞을 가로막고 있던 어둠이 한순간 사라져 버림을 분명하게 느낄 수가 있었습니다.

"우선은, 이곳 일들을 정리하고 고국에 그것도 오끼나와로 돌아가야만 하네. 알겠나."
하는 목소리가 제가 볼리비아에서 들은 마지막 접촉이었습니다.

저는 여러 날 망설인 끝에, 지금까지 있었던 일들을 모두 숨김없이 아내에게 이야기하고 함께 고국으로 돌아가 줄 것을 간청했습니다.

그런데 말씀입니다. 아내의 이때 받은 충격은 정말 대단했던 것입니다.

"당신 미쳤수? 머리가 돈 게 아니우? 우리들은 이제 당당한 볼리비아의 시민이에요. 우리들 소유의 어엿한 빌딩도 있고, 배도 갖고 있어요. 무엇 하나 부족한 게 없는 부유한 몸이란 말씀이에요. 당신과 저, 둘이서 20년 가까이 한눈 팔지 않고 열심히 일해 온 덕분에 이만한 재산을 만든 거예요. 당신이 그렇게 아무 것도 없는 오끼나와에 돌아가고 싶다면, 혼자서 가시구려. 저와는 이혼하는 거죠.

물론 애들도 재산도 모두 제 것이에요. 당신 몸 하나만 돌아가시구려."

그야말로 말도 붙여 볼 수 없는 쌀쌀한 반응이었죠.

저도 크게 낙담하지 않을 수 없었죠.

결국, 여지껏 제일 가까운 줄로만 알았던 아내도 알고 보니 제일 먼 낯선 타인에 지나지 않았던 것이니까요.

그런데 아내에게 저의 비밀을 털어놓았던 그날 저녁 때의 일이었습니다.

저녁 식사를 드는 자리에서, 올해 대학에 진학한 큰아들이 몹시 걱정스러운 표정으로 말문을 열었습니다.

"어머니한테 들었지만요, 아버지께선 요즘 굉장한 고민이 있으신 모양이죠. 한 번 정신과 의사 선생님을 찾아가셔서 상담해 보시는 게 어떨까요? 너무 과로한 데서 비롯된 단순한 환청일 거예요 아마."

저는 말없이 자리에서 일어나 서재에 가서 안동민 선생이 쓰신 몇 권의 책들을 들고 나왔습니다.

"그 목소리가 가르쳐 주어서, 나는 한 번도 여지껏 그 이름을 들어 본 적도 없는 고국의 출판사에 주문을 해서 이 책들 입수한 거란다. 이것이 무엇보다도 그 목소리가 환청이 아닌 증거가 아니겠어" 하고 저는 말했던 것입니다.

아들 녀석은 안선생이 쓰신 책들을 힐끗 곁눈질해서 보았을 뿐, 집어 들려고도 하지 않고 그냥 두 손으로 머리를 끌어안고 말았던 것이었어요.

"생각했던 것보다 사태는 심각하군요. 큰일이로구나."

그리고는 다시는 아무 말도 하려고 하지 않았던 것이었습니다.

아내는 무슨 일이 있어도 일본으로 돌아가지 않겠노라고 이혼해 달라는 것이었고, 애들도 저희 어머니와 같은 생각이어서 저는 정말 실망하지 않을 수 없었습니다.

이로부터 두 주일이 지난 뒤였습니다.

남태평양 바다 위에서 뜻하지 않은 폭풍우를 만나 제 소유였던 화물선은 어이없이 침몰하고 말았습니다. 바다 위를 고무 보오트에만 의지해서 표류하던 몇 명의 살아 남은 선원들의 보고로 이 사실을 알게된 그날 저녁, 이번에는 제 소유의 빌딩이 원인 불명의 화재로 인해서 깨끗하게 타 버리고 말았습니다.

저는 이날부터 무일푼이나 다름없는 신세가 되고만 것이었습니다.

"무엇이고, 목숨을 건지고 나서 볼 일이야! 이 이상 거역하다가는 이번에는 가족들의 목숨을 차례차례 빼앗길지 모르니까 돌아가는 게 좋을 것 같구만."

하고 말했더니, 바로 며칠 전까지만 해도 그렇게도 강경했던 아내가 정말 너무도 어이없을 만큼 그 고집을 꺾었습니다.

"역시 신령님은 계신가 봐요. 우리들에게 새로운 사명을 주셨는데 그것을 거부했기 때문에 우리들은 또다시 한 푼 없는 가난뱅이가 된거예요.

이렇게 되면 고향에 돌아가는 수밖에 다른 방법이 없지 않수. 어쨌든 이곳은 본시 우리들에게는 낯선 타향이고 돈 없이는 아무렇게도 움직일 수 없는 곳이니까…… 하기야 신령님이 개입해서 일어난 사건만 아니라면, 다시 원점으로 돌아가서 재출발할 수도 있겠지만 우리들이 아무리 단결을 해 보았자 하나님에게는 이길 수 없지 않아요. 단념할 수 박에 없지 않수."

하고 아내는 엉엉 소리를 내어서 울었습니다. 이렇게 해서 우리들은 24년만에 오끼나와로 돌아가게 되었던 것입니다.

그런데 말씀입니다. 공항에 내렸더니 전혀 제가 알지 못하는 사람들이 3명이나 마중을 나와 있지를 않겠습니까.

3

"오끼 다쓰야씨, 정말 잘 돌아오셨습니다.

우리들은 오래 전부터 당신이 돌아오시는 날을 기다리고 있었습니다."

세 사람 가운데 지도자 격인 이마이 도꼬로(今井所)라는 장년의 남자가 이렇게 말하자 나는 정말 어안이 벙벙할 수밖에 없었습니다. 제 아내는 입을 딱 벌린 채 그야말로 기가 막히다는 표정이었습니다.

"저희들은 이른바 초능력자, 하나님으로부터 선택받은 새로운 세상을 여는 종자 백성인 것입니다. 그리고 오끼님은 저희들의 총사령관이신 것입니다. 아직까지는 제가 무슨 말을 하고 있는지 전혀 이해를 못하시겠지만, 이제 곧 아시게 될 것입니다. 저희들이 말씀드리는 참뜻을 말입니다."

"알겠소."

하고 저는 그저 고개를 끄덕이었을 뿐이었습니다.

"이제부터 사실 집도 저희들이 모두 마련해 놓았으니까 하나도 걱정하실 필요는 없습니다. 또 훌륭한 직장도 준비가 되어 있으니까 돈 걱정하실 필요도 없습니다요."

이 말을 듣고는 정말 한숨 놓았습니다.

이것은 제 처도 같은 심정이었을 것입니다.

아이들도 아무런 불만을 말하지 않고 새로운 환경에 적응하려고 애써 준 것이 여간 고맙지 않았습니다.

이렇게 오끼나와에 돌아온 지 며칠이 지난 뒤의 일이었습니다. 이들 가운데 한 사람이 저를 찾아 와서,

"인제 한국에 가서 안동민 선생을 만나고 오셔야죠?"

"하지만 지금은 어떻게 밥은 겨우 먹고 있지만 한국까지 가려면 여비가 굉장하지 않습니까? 지금 나에게는 그만한 돈이 없으니까 당분간 이것만은 보류하는 게 좋을 것 같군요."

"그런 걱정은 하실 필요 없었습니다. 우리들 쪽에서 수배를 이미 해 놓았으니까, 이제부터 일 주일 안에 누군가가 130만 엔 정도 갖고 찾아올 것입니다."

한마디를 남겨 놓고 돌아가고 말았던 것입니다. 저는 정직하게 말해서 여우에라도 홀린 것 같은 느낌이었습니다.

지금까지 여러 가지 이상한 체험을 하기는 했지만, 이것만은 아무리 생각해도 좀 지나치다는 느낌이 들었기 때문이었습니다.

그런데 말씀입니다. 이때 동지 가운데 한 사람이 이야기한 일이 현실에서 실제로 일어나고 말았습니다.

이로부터 꼭 일 주일이 지난 어느 날 저녁, 저와는 평소에 일면식도 없는 한 낯선 노인이 저를 찾아 왔던 것입니다. 알고 보니 그는 같은 동네에 살고 있는 고리대금업을 하고 있는 노인으로서 거금 130만 엔을 갖고 저를 찾아 왔습니다.

"이 돈을 여비로 삼아 한국에 가서 안동민 선생과 만나고 오십시오. 나도 처음에는 믿지를 않았지만, 어쨌든 똑같은 내용의 악몽을 연달아 한 달 이상 꾸고 나니 도저히 견딜 수 없었습니다! 흔히 하는 말이지만, 아무리 돈이 좋다 하지만, 설마 목숨하고야 바꿀 수 없는 게 아니겠어요.

130만 엔은 큰 돈이긴 하지만, 이 돈을 냄으로써 내가 과거에 지은 죄가 모조리 용서되고 연명될 뿐만 아니라 죽은 뒤에는 천국이나 극락 같은 곳에 갈 수가 있다면 싸게 먹힌 셈이지요."

하고 그 노인은 지난 한 달 동안 똑같은 내용의 악몽에 시달린 이야기를 들려 주었던 것입니다.

꿈 속에 낯선 선인이 나타나서 머지 않아서 볼리비아로부터 오끼다쓰야라는 인물이 돌아오게 되는데 그는 이웃 나라인 한국에 가서 안동민이라는 이름을 가진 초능력자로부터 인류를 구할 수 있는 비전을 받아 오지 않으면 안 된다는 것, 그 오끼의 여비로서 130만 엔을 기부할 것, 그럼으로써 노인은 과거의 일체의 죄가 용서될 뿐만 아니라 연명이 될 것이며 또한 죽은 뒤에는 천국이나 극락 같은 곳에 재생할 수 있다는 이야기를 들었다는 것이었습니다.

하지만, 이 노인은 돈을 모으는 것 말고는 인생에 대해서 아무런 취미가 없는 사나이였으므로 처음에는 단호히 거절을 했다는 것이었습니다. 그러자, 그날 밤부터 거의 같은 내용의 악몽을 한 달 동안 계속 꾸게된 뒤에, 그 꿈 속에서 선인의 아내로 지옥 구경까지 하게 되었다는 것입니다.

만일, 선인의 명령대로 하지 않는다면, 이 노인은 영락없이 지옥행임을 간접적으로 체험한 뒤에야, 그토록 완고하던 노인도 마침내 항복을 하고 말았다는 이야기였습니다.

"그러니까 말씀이야, 이 돈은 내 목숨과의 교환으로 하나님으로부터 받은 것이라고 생각하고 여비에 써 주십시오. 나중에라도 나에게 돌려줄 필요는 없는 것이니까 안심하고 받아 주세요. 하나님께서 명령하신 용도에만 써 주면 되는 것이니까요. 이 돈을 아무 말 말고 받아 주는 게 나를 도와주는 것이라니까요."

하고 어리둥절해 있는 나에게 억지로 돈다발을 쥐어 주고 그는 뒤도 안 돌아보고 돌아가 버렸지요.

저는 정말 여우에라도 홀린 것 같은 느낌이었습니다. 설마 이런 4차원의 세계가 실제로 존재한다는 것을, 그때까지의 저는 상상도 해보지 못했던 일이었으니까요.

"그런데 말씀입니다. 안선생 댁에 전화를 걸려고 했더니 어찌된 영문인지 수화기를 집어 들 수가 없는 것이었습니다."

하고 그는 말하는 게 아닌가.

조사해 보니까, 그 무렵 필자는 오끼나와에 있었던 게 분명했다.

"그렇습니까? 그 무렵, 오끼나와에 계셨다구요? 정말 아까운 짓을 했군요. 댁에다가 전화를 했더라면 일부러 먼 한국에까지 찾아오지 않아도 되었을 텐데."

하고 그는 사뭇 써 버린 여비가 아깝다는 표정으로 다음 말을 계속하였다.

"저에게 여러 가지 불가사의한 미래에 대해서 이야기해 준 여자 예언가의 말에 의하면 한국에 가도 그렇게 간단하게 안선생을 만날 수는 없으리라는 것이었어요. 아마도 3주일 정도 걸릴지도 모르니까, 여관도 되도록 싸구려 여관에 묵으라는 이야기였어요. 아무래도 면회가 안되거든 무작정 안선생 댁에 쳐들어 가서 건너방 차지를 하라는 것이었어요. 그래서 보시다시피, 호텔도 제일 싼 곳에 투숙한 것입니다. 설마, 전화 한 번에 이렇게 간단하게 만나 뵙게 될 줄이야 상상이나 했겠습니까?"

하고 그는 계면쩍은 듯, 뒤통수를 긁는 것이었다. 여자 예언자가 한 이야기 가운데 이것 하나만이 맞지 않았다는 것이었다.

"나는 그렇게 만나기 어려운 위대한 인간은 아닙니다. 나는 위대하기는 커녕, 어느 의미에서는 과거에세서 수없이 죄를 지은 많은 사람들의 영혼이 한데 모여서 복합령의 형태로 거듭 태어났으며 과거세에 지은 죄를 속죄하기 위하여 열심히 일하고 있는 셈입니다. 신흥 종교의 교조로 착각해서는 곤란합니다."

"네, 그렇습니까? 그렇게 생각하시는 게 안선생님의 정말 훌륭하신 점이군요."

하고 그는 감탄해 마지 않는 것이었다.

나는 그가 아직 읽어 보지 못했다는 일본의 대륙서방에서 간행된 네 권의 일서와 기념하는 뜻에서 한국어로 된 저서 두 권, 그리고 영문판인《심령문답》한 권을 선물로 주었더니 또다시 감탄을 아끼지 않는 것이었다.

"이것도 여자 예언자가 분명히 미리 미리 이야기해 준 사실입니다. 일곱권의 책을 선물로 받을 것이라구요."

나는 이날, 임시 휴업을 하고, 한국의 유명한 민속촌에 그를 안내해 주었다.

서울시에서 상당히 떨어진 곳에 있는 이 민속촌은 이씨 왕조시대의 가옥과 풍속을 그대로 재현시키고 있는 곳이다.

이곳 직원들은 옛날 모델들이 여럿이 있어서 외국인 관광객들이 원하기만 한다면 옛날 한국식 결혼 의상을 입고 기념 촬영도 할 수 있는데 오끼씨는 많은 모델들 가운데 한 여자를 지적했다.

자기가 과거세에 한국인이었을 때의 마누라와 똑같이 생겼다는 이야기를 하자, 둘이서 기념 촬영을 했고, 그 사진 한 장은 후일의 증거품으로 내가 갖고 있는 터이다.

민속촌을 한 바퀴 돌면서 여러 가지 이야기가 나온 끝에,

"저는 거의 정기적으로 쌍두의 백사에게 왼쪽 발목을 물리는 꿈을 꾸곤 하는데, 이 꿈은 무슨 뜻일까요?"
하고 그가 물었다.

쌍두의 백사에게 왼쪽 발목을 물리곤 했다는 꿈 이야기에 필자는 깜짝 놀라지 않을 수 없었다.

왜냐하면, 이것은 태무진이 몽고를 통일하여 징기스칸이 된 뒤, 축하하는 사냥을 크게 베푼 자리에서 실제로 일어난 사건이었기 때문이다.

그때, 쌍두의 백사가 징기스칸이 탔던 말의 뒷다리를 물었고 그 덕분에 징기스칸은 여러 사람들이 보는 앞에서 낙마를 했다. 그 또한 왼쪽 발목을 쌍두의 백사에게 물려서 중태에 빠졌었다.

그때 그 고장에 망명해서 징기스칸의 군사 참모를 맡아 보고 있었던 사람이, 일본에서는 당시 전사한 것으로 되어 있었던 미나모도 요시쓰네(源義經)였었는데 그는 키가 작았던 것을 빼 놓고는 징기산과 쌍둥이같이 똑같은 얼굴의 소유자였던 것이다.

징기스칸은 마지막 숨을 몰아쉬기 전에 요시쓰네를 가까이 불러서 지금 자기가 변사한 게 소문이 나면 모처럼 통일한 몽고도 또다시 먼저대로 분열될 것이니 제발 자기 대신 징기스칸이 되어서 세계를 통일해 줄 것을 간곡히 부탁했다.

이국에 망명해서 징기스칸의 도움이 없었더라면 아마도 요시쓰네는 살아 남기가 어려웠으리라.

그런 큰 은혜를 베풀어 준 은인이 죽기 전에 한 부탁을 거절할 수가 없어서 요시쓰네는 그대로 징기스칸으로 변신하지 않을 수 없었다. 물론 징기스칸의 시신은 남몰래 화장에 처해졌고, 그때부터 요시쓰네는 굽이 높은 구두를 신고 주위에 비서진을 쳐서 좀처럼 만나보기 어려운 절대군주가 되었던 것이 아닌가 한다.

"그렇다면 당신은 전생에서는 요시쓰네를 태무진의 막사에 데리고 간 사람이기도 하고, 또 진짜 징기스칸이기도 했다는 이야기군요. 또한 당신에게는 요시쓰네와 함께 일곱 나라를 정복한 용감한 무장의 혼도 복합령의 형태로 들어 있는 것 같군요."

"그것은 틀림없다고 생각합니다. 여자 예언자의 말에 의하면, 저는 이제부터 세계에서 손꼽히는 초능력자가 되어서 일곱 나라에 명성을 떨치게 된다고 하더군요."

"알겠소."

"그렇다면 안선생의 영혼을 구성하는 복합령 가운데도 요시쓰네가 분령의 형태로 들어 있는 셈이군요."

"그렇습니다."

"그러고 보니 또한 한국에 오기 전에 아주 이상한 일이 있었습니다."

하고 그는 또다시 다음과 같은 이야기를 들려 주었다.

저는 겨우 결심을 하고 한국으로 안선생님을 찾아오기로 했습니다만, 아무래도 오끼나와에서 미리 전화를 걸지 못했던 것은 거절당할 것 같은 불길한 예감이 들었기 때문이었어요. 그래서 이것은 느닷없이 찾아가는 수밖에 다른 방법이 없다고 생각을 했던 것이었습니다.

칼(KAL)편을 이용했던 것입니다만, 어떻게 된 셈인지 후꾸오까에서 한 시간 뒤에 떠날 예정이었던 비행기에 문제가 생겨 다음날

출발을 하게 되어 하는 수 없이 저는 시내에서 하룻밤을 묵게 되었던 것이었어요. 그래서 택시를 집어 타고 적당한 여관에 안내해 달라고 부탁을 했더니 운전수는 뒤도 돌아다보지 않은 채,

"당신은 오랫동안 외국에서 살다가 본국에 돌아온 사람으로서 한국에 사는 유명한 초능력자를 만나러 가는 게 아니오?"

하지를 않겠습니까?

이때, 저는 정말 소스라치게 놀라지 않을 수 없었습니다. 가슴이 철렁한 겁니다.

"그걸 어떻게 아셨소?"

하고 물었더니,

"나는 가끔 가다 손님들을 보는 순간 이상한 예감을 느끼곤 한답니다.

그래서 그것을 확인해 보는 게 어느덧 습관이 된 셈이죠, 그런데 그게 맞는단 말씀이오."

하고 아무렇지도 않게 이야기한 끝에,

"그렇다면 손님은 꼭 요시쓰네 신사에 참배를 하셔야겠는데."

"요시쓰네란 누구죠?"

"당신, 일본인이면서 요시쓰네도 모른다니 정말 한심하구먼!"

"그야, 어렸을 때 이민가서 볼리비아에서 24년이나 살았으니까 모르는 게 당연하지 않습니까"

"그러고 보니 그렇구먼. 하여튼 요시쓰네 신사에 참배를 하는 게 좋을 게요. 영험이 대단한 곳이니까."

"아니, 나는 요시쓰네에 대해서는 흥미가 없으니까 시내 적당한 여관이나 안내해 주시오."

하지만 이에는 아무런 대답도 없이 운전수는 그냥 차를 모는 것이었어요. 어느덧 정신을 차려 보니 차는 시내를 벗어나 논밭이 보이는

시골길을 달리고 있었습니다.

"내가 가고 싶은 곳은 몸을 쉴 수 있는 여관입니다. 차를 돌려요."

그래도 운전수는 아무 대답 없이 여전히 차를 몰 뿐이었죠. 정말, 저는 절망감을 느끼었습니다. 이 운전수, 내가 큰돈을 갖고 있는 줄 알고 도중에 강도로 돌변해서 결국 살해한 후 그 근처 밭 구덩이에 파묻을 게 아닌가 하는 공포심까지 느끼었던 것이죠.

그러자 차는 험준한 산비탈에 신사(神社)가 서 있는 맞은 편 작은 여관 앞에 멈추었습니다.

"자아, 어서 내려요. 열심히 기도나 하시오. 내일 비행기 시간에 맞게 데리러 올 테니까, 택시 값은 그때 한꺼번에 내도록 하세요!"

저는 무엇에 홀린 사람처럼 정신 없이 차에서 내렸습니다.

여관 하녀의 안내를 받아 들어간 방의 창문을 열었더니 신시가 정면으로 바라다보였습니다.

그 순간, 저도 모르게 두 손을 합장했습니다. 순간, 눈물이 왈칵 쏟아져 내렸습니다. 정말 감개무량했습니다.

볼리비아에서 24년이나 지난 세월이 모두 꿈만같이 느껴진 순간이기도 했습니다.

어쩐지, 오끼나와에 두고 온 처자식도 실재하지 않는 꿈 속의 존재같이 느껴졌던 것이죠. 제 자신은 현실과는 동떨어진 이른바 차원이 다른 낯선 세계에 납치되어 온 것과 같은 느낌이었던 것입니다.

이제 보니 안선생님이 요시쓰네와 깊은 인연이 있었기 때문에 그곳에 강제로 끌려가게 되었던 것이로군요.

하고 그는 깊이 한숨을 몰아쉬었습니다.

4

이날, 나는 민속촌에서 돌아온 뒤, 대광사(大光社)라는 단골 보석점으로 그를 안내해서 초능력자용으로 만들어 놓은 자석이 든 대형 은반지와 역시 순은으로 만들고 보석이 박혀 있는 특제 박클이 달린 가죽 허리띠를 그에게 선물했다.

"이것도 여자 예언자가 분명히 말해 준 것입니다. 초능력자로 변신하는데 필요한 두 개의 보물은 안선생으로부터 받게 된다고요."

그 다음날, 그가 출발을 하게 되어 S호텔로 데리러 갔더니 그는 울어서 퉁퉁부은 눈으로 프론트에 내려 와서,

"처음으로 저의 여러 가지 과거세에 있었던 일들이 생각이 났습니다. 굉장히 많은 나쁜 짓을 한 것을 알게 되었고 기가 막혀서 울었던 것이죠."

하고 말하면서,

"어제는 정말 이상야릇한 체험을 했습니다. 호텔 방에 앉아 있는데 갑자기 제 얼굴이 안선생님의 얼굴로 변한 것 같은 느낌이 들었고 안선생님이 무얼하고 계신지 알 것 같은 느낌이었어요. 거울을 보는게 겁이 났지만 용기를 내어 거울을 보았고 제 얼굴이 그대로 비친 것을 보고는 비로소 마음을 놓았습니다만, 이것은 어떻게 된 현상입니까?"

"그것은 말이오. 당신도 모르는 사이에 나의 의식과 동조했기 때문에 일어난 현상이었을 것입니다."

애당초 3주일 예정으로 내한한 터이지만 뜻밖에도 빨리 나와 만나게 되어서 알고 싶은 것도 모두 알았기 때문에 곧 출발하고 싶다는

이야기여서 호텔을 체크 아웃하고 필자의 차로 공항까지 전송해 주었다. 그러나 때마침 연휴여서 빈 자리가 없다는 것이었고 그 다음날도 역시 안 된다는 이야기였다.

하는 수 없이 체크 아웃 했던 S호텔로 되돌아 와서 다른 방을 잡아주고 이틀 동안 계속해서 함께 대중탕에 가서 목욕을 했다. 그야말로 서로 벌거벗은 상태에서 체질 개선시키는 기술을 모조리 가르쳐 주었던 것이다. 그런데 나중에 생각해 보니 아주 이상한 일이 있었다.

그것은 그가 한국에 오기 이틀 전부터 나도 아내도 까닭 없이 그로기 상태가 되어 잠만 잤던 일이 있었다.

일본의 북해도에 살고 있는 무라마쓰 미찌고(村松道子) 여사도 이 무렵, 똑같은 체험을 했다는 이야기였다.

오끼씨에게 기운을 빼앗긴 게 아닌가 싶기도 한다.

사흘째 되는 날, 그는 오끼나와에 돌아갔는데, 그때 그가 남기고 간 말이 몹시 인상적이었다.

"이번 비행기로 가면, 역시 후꾸오까에서 하룻밤을 묵어야 한다는 군요. 이번에는 자진해서 답례를 하러 요시쓰네 신사에 참배할 생각입니다."

이로부터 벌써 여러 달이 지난 셈인데 한 번 간단한 내용의 편지와 전화가 한 번 걸려 왔을 따름이다.

오끼 다쓰야가 멀쩡한 거짓말을 꾸며대어서 나를 골탕 먹인 것이라고 하기에는 너무나도 이야기가 그럴싸하고, 또 만일 몽땅 거짓말이었다면 정말 대단한 솜씨가 아닐 수 없다고 생각한다.

20년 이상 소설을 써 온 필자를 감쪽같이 속인 셈이니까 그 왕성한 상상력과 능변에는 탄복할 따름이다. 또한 한편으로 생각하면 그렇지 않고 그가 진실을 이야기했다는 느낌도 드는 터이다.

어쨌든, 볼리비아에서 바람과 같이 와서 바람과 같이 사라진 오끼씨와의 사건은 필자로서는 아직껏 완전히 믿기 어려운 사건이었다고 생각 이 되는 것이다.

여러 가지 점에서 미루어 보아, 그와는 장래에 또다시 만나게 될 것 같은 느낌이 드는 것도 사실이고 그때는 어떤 일로 그와 재회하게 될 것인지 지금부터 기대해 볼 만한 일이 아닌가 여겨지기도 한다.

이 이야기를 읽은 독자 여러분은 이것이 실화인지 소설인지 구별하기가 어려우리라고 생각이 된다.

그러나 이 이야기는 어디까지나 내가 경험한 실화이며, 오끼씨는 그뒤 크게 발전하여 오끼나와를 거점으로 하는 일본 전국에 조직을 가진 신흥종교의 교주가 되었다고 한다.

나의 일본회원들 가운데 그의 신자가 된 사람이 있어서 그의 육성이 담긴 녹음테이프를 나에게 보내옴으로써 그의 근황을 알게 된 것이다.

지금 그는 나와는 비교도 안되는 큰 종교단체의 교주가 되었고, 나에게 도움을 받은 일은 입밖에도 내지 않는 그런 거물이 되었다고 한다.

6. 미래로 향한 여행

나는 여지껏 과거로 향한 여행을 너무 많이 한것 같이 생각이 된다.

그래서 이번에는 미래로 향한 여행을 떠나보기로 했다. 시간 속을 이동하기는 과거로 향한 여행이나 미래로 가는 것이나 별로 차이가 없다고 생각이 되기 때문이다. 그러나 과거는 이미 있었던 일이고 잊혀진 사실인데 비하여 미래는 여러 가지 미래가 있는게 사실이라고 생각이 된다.

많은 사람들이 생각하는게 보다 확실한 미래가 될 수 있고, 아무도 생각하지 않는 일은 결코 미래가 될 수 없다는게 나의 생각이다.

그래서 나는 바람직한 미래세계로 여행을 떠나기로 했다. 지금은 불확실한 미래지만 그 이야기가 책으로 되어 나옴으로서 많은 사람들의 공감을 얻을 수 있다면 확실한 미래로 변하게 되리라는 생각에서 《미래로 향한 여행》이라는 책을 쓴바가 있으나, 내가 아는 몇 출판사에 알아보았으나, 나의 미래여행의 뜻을 알아주는 이가 없어서 하는 수 없이 내가 출판하기로 했다.

다음에 끝으로 소개하는 글은 내가 쓴 '미래로 향한 여행'속의 끝 부분을 장식하는 글이다. 인류의 '업장소멸'이 어느 정도 끝난 21세기에는 세상은 어떻게 변해 있을까 그것을 적은 기록이다.

다음은 내가 낼 《미래로 향한 여행》속의 끝 부분을 장식하는 글임을 밝혀둔다.

제 8 장

21세기의 인간상(人間像)

1. 초능력자가 흔해지는 시대가 온다

지금은 온 세상이 초능력을 찾아 헤매는 시대와 같은 느낌이 든다. 주간잡지, 월간잡지, TV 뿐만 아니라, 단행본에서도 초능력을 추구하는 책들이 많이 출판이 되고 있다.

현대는 모든 것이 분업세분화(分業細分化)되어 점점 전문화 되는 시대가 아닌가 생각한다.

보통 사람의 능력으로서는 최정상에 올라갈 수 없다고 하는 것이 지금의 젊은이들의 생각이 아닌가 여겨진다.

그래서 초능력자가 되기 위한 여러 가지 양성법 등도 널리 알려져 있고, 명상법(瞑想法)에 열중하고 있는 사람들도 뜻밖에도 많다.

텔레파시 능력, 유체이탈(幽體離脫), 텔레포테이션 등의 능력을 지닌 특수능력자가 된다는 것은 오늘의 세계를 사는 젊인이들에게 있어서는 하나의 이상(理想)이 되어 있다.

영사능력자(靈査能力者)가 된다던가, 심령치료(心靈治療)를 할 수 있는 초능력자가 되고 싶다는 욕망을 갖고 있는 사람들이 많다는 이야기이다. 하지만 과연 초능력자로 변신(變身)하는게 행복할 것인가 하는데 대하여 나는 큰 의문을 갖고 있다.

또한 지금 말한 것과 같은 특수능력이 진짜 초능력일 수가 있을까 하는데 대해서도 나는 의문을 느끼고 있다.

초능력이라고 하는 것이 그토록 인간에게 있어서 필요한 것이라면 처음부터 하나님은 인간에게 초능력을 주셨을게 분명한 일이기 때문이다.

그렇지 않은 것을 보면, 여러 가지 초능력이란 어디 까지나 일부 사람들만이 지니고 있는 특수능력인 것이며, 일반 사람들에게는 그런 것은 필요한게 아니다. 아니 그 이상으로 사람들을 불행하게 만들 위험스러운 능력인지도 모른다고 하는게 지금의 나의 생각이다.

내가 생각하는 진짜 초능력이란 이런 것과는 전혀 다른 것임을 이야기하고 싶다.

인간이 일을 당해서 올바르게 생각을 할 수 있고, 어느 것이 거짓이고 어느 것이 진리(眞理)인가를 분명히 식별할 수 있는 능력, 또한 그 어느 누구에게 대해서도 따뜻한 마음으로 대할 수 있는 능력, 스스로 옳다고 생각하는 일을 거침없이 실행에 옮길 수 있는 능력, 이것이야말로 진짜 초능력이라는 것이 지금의 나의 생각이다.

그리고 그와 같은 초능력은 누구나 노력하기에 따라서 얻어질 수 있다는 것이 나의 지금의 신념이다.

한편 텔레파시 등의 초능력도 강하고 약한 차이가 있을 뿐, 모든 사람들이 타고날 때부터 모두 갖고 있다는게 나의 생각이다.

인간의 육체에 갖추어져 있는 각종 내분비기관, 이른바 '요가'에서 말하는 챠쿠라는 여러 가지 초능력을 발휘시킬 수 있는 것이며, 나의 생각에 의하면 챠쿠라의 능력을 크게 할 수 있는 장치를 만드는 것은 가능하다고 생각한다.

나는 악세사리의 형태로 은(銀)과 자수정을 써서 몸의 각 챠쿠라의 능력을 증폭시키는 장치를 만들었다.

한국에서는 이미 의장등록(意匠登錄)을 끝내서 일부 상품화 하고 있는데, 그 효능이 널리 알려지게 되면 굉장한 세력으로 보급이 될것으로 생각을 한다.

이런 악세사리를 씀으로서, 모두가 어느 정도의 초능력자가 되어서 올바르게 사물을 볼 수 있게 되고, 생각할 수 있는 능력을 갖게 된다면 얼마나 멋진 일이겠는가?

실제로 효과가 있고 좋은 상품이라면 때가 오면 반드시 크게 보급되리라고 생각을 한다.

인간은 스스로의 힘으로는 하늘을 날수는 없지만, 비행기를 이용함으로서 세계의 하늘을 날 수 있는 것이다.

옛날 사람들이 본다면 깜짝 놀랄 일이라고 생각이 된다. 하지만 지금은 그 누구도 비행기를 타고 하늘을 나는 것을 이상하게 여기는 이는 없다.

인간이란, 아무리 신기한 것이라도 늘 보게 되면 아무렇지 않게 생각하게 되는 법이다. 지금은 모두가 초능력을 갖기를 간절히 원하고 있지만, 모든 사람들이 지금 이야기한 것과 같은 초능력 증폭장치를 몸에 지님으로써 어느 정도 초능력을 발휘하게 되면 아무도 이상하게 여기지는 않을 것으로 생각이 된다.

초능력이라고 하는 것을 모든 사람들이 몸에 지니게 되면 지금의 초능력 붐은 사라질 것으로 생각이 된다.

그리고 그런 초능력을 갖지 않은 사람들은 열등감을 느끼게 될 것이다.

모든 사람들이 초능력자로 변신을 해서 사물을 올바르게 보고 생각하게 되면 세상은 지금보다는 훨씬 살기 좋은 곳으로 변해갈 것이다.

그와 같은 21세기에 사는 사람들은 얼마나 행복할까, 나는 부럽게 생각한다.

학습법(學習法)도 전부 바뀐다

이제부터의 세상은 모든 분야에서 무서운 속도로 변해갈 것이라는 것이 나의 기본적인 생각이다.

그 가운데에서도 에렉트로닉스와 유전공학(遺傳工學), 컴퓨터 등의 분야에서는 눈부신 발전을 기대할 수 있다고 본다. 특히 유전공학 분야에서는 생명의 신비가 밝혀져서 최종적으로는 복제인간이 만들어지는 단계까지 이르게 될 것이다.

이렇게 되면 인간이 오만불손하게도 하나님의 영역까지 침입했다고 해서 종교계에서는 커다란 반발이 일어날 것으로 생각이 된다.

그러나 온갖 분야에 걸친 인간의 지식이 늘어나서 마침내 인간과 우주의 비밀이 밝혀지게 되면 지금까지의 종교는 자연스럽게 없어질 것이다.

왜냐하면 인간이 스스로의 본질이 무엇인지 깨닫게 되어 신(神)과 인간과의 참다운 관계가 무엇인지 깨닫게 되어서 스스로의 마음속에 하나님이 있음을 알게 되면 그 누구도 종교에는 더 이상 의지하지 않게 될 것이기 때문이다.

특히 거의 대부분의 사람들이 요즘 말하는 초능력자로서 변신(變身)을 하게 되면 종교는 그 의미를 잃게 될 것이다.

한편, 유전공학의 분야에서 생명의 신비가 밝혀지게 되면 지금까지 그 누구도 예측하지 못했던 놀라운 일이 생기리라고 생각한다.

유전공학과 관련하여 생각되는 것은 시간에 대한 문제이다.

지금까지의 과학으로서는 시간의 본질이 규명되어 있지 않은게 사실이 아닌가 한다. 만일 인간이 스스로 시간을 조절할 수 있는 능력이 생기게 되면 깜짝 놀랄 일들이 벌어질 것으로 생각이 된다.

인간은 다른 동물들과 비교하면 성장기(成長期)가 굉장히 긴 생물이다. 개나 고양이 등이 5, 6개월에 성장하여 그 성장기의 2~3배, 경우에 따라서는 5~6배도 살수가 있다.

이에 비하여 인간은 어른이 되기 위하여 20년 이상 걸리게 되고, 성장기의 두배 정도가 활동기이며, 나머지는 노쇠기를 맞이하여 아무 쓸모없는 인간으로 변하게 마련이다.

만일 인간이 태어난 뒤, 4~5년만에 육체적으로 어른이 되고, 학습법에 큰 변혁이 일어나서 뇌에다가 직접 기억시키는 기술이 발달된다면 어떻게 될 것인지, 한번 생각해 보기 바란다.

그렇게 되면 당연한 일이지만 인간에게는 어린 시절이 없어지게 되어서 성장기의 5~6배 이상 살 수 있는 것도 가능하다. 또한 앞으로는 노화(老化) 문제도 해결이 될 것으로 생각이 된다.

인간의 육체 세포에는 하나 하나가 그 인간 전체를 만들 수 있는 유전정보(遺傳情報)가 들어 있다는 것은 이미 이론적으로는 밝혀졌다.

이것은 젊었을 때, 자기 자신의 살아 있는 세포를 떼어내어 특수한 방법으로 보존해 두면, 필요할 때는 젊은 자기 자신의 육체를 다시 만들어낼 수 있다는 이야기이다.

살아있는 세포를 특수조건 아래에서 꽁꽁 얼려서 보관해 두는 기술이 지금보다 더 발달되리라는 것은 너무나도 분명한 일이라고 생각이 된다.

자기 자신의 육체가 늙어서 쓸모없게 되었을 때, 젊은 시절 자기 몸에서 떼어내어 보관해 둔 세포를 다시 한번 활성화(活性化)시켜서 복제인간을 만들고, 그 만들어진 인간의 뇌속에 온갖 기억을 다시 옮겨 넣을 수 있다면 어떻게 될 것인지 한번 생각해 주기 바란다.

유전공학이 발달하여 뇌의 구조와 그 기능에 대하여 좀 더 분명한 지식을 얻게 되면, 기억한다는 것은 녹음하는 것과 같은 것이며, 인간의 뇌란 400면의 책 내용을 2억권 가량 수용할 수 있는 컴퓨터 뱅크 같다는 것, 그 구체적이고 효과적인 기억 수용법이 발견이 될 것으로 생각이 된다.

10여년 걸려서 공부한다는 것은 이미 시대에 뒤떨어진 방법이 될 것이고, 인간은 잠자는 동안에 뇌의 잠재의식 속에 직접 모든 지식을 주입시킬 수 있는 기계가 발명되고 말 것이라는 것이 나의 생각이다.

지금은 SF 작가들의 한낱 공상에 지나지 않는 생각인 셈이지만, 이런 기술이 개발될 날은 그리 멀지는 않다고 생각한다.

그렇게 되면 어려운 어학공부 같은 것은 아주 쉬어지리라고 생각이 된다. 잠재의식에 지식을 주입시킨다면 하루밤 사이에 어학을 졸업하는 것도 가능해질 것이기 때문이다. 이렇게 되면 지금까지의 교육제도는 완전히 사라지게 될 것으로 생각이 된다.

특히 머리가 좋은 학생이라던가 그렇지 않은 학생의 구별이 없어질 것은 당연한 일이라고 생각한다.

장수족(長壽族)과 보통 사람으로 분화(分化)되는 인간들

고작해야 성장기(成長期)의 2~3배 밖에 살수 없는 인간은 지구 위에 살고 있는 다른 동물들과 비교하여 굉장히 단명(短命)한 종족에 속한다고 나는 생각한다.

인간은 대체로 생식능력(生殖能力)이 생김과 동시에 노화현상(老化現像)이 시작된다고 한다. 춘기발동기 이전의 어린이들은 병(病)에는 걸리지만 노화현상은 일어나지 않는다는게 현대의학의 지식이다.

그렇다면 과학적인 방법을 써서 인간의 육체를 어른의 몸으로 빨리 자라게 한 뒤에 생식능력이 생기지 않도록 조치를 한다면, 노화현상은 일어나지 않게 될 것이고, 적어도 보통 인간의 몇배는 젊음을 유지할 수 있을 것으로 생각이 된다.

사회를 위하여 계속해서 크게 공헌을 해야만 하는 사람들에게 이런 특수조치를 하게 되면, 자연히 미래사회에서는 두 종류의 인간이 존재하게 될 것이다.

한편 이런 사람들도 생식능력만 없을뿐 남녀간의 성생활에는 아무런 지장이 없을 것으로 생각이 된다. 왜냐하면 남자의 경우, 사정만 안될뿐, 발기는 가능하고 보통 사람들 보다 비교도 안되게 오랜 시간 섹스를 할 수 있기에 상대의 여자들은 더 좋아하게 될 것으로 생각이 된다.

내가 알고 있는 바에 의하면 인간의 몸이란 신체(神體), 영체(靈體) 또는 상념체(想念體), 유체(幽體), 육체, 이런 복잡한 구조로 되어 있는데, 이 가운데에서 유체는 육체와 비교하면 보다 정밀한 에너지체이며, 유체의 발달 정도는 사람에 따라서 다른 것 같이 생각이 된다.

이른바 영감자(靈感者)라던가, 영능력자(靈能力者)는 유체가 발달된 사람들이어서 유체인간(幽體人間)인 망령들에게 빙의되기 쉬운 체질이다.

또한 유체가 극도로 발달이 되면, 유체는 줄어들어서 상념체(想念體)로 바뀌게 되는게 아닌가 생각된다.

상념체만이 되면 오오라(이른바 후광(後光))이 강해져서 빛 자체로 변하게 되기 때문에 이번에는 반대로 망령이 빙의될 수 없는 몸으로 변하게 된다.

보통 사람들은 육체만이 발달되어 있어서 유체나 상념체는 별로 발달이 되어 있지 않게 마련이다.

이와 같은 사람들은 매우 상식적인 생각을 갖고 있게 마련이고, 4차원적인 특수 체험을 겪는 일도 없을 뿐더러 또한 그런 일들에 대하여 흥미도 느끼지 않게 된다.

또한 동시에 망령에게 빙의당하는 일도 없고, 대체로 무신론자(無神論者)이며, 현실주의자이기도 하다.

이와는 반대로 유체가 발달되어 있는 사람들은 매우 영감(靈感)이 발달이 되어 이른바 영능력자(靈能力者)라던가, 또는 초능력자(超能力者)로 변신(變身)할 소질을 풍부하게 지니고 있는 사람들이라고 할 수가 있다.

한편 상념체(想念體)가 발달되어 있는 사람들은 반대로 영감은 별로 없는 대신 직감(直感)이 발달되어 있게 마련이다. 나와 같은 사람은 유체가 굉장히 발달이 되어 있을 뿐만 아니라, 강렬한 의지력(意志力)에 의하여 유체를 축소시켜서 상념체를 극한 상태까지 확장시킬 수가 있는 것이다.

상념체를 극도로 크게 하면 전우주가 그 속에 들어간다는 이야기도 있다. 그 순간, 그 사람은 전지전능한 신(神)과 같은 존재로 변신하게 된다. 그러나 그런 상태는 잠시 유지될 뿐, 곧 본래의 모습으로 돌아와야 되는게 인간의 경우라고 생각이 된다.

나는 육체적인 차원(次元)에서의 원격이동만 할 수 없을 뿐, 유체이탈이라던가 상념이탈은 뜻대로 할 수 있는 이른바 초능력자의 범주에 속하는 인간임을 밝혀 둔다. 다른 사람의 꿈 속에 나타나는 것 따위는 아주 간단하게 할 수 있다.

나는 장소 이동도 시간 여행도 할 수 있는 초능력을 개발하여 구사하게 된지 벌써 여러 해가 되었다. 시간 속을 과거를 향하여 또는 미래를 향하여 옮겨다닐 수가 있다는 이야기이다.

또한 육체가 체험하는 시간도 어느 정도 조절할 수 있다. 따라서 때로는 필요하다면 한시간 자는 것만으로 보통 사람들이 여덟시간 자는 것과 똑같은 시간의 휴식을 얻을 수도 있는게 사실이다.

내가 다른 사람들의 전생(前生)을 조사할 수 있는 것은 유체의 뇌에 전생의 기억이 기록되어 있는 것을 영파를 동조함으로서 알아낼 수가 있기 때문이다.

다른 사람들의 유체의 파동에 동조함으로써 영사(靈査)는 가능해지는 것이고, 또한 나와 같은 인간은 아주 간단하게 상대편의 유체에 생명 에너지를 공급할 수가 있는 것이다.

심령치료란, 대체로 상대방의 유체에 빙의되어 있는 망령을 떠나게 한다던가, 유체가 잘못된 부분을 바로잡아 주는 일을 말한다.

유체가 발달되어 있는 사람들의 공통점은 나이에 비해 아주 젊다는 사실이다. 실제 나이보다 열살 이상 젊어보이는 사람들이란 얼마던지 있다.

또한 반대로 유체가 발달되어 있는 사람이 너무 마음의 고생을 하게 되면, 나이에 비하여 굉장히 늙어보이게 되는 것도 사실이다. 이와 같은 사람들은 나와 만나서 이야기를 주고 받기만 해도 싱싱하게 젊어지기 때문에, 그것에 의해 유체가 발달되어 있음을 알 수가 있는 것이다.

또한 일반적으로 보아서, 남성보다는 여성 편이 유체가 발달되어 있는 것도 사실이다.

왜냐하면 여성은 남성과 틀려서 어린 아이를 임신할 필요가 있기 때문에, 임신이란 갓난아이의 혼(魂)이 어머니의 몸에 들어옴으로서 일어나는 현상이기에 여성들은 어쩔 수 없이 유체가 발달되어 있게 마련이다.

그러기에 같은 여성이라도 유체가 거의 발달되어 있지 않은 사람은 생리(生理)에 이상이 있게 마련이어서 임신하기가 굉장히 힘들다.

망령에게 빙의되게 되면, 그로 말미암아 후천적으로 유체가 발달이 되는 것으로 생각이 된다. 인공적인 방법으로 유체를 발달시키는 것도 사람의 수명을 연장시켜 주는 하나의 방법이 아닌가, 나는 생각한다.

인간이 장수족과 보통 사람의 두 종류로 나뉘어지는 것은 그다지 먼 미래(未來)가 아니며, 그와 같은 현상은 이미 시작이 되고 있는 것으로 생각이 된다.

인간은 죽지 않게 될지도 모른다

유전공학이 좀 더 발달이 되어서 인간의 육체의 메카니즘을 자유자재로 지배하게 될 때, 또는 유체(幽體)에다가 생명에너지를 인공적으로 충전시켜 주는 방법이 발견이 될 때, 기억을 기계적인 장치로 기록 저장할 수가 있어서 인간의 뇌에 다시 옮겨 넣을 수 있게 될 때, 복제인간이 만들어지게 될 때, 아마도 인간은 죽지 않게 되거니, 적어도 불사(不死)에 가까운 장수족으로 변신이 될 것으로 생각이 된다.

오늘날의 지구인들이 좀 더 똑똑해져서, 모든 나라들이 분업국가(分業國家)가 되고, 지역연방(地域聯邦)이라던가 세계연방(世界聯邦)이 이루어져서 전세계의 모든 분야에서 활동하고 있는 과학자들이 스스로 자진해서 협력할 수 있는 체제로 변할 수만 있다면, 어쩌면 앞으로 10년 안에 이와 같은 일이 가능하다는 것이 지금의 나의 생각이다.

인간이 스스로 존재의 비밀을 완전히 알게 될 때는 우주의 비밀도 아마 밝혀지리라고 생각한다. 왜냐하면 인간이란, 이 우주의 모든 뜻에서의 축소판이기 때문이다.

이 넓디 넓은 우주에게 생명력을 불어 넣고 있는 전자력(電磁力)의 비밀에 대한 수수께끼를 풀게 될 때, 아마도 인간은 죽지 않을 수 있는 존재나 또는 그에 가까운 존재로 변신(變身)하게 될 것으로 생각이 된다.

우주시대(宇宙時代)는 반드시 온다

인간이 불사(不死) 또는 그에 가까운 존재로 진화가 될 때, 사람은 비로소 자기가 이승에 태어난 진짜 목적이 무엇인가를 분명하게 깨닫게 될 것으로 생각한다.

육체 인간이란, 많은 윤회전생을 통하여 우주의 본질이 무엇인가를 자연스럽게 깨달아서 하나의 별을 다스리는 신(神)으로 성장하기 위하여 태어난 것이라고 나는 믿는다.

기독교에서 말하듯이 신과 인간은 별개의 존재인 것은 아니며, 신의 어린 시절을 살고 있는게 육체를 가진 인간임을 나는 분명히 깨닫게 되었음을 밝혀 두고저 한다.

인간이 보다 고등생명체(高等生命體)가 되기 위하여 진화할 때, 또한 신(神)도 진화되는 것이며, 인간이 멸종하게 되면 인간을 지배하고 있는 신의 세계도 멸망하게 되어서 이 우주는 또다시 축소하기 시작하여 원점으로 돌아가게 되어 또다시 새로운 우주가 탄생되는 것이다.

인간이란 무엇인가?

이 의문을 완전히 풀게 될 날도 그다지 멀지는 않다는 것이 나의 생각이다. 물론 하나의 개인으로서 나는 그 비밀을 이미 풀었다고 자부한다. 그러기에 나는 보통 사람에서 신에 가까운 특수인간이 되기도 하고, 다시 보통 사람으로 돌아오기도 하는 일을 거의 매일과 같이 되풀이 하고 있다.

인간이 스스로의 존재의 비밀을 이 우주를 살리고 있는 우주 대생명력의 비밀을 푸는 날이 심령적으로 보아 인류가 진정한 뜻에서의 어른으로 성장하는 날인 것이다.

어른이 된 인류는 비로소 바깥 우주로 행하는 문을 열게 될것으로 생각이 된다. 인류가 이대로 멸망하는 일은 절대로 일어나지 않는다는게 지금의 나의 기본적인 생각이다. 왜냐하면 신(神)이 존재하는 한, 그런 일은 일어날 까닭이 없기 때문이다.

모두 밝은 희망을 갖는게 어떻겠는가? 우주시대는 반드시 온다고 나는 믿는다. 그러기 위해서는 우주의 근원적인 비밀을 그대로 간직하고 있는 인간이라는 존재에 대하여 좀 더 깊은 연구가 있어야 한다고 나는 주장하는 것이다.

(제3권 계속)

2. 행운을 부르는 '옴스틱커'

옴은 천부인(千符印)이라고 하며, 동그라미는 대우주를, 네모꼴은 이 지구를, 삼각형은 인간을 나타낸 것이다.

옴은 한글로 대창조주이신 무극신(無極神)의 이름을 나타낸 것이다.

염력(念力)이 들어있는 이 마크는 대우주력과 심령력(心靈力), 자연치유력을 집결시키는 하나의 장(場)을 형성하는 것이다.

이 마크의 효용은 다음과 같다.

① 잘 낫지 않는 상처(반찬고) 위에다가 2, 3일 붙여 두면 자연치유력이 강하게 작용하여 빨리 상처가 아문다. (병실의 사방벽에 붙이면 결계(結界)가 형성되어서 방안이 영적으로 정화되어 악령의 침입을 막아준다.

② 마음이 불안한 노이로제 경향이 있는 사람이라던가, 정신 이상이 있는 경우에는 흰종이 위에 ⊙를 쓰고 그 밑에 본인의 이름을 쓴 후 그 위에 이 마크를 붙이면 마음에 변화가 생겨서 안정을 찾게 된다.

어느 정도 제령도 할 수 있다는 것이 실험 결과 증명이 되었다.

③ 암같은 것을 앓고 있는 사람은 그 부위에 붙일것.

④ 신경통 계통에 주로 쓰며 경혈이나 아픈부위 맨살에 직접 붙인

다. 금박 인쇄가 망가지기 전까지 2~3일 동안은 계속 붙여둘 수 있다.

⑤ 자동차의 엔진 위에 부착하면 우주력의 집결에 의해 완전 연소가 되어 개소린이 절약되었다는 보고 예가 있다.

⑥ 자동차나 오토바이의 앞뒤 밤버에 두장씩 붙이면 신기하게도 사고를 예방해 준다.

***스티커 부착사례**

① 사용자 A : 오너 드라이브로서 운전경력이 긴 편은 못되지만 본 스티커를 차 앞뒤에 붙인다음 부터는 금일에 이르기까지 단 한차례의 접촉사고를 일으키지 않고 있다. 또한 이 스티커가 재앙을 물리쳐 주고 행운을 가져다 주는 기분을 갖게 해서 항상 마음이 든든하다.

후　기

어렵게 어렵게 《업장소멸》 2권을 마무리했다. 나는 그동안 많은 책을 써 왔지만 이렇게 힘들게 쓴 책은 처음이었다.

《업장소멸》을 쓰는 동안에 내 자신의 가족들과의 업장소멸을 끝내노라고 한바탕 난리를 겪어야만 했었다.

20년 전에 겪은 가족들과의 심한 갈등, 그때 발생했던 원인이 이번에 인과응보가 되어 나타나면서 업장소멸이 된것이 아닌가 생각이 된다.

이로써 심령능력자로서의 나의 일은 거의 끝난 것과 같은 느낌이 든다.

내년 부터는 옴 진동수 공장이 세워져서 나의 세번째 새로운 인생이 시작될 것 같은 느낌이 든다. 실업가(實業家)로서의 마지막 변신이다.

많은 사람들을 매일같이 만나고, 그들의 전생을 이야기해 주고 미래를 이야기해 준다는 것은 여간 고역이 아니다.

나도 이제는 이런 고역에서 해방이 되었으면 하는 소망이 간절하다.

조용히 명상을 하고 책을 읽는 가운데 그동안 못쓴 소설을 쓰고, 젊었던 시절의 나의 꿈이었던 소설가로서 복귀하는게 지금의 나의 간절한 소망임을 밝혀 둔다. 인제는 평범한 시민이 되고 싶다는 이야기이다.

세상에서 가장 팔자 사나운 인간에서 좀 더 인간미 있는 평범한 노년을 맞았으면 하는 것이지만, 하늘이 나에게 그런 기회를 과연 줄 것인지 알 수 없는 일이라고 생각이 된다.

여러분들에게 희망차고 행복한 새해가 되기를 바라는 마음 간절하다.

삼청동에서 安東民

저자 약력

서울에서 출생하여 서울대 문리대 국문과를 졸업. 1951년 경향신문 신춘문예에 「聖火」가 당선되어 문단에 데뷔. 그후 일본에 진출하여 「심령치료」「심령진단」「심령문답」등을 저술하여 일본의 심령과학 전문 출판사인 대륙서방에서 간행하여 큰 호응을 얻었으며, 다년간 심령학을 연구함. 그후 「업」「업장소멸」, 「영혼과 전생이야기」「인과응보」「초능력과 영능력개발법」「최후의 해탈자」「사후의 세계」「심령의 세계」등 심령과학시리즈 20여종 저술(서음미디어 간행)

증보판 발행 : 2011년 5월 10일
발행처 : 서음출판사(미디어)
등 록 : No 7－0851호
서울시 동대문구 신설동 94－60
Tel (02) 2253－5292
Fax (02) 2253－5295

저 자 | 안 동 민
발행인 | 이 관 희
본문편집 | 은종기획
표지 일러스트
Juya printing & Design
홈페이지 www.seoeumbook.com